应用型法学人才培养系列教材
编辑委员会

主　　　任	刘晓红

副 主 任　郑少华

秘 书 长　杨　华

编委会委员　(按姓氏笔画顺序)

　　　　　　　卫　磊　王　康　王丽华　王志亮

　　　　　　　王祥修　汤玉枢　杨向东　肖光辉

　　　　　　　何艳梅　张进德　陈海萍　胡戎恩

　　　　　　　黄芹华　曹　阳　彭文华　谭小勇

应用型法学人才培养系列教材
总 主 编 刘晓红
副总主编 郑少华 杨 华

刑法学
案例教程

彭文华 主编

图书在版编目(CIP)数据

刑法学案例教程/彭文华主编. —北京:北京大学出版社,2023.3
应用型法学人才培养系列教材
ISBN 978-7-301-33288-7

Ⅰ.①刑… Ⅱ.①彭… Ⅲ.①刑法—案例—中国—高等学校—教材 Ⅳ.①D924.05

中国国家版本馆 CIP 数据核字(2023)第 032859 号

书　　　　名	刑法学案例教程 XINGFAXUE ANLI JIAOCHENG	
著作责任者	彭文华　主编	
责 任 编 辑	孙维玲　刘秀芹	
标 准 书 号	ISBN 978-7-301-33288-7	
出 版 发 行	北京大学出版社	
地　　　　址	北京市海淀区成府路 205 号　100871	
网　　　　址	http://www.pup.cn　新浪微博:@北京大学出版社	
电 子 信 箱	sdyy_2005@126.com	
电　　　　话	邮购部 010-62752015　发行部 010-62750672　编辑部 021-62071998	
印 刷 者	北京溢漾印刷有限公司	
经 销 者	新华书店	
	730 毫米×980 毫米　16 开本　19.75 印张　322 千字 2023 年 3 月第 1 版　2023 年 3 月第 1 次印刷	
定　　　　价	62.00 元	

未经许可,不得以任何方式复制或抄袭本书之部分或全部内容。
版权所有,侵权必究
举报电话: 010-62752024　电子信箱: fd@pup.pku.edu.cn
图书如有印装质量问题,请与出版部联系,电话: 010-62756370

总序

党的十八大以来,中国特色社会主义法治建设发生历史性变革,取得历史性成就。在《中共中央关于全面推进依法治国若干重大问题的决定》中,有一条贯穿全篇的红线是坚持和拓展中国特色社会主义法治道路,在中国特色社会主义法治道路上,以习近平同志为核心的党中央,将马克思主义法治基本原理与中国实践相结合,形成了"习近平法治思想"。

习近平法治思想具有鲜明的实践品格、磅礴的实践伟力,实践性是习近平法治思想的源头活水。习近平法治思想科学回答了建设中国特色社会主义法治体系以及到2035年基本建成法治国家、法治政府、法治社会的实践路线图。

法律的生命在于实践。法学本身就是一门实践性很强的学科,在坚持和拓展中国特色社会主义法治道路上,高校担负着社会主义法治体系的理论研究、法治宣传、人才培养等方面的重任。

上海政法学院立足"应用型"办学定位,紧紧围绕培养学生的专业应用能力和综合素质,不断优化专业结构,创新人才培养模式,建立协同育人机制,提升人才培养质量。根据社会需要、行业需求和新"文科"建设要求,学校积极调整优化法学专业的应用型人才培养模式建设,从教材建设着手,编写法学实务类教材。

本套教材有如下几个特色:

一是坚持以习近平法治思想为指导。本套教材以习近平法治思想为指导，把博大精深的思想观点转化为法治中国建设者和接班人的知识体系和学术体系，引导他们坚定中国特色社会主义法治的道路自信、理论自信、制度自信和文化自信。

二是坚持以应用型人才培养为目标。为回应中国特色社会主义新时代的法治建设新要求，培养理论与实践相结合的法学人才，本套教材的每一部均以鲜活、生动的案例为引导，坚持理论联系实际、坚持应用型人才培养导向。上海政法学院的办学定位是建设具有鲜明政法特色的一流应用型大学，其人才培养方案，尤其是教材建设，紧紧围绕法学应用能力的培养。所以，在一流本科建设项目资金的支持下，学校组织编写了本套应用型法学人才培养系列教材。

三是主干课程与特色课程相结合。根据教育部法学专业建设的指导意见，在法学核心课程"10＋X"的基础上，本套教材还体现了上海政法学院在监狱法、人工智能法、体育法等方面的专业特色。在编写《宪法学理论与实务》《行政法学理论与实务》《民法学理论与实务》《经济法学理论与实务》等法学主干课程教材的基础上，还编写了《监狱法学理论与实务》《人工智能法学理论与实务》《体育法学理论与实务》等特色教材。

踏上全面建设社会主义现代化国家的新征程，面向全面建成法治国家、法治政府、法治社会的新时代，学校不断推进特色发展，持续深化内涵建设，创新人才培养模式，坚持错位竞争和特色发展，争取早日建成具有鲜明政法特色的一流应用型大学，为国家经济社会发展和法治建设做出新的更大贡献！

上海政法学院
应用型法学人才培养系列教材编委会
2021 年 9 月

编写分工

第一章:段蓓(第一节、第二节)、彭文华(第三节、第四节)

第二章:彭文华

第三章、第四章、第五章:卫磊

第六章:刘崇亮

第七章、第八章:陈丽天

第九章:陈丽天(第一节)、彭文华(第二节)

第十章:刘春园

第十一章:吕小红(第一节至第三节)、江维龙(第四节至第六节)、崔仕绣(第七节至第九节)

第十二章:骆群

第十三章:吕小红(第一节至第四节)、崔仕绣(第五节至第七节)

第十四章:张东平(第一节至第八节)、刘崇亮(第九节至第十二节)

第十五章:王娜

第十六章:赵运锋

目录

第一章 刑法解释和刑法效力范围 / 001
第一节 被送医救治的肇事者拒不交代肇事经过是否成立"肇事逃逸" / 001
第二节 将"干扰"采样等价为"干扰"计算机信息系统是否属于类推解释 / 006
第三节 有利于被告人的类推解释不违背罪刑法定原则 / 011
第四节 如何理解《刑法》第12条规定的"处罚较轻" / 016

第二章 犯罪概念和犯罪构成 / 023
第一节 《刑法》第13条但书规定的理解与适用 / 023
第二节 犯罪构成论体系之比较 / 027

第三章 犯罪客观方面 / 031
第一节 不作为方式的传播淫秽物品牟利罪及其认定 / 031
第二节 危险行为的认定：基于醉酒后强驾他人车辆引发事故的行为 / 035

第三节　法律因果关系的认定：基于非法拘禁行为的转化规定 / 039

第四章　犯罪主体 / 044
　　第一节　自然人身份的刑事意义 / 044
　　第二节　分则未明确规定单位犯罪的认定 / 048

第五章　犯罪主观方面 / 053
　　第一节　处分意识的体系定位 / 053
　　第二节　过于自信的过失的判断 / 057
　　第三节　基于违法性认识错误之犯罪行为的定性 / 061

第六章　正当行为 / 065
　　第一节　对特殊防卫中"行凶"的理解 / 065
　　第二节　正当防卫中的"不法侵害"之界定 / 069
　　第三节　正当防卫中的"防卫限度"之界定 / 073
　　第四节　紧急避险的现实认定 / 077

第七章　故意犯罪的停止状态 / 080
　　第一节　如何正确认定犯罪预备 / 080
　　第二节　犯罪未遂与犯罪中止 / 084
　　第三节　共同犯罪中的犯罪停止形态 / 088

第八章　共同犯罪 / 092
　　第一节　共同犯罪故意的认定 / 092
　　第二节　共同犯罪中的实行过限 / 96
　　第三节　教唆犯的中止形态的认定 / 100

第九章 罪数形态和刑罚消灭制度 / 104
  第一节 牵连犯的认定 / 104
  第二节 如何理解核准追诉之"必须追诉" / 108

第十章 危害公共安全罪 / 113
  第一节 公交车行驶过程中,驾驶员同乘客的互殴行为如何定性 / 113
  第二节 如何认定交通肇事转化为故意杀人的主观故意 / 118
  第三节 醉酒后在道路上挪动车位的行为是否构成危险驾驶 / 121
  第四节 重大劳动安全事故罪与重大责任事故罪出现竞合时如何处理 / 124
  第五节 如何理解私藏枪支弹药罪中"配备、配置枪支的条件消除" / 130

第十一章 破坏社会主义市场经济秩序罪 / 135
  第一节 在食品中违规掺入添加剂行为的定性 / 135
  第二节 在走私废物中夹藏普通货物行为的定性 / 139
  第三节 非法吸收公众存款后难以偿还本息行为的定性 / 142
  第四节 内幕交易、泄露内幕信息罪 / 146
  第五节 虚开增值税专用发票 / 151
  第六节 串通投标罪 / 157
  第七节 收取医保卡并划卡套取药品进行销售的行为定性 / 161
  第八节 离职员工利用原公司经营信息造成其重大损失的行为认定 / 165
  第九节 信用卡诈骗罪中的冒用行为认定 / 169

第十二章 侵犯公民人身权利、民主权利罪 / 175
  第一节 为逃避债务而杀害债权人行为性质的认定 / 175
  第二节 被害人过错的认定 / 178

第三节　强迫被害人同意与他人发生性关系行为性质的认定 / 181

第四节　索取怀疑之债而非法拘禁他人行为性质的认定 / 185

第五节　以恢复恋爱关系为目的而劫持他人行为性质的认定 / 188

第六节　出卖亲生子女行为性质的认定 / 190

第七节　非法获取公民个人信息中"其他方法"的认定 / 192

第十三章　侵犯财产罪 / 195

第一节　驾驶机动车"碰瓷"行为的定性 / 195

第二节　以盗骗交织的手段非法占有他人财物行为的定性 / 199

第三节　秘密转移第三方支付平台资金行为的定性 / 202

第四节　为维护自身合法利益采取胁迫方式索取高额赔偿款行为的定性 / 207

第五节　抢夺由他人合法保管的本人财物的行为定性 / 211

第六节　代为保管他人财物的占有关系定性 / 214

第七节　不具有非法占有目的的毁坏公私财物行为定性 / 218

第十四章　妨害社会管理秩序罪 / 223

第一节　执行职务行为合法性的判定 / 223

第二节　利用木马程序非法获取网站服务器控制权限的行为定性 / 227

第三节　高空抛物行为的罪名辨析 / 230

第四节　认定寻衅滋事的主观目的 / 234

第五节　黑社会性质组织与恶势力犯罪集团的界定 / 238

第六节　拒绝执行卫生防疫措施的认定 / 243

第七节　认定污染环境罪的规范标准 / 247

第八节　赌博罪 / 250

第九节　伪证罪 / 254

第十节　包庇罪 / 257

第十一节　贩卖毒品罪 / 260

第十五章　贪污贿赂犯罪 / 264

　　第一节　贪污行为的定性 / 264

　　第二节　挪用公款行为的定性 / 269

　　第三节　行贿行为的定性 / 273

　　第四节　单位行贿罪和行贿罪的区分 / 276

　　第五节　利用影响力受贿行为的定性 / 281

第十六章　渎职罪 / 286

　　第一节　徇私枉法罪案例分析 / 286

　　第二节　滥用职权罪案例分析 / 290

　　第三节　玩忽职守罪案例分析 / 295

第一章
刑法解释和刑法效力范围

第一节　被送医救治的肇事者拒不交代肇事经过是否成立"肇事逃逸"

一、案情介绍①

2012年4月8日6时40分许,被告人刘某露在未取得机动车驾驶证的情况下,驾驶一辆越野轿车,行驶至G15W常台高速公路往江苏方向293km+222m处时,超速行驶,导致其驾驶的越野轿车与刘某州驾驶的一辆挂车发生碰撞,造成越野车上的乘客郭某亮受伤并经医院抢救无效死亡。经鉴定,刘某露在此事故中负主要责任。另查明,2012年4月8日事故发生后,刘某露即被送往医院接受治疗,在交警向其询问时,谎称自己姓名为"刘路",并编造了虚假的家庭成员情况,且拒不交代肇事经过。当日中午12时许,刘某露离开医院。次日,刘某露主动联系公安交警部门,表示愿意到公安机关交代犯罪事实。同月10日,刘某露到公安机关投案,如实交代了自己的肇事经过。

---

① 参见最高院刑事审判庭指导案例第788号。

二、争议焦点

本案的争议焦点为：交通肇事后，被送医救治的行为人在接受公安机关询问时，谎报身份信息、拒不交代肇事经过的行为是否构成"交通运输肇事后逃逸"（以下简称"肇事逃逸"）？对此，存在以下两种观点：

1. 行为人成立"肇事逃逸"

这一观点为持"逃避法律追究说"的学者所主张，也是被司法实务界广泛采纳的观点。"逃避法律追究说"以司法解释的字面规定为蓝本，认为逃避责任追究是"逃逸"行为的本质。依据该说，逃逸的认定标准在于判断行为人是否具有逃避法律追究的故意，即行为人明知自己的行为造成了重大交通事故的发生，仍为逃避法律追究而逃离事故现场。① 具体到本案，刘某露在明知其肇事行为造成他人死亡结果的情况下，仍对交警虚构其身份信息且拒不交代肇事经过，这一行为显然具有逃避法律追究的故意，因此应当认定其成立"肇事逃逸"。

2. 行为人只成立交通肇事罪的基本犯，不成立"肇事逃逸"

这一观点为持"逃避救助义务说"的学者所主张，也是目前受到学界众多学者支持的观点。该说认为，应从"禁止逃逸"的目的入手解释"肇事逃逸"的内涵，法律规范要求行为人在肇事后不得逃逸的目的并不在于确保刑事追诉，而在于要求肇事者履行对伤者的救助义务。② 依据该说，"肇事逃逸"须以被害人具有救助可能性和行为人具有履行作为义务的可能性为前提。在本案中，由于行为人刘某露在肇事后一同被送往医院救治，不具有履行救助被害人这一义务的可能性；同时，由于被害人死亡的结果不具有可避免性，因此不能认定行为人构成"肇事逃逸"。

---

① 参见高铭暄、马克昌主编：《刑法学》（第八版），北京大学出版社、高等教育出版社2017年版，第358页。

② 参见张明楷：《刑法学（上）》（第五版），法律出版社2016年版，第22页。

三、裁判结果与理由

（一）裁判结果

被告人刘某露成立交通肇事罪，且符合交通运输肇事后逃逸的情形，鉴于其有自首、认罪悔罪态度良好且与被害人家属达成赔偿协议的情节，依法对其减轻处罚。依照《中华人民共和国刑法》（以下简称《刑法》）第133条、第67条第1款之规定，判处刘某露有期徒刑2年。

（二）裁判理由

行为人刘某露在未取得机动车驾驶证的情况下，驾驶机动车在高速公路上超速行驶，致发生一人死亡的重大交通事故，构成交通肇事罪基本犯。事故发生后，行为人因受伤而未从事故现场逃离，但其在医院治疗时谎报身份，且拒不向公安机关如实交代肇事经过并擅自从医院逃离的行为，符合为逃避法律追究而逃跑的规定，应认定其构成"肇事逃逸"。

四、案件评析

（一）本案涉及文义解释和目的解释的关系

文义解释，是指对法条用语含义进行探究的解释方法。由于文义解释能够保证解释的客观性和预测的可能性，因此文义解释一般被认为是解释的起点。[①] 目的解释，是指根据刑法规范的目的，阐明刑法条文真实含义的解释方法。[②] 一般而言，考虑到因语言所具有的多义性以及"辐射范围"的不确定性而可能带来的解释结论的不确定性和不合理性，通常就需要援用其他解释方法，如目的解释、体系解释、历史解释来检验文义解释的结论。其中，目的解释虽具有扩张处罚范围的机能，但该扩张不得超出法条字面含义的限定，即需以文义解释的边界为限；而当法条字面含义范围过宽时，则可能需要通过"客观目的性"来限缩构成

---

① 参见苏彩霞：《刑法解释方法的位阶与运用》，载《中国法学》2008年第5期。
② 参见张明楷：《刑法学（上）》（第五版），法律出版社2016年版，第38页。

要件的成立范围,从而保证解释结论的合理性。① 对于本案而言,就涉及如何处理"肇事逃逸"的语义范畴和规范目的之间关系的问题。

(二)"肇事逃逸"内涵的解释

如何理解《刑法》第133条交通肇事罪加重构成中的"肇事逃逸",是处理本案的关键。最高人民法院2000年发布的《最高人民法院关于审理交通肇事刑事案件具体应用法律若干问题的解释》(以下简称《2000年司法解释》)第3条规定:"'交通运输肇事后逃逸',是指行为人具有本解释第二条第一款规定和第二款第(一)至(五)项规定的情形②之一,在发生交通事故后,为逃避法律追究而逃跑的行为。"围绕《刑法》和《2000年司法解释》中的条款,对于"肇事逃逸"的解读,目前主要存在"逃避法律追究说"和"逃避救助义务说"两种观点。

"逃避法律追究说"直接以上述司法解释为蓝本,认为"肇事逃逸"的本质和加重不法内容是行为人为逃避法律追究而逃跑。据此,"肇事逃逸"是作为犯,即行为人积极实施了"逃逸"行为,这是对其适用升格法定刑的原因。显然这是对《2000年司法解释》字面规定进行文义解释后的产物。该说目前受到的抨击主要有以下四点:(1)与期待可能性原理相违背。要求行为人在犯罪行为实施后主动接受法律的追究和制裁,并不具有期待可能性。(2)无法回答逃逸行为引起法定刑升格的实质依据。③ 鉴于行为人逃避法律追究并非刑法所保护的任何一项法益内容,将该行为作为法定刑升格的事由就存在疑问。(3)与自首制度设立的初衷相违背。(4)与不得要求犯罪嫌疑人自证其罪的原则相违背。若认为禁止交通肇事中的行为人逃跑是为了方便进行"刑事追诉",即表明行为人有义务配合司法机关追诉自己,这与"不自证己罪"的原则相违背。④

---

① 参见周光权:《刑法解释方法位阶性的质疑》,载《法学研究》2014年第5期。
② 即要求"肇事逃逸"以交通肇事罪基本犯的成立为前提。《2000年司法解释》第2条第2款第1至5项规定,交通肇事致一人以上重伤,负事故全部或者主要责任,并具有下列情形之一的,以交通肇事罪定罪处罚:酒后、吸食毒品后驾驶机动车辆的;无驾驶资格驾驶机动车辆的;明知是安全装置不全或者安全机件失灵的机动车辆而驾驶的;明知是无牌证或者已报废的机动车辆而驾驶的;严重超载驾驶的。
③ 参见劳东燕:《交通肇事逃逸的相关问题研究》,载《法学》2013年第6期。
④ 参见姚诗:《交通肇事"逃逸"的规范目的与内涵》,载《中国法学》2010年第3期。

鉴于"逃避法律追究说"存在的诸多疑问，以"逃避救助义务说"为代表的"规范目的说"在学界获得了较高的呼声。该说认为，在界定"肇事逃逸"的成立范围时，应从法条规定"禁止逃逸"的实质目的出发解释逃逸的内容。法规范要求行为人在肇事后不得逃逸的目的并不在于确保刑事追诉，而在于要求肇事者履行对伤者的救助义务。按照"逃避救助义务说"，行为人先前的肇事行为使其对于事故中受伤的被害人负有保证人地位，因此"肇事逃逸"的本质在于行为人未履行救助义务。据此，"肇事逃逸"是不作为犯，即行为人未履行法律规范要求其履行的救助义务。由于不作为犯的成立是要求行为人具有作为可能性以及结果具有避免可能性，那么具体到"肇事逃逸"的成立条件来看，自然也要求行为人具有履行救助义务的可能以及先前事故中的被害人具有被救助的可能。因此，依据"逃避救助义务说"，当行为人履行了对被害人的救助义务，或是行为人不具有履行救助义务的可能，或是被害人不具有救助可能（被害人在事故中当场死亡/被害人经救治无效死亡），那么即便行为人事后为逃避法律追究而逃跑，也不能成立"肇事逃逸"，而只可能成立交通肇事罪的基本犯。

（三）本案中对"肇事逃逸"的认定未考虑"逃逸"的规范目的

就本案的处理而言，法院认为，刘某露在接受交警询问时谎报信息、拒不交代肇事经过以及擅自从医院离开的行为，属于为逃避法律追究而逃跑的行为，因此肯定刘某露成立"肇事逃逸"。显然，这是依据司法解释的规定对"交通运输肇事后逃逸"作文义解释的产物。然而如前所述，鉴于行为人肇事后逃避法律追究并非为刑法所保护的法益内容，因此将该行为作为法定刑升格依据就存在疑问。本书倾向于认为，援用"逃避救助义务说"处理本案更具有合理性。

就本案而言，依据"逃避救助义务说"，不论是被害人经救治无效而死亡表明被害人并不具有救助可能性（结果不具有避免之可能），还是行为人因在事故中受伤表明其不具有救助被害人之可能（不具有作为可能性），都表明成立"肇事逃逸"这一不作为犯罪的前提并不存在。因此，刘某露后续隐瞒身份、拒不交代肇事经过这一逃避法律追究的行为就不能成立"肇事逃逸"，而只成立交通肇事罪的基本犯。

(四)关于本案裁判的合法性、正当性和合理性

对于本案中将刘某露后续行为认定为"肇事逃逸"这一判决结果而言,是依据司法解释字面规定所得出的当然结论,也是司法实务中采纳"逃避法律追究说"的典型表征。这一解释从合法性上来讲并不存在疑问。然而,对司法实务中涉及"肇事逃逸"的相关判决进行梳理后可以发现,尽管绝大多数判决均以"逃避法律追究说"为标准肯定了行为人成立"肇事逃逸",但为数不少的判决却只对行为人适用了交通肇事罪的基本刑,同时适用缓刑的比例也不在少数。这一量刑轻缓化的现象在犯罪加重构成的认定中并不常见。这似乎也说明了司法实务界已经意识到仅将"逃避法律追究"作为判断成立"逃逸"的标准所存在的不合理性——无法解释法定刑升格的依据,因而试图通过量刑的缓和化来消弭这一加重构成认定宽泛所带来的疑问。仅此而言,本案裁判的正当性和合理性值得商榷。

五、相关法律规范

1.《刑法》第 67 条、第 133 条。

2.《最高人民法院关于审理交通肇事刑事案件具体应用法律若干问题的解释》第 2 条、第 3 条。

第二节 将"干扰"采样等价为"干扰"计算机信息系统是否属于类推解释

一、案情介绍[①]

2016 年 2 月 4 日至 2016 年 3 月 6 日,被告人李某、张某勃多次进入西安市长安区环境空气自动监测站(以下简称"长安子站")内,以用棉纱堵塞采样器的

---

① 参见最高人民法院发布的第 20 批指导性案例第 104 号。

方法,干扰子站内环境空气质量自动监测系统的数据采集功能。被告人何某民明知李某等人的行为而没有阻止,只是要求李某把空气污染数值降下来。被告人李某还多次指使被告人张甲、张乙采用上述方法对子站自动监测系统进行干扰,造成该站自动监测数据多次出现异常,多个时间段内监测数据严重失真,影响了国家环境空气质量自动监测系统正常运行。

二、争议焦点

本案的争议焦点为:干扰采样,致使监测数据失真的行为是否应认定为破坏计算机信息系统罪中的"破坏"行为? 对此,存在两种争议观点:

1. 在计算机信息系统外部干扰采样器采样的行为属于《刑法》第 286 条中"干扰"计算机信息系统功能的行为。破坏计算机信息系统罪中的"干扰","既包括对计算机信息系统本身的干扰,也包括对信息数据采集和传输过程的干扰……空气采样器作为监测系统的组成部分,行为人用棉纱堵塞采样器,造成环境质量监测系统不能运行,属于对计算机信息系统实施破坏的行为。"[①]根据该观点,"干扰"计算机信息系统可以解释为包含"干扰"信息数据采集,这属于对条文语义的扩张解释。

2. 仅在计算机信息系统外实施干扰行为,但并未改变或干扰计算机信息系统内部程序功能的,不应认定为《刑法》第 286 条中规定的"干扰"计算机信息系统功能。计算机信息系统,是指具备自动化处理数据功能的系统。本案中李某等人的行为是通过改变大气监测的外部物理环境进而影响监测结果,而非通过改变监测系统内部应用程序的功能进而改变监测结果,因此难以认定为对计算机信息系统功能的干扰。[②] 根据该观点,将"干扰"计算机信息系统功能直接等价为"干扰"采样,有类推解释的嫌疑。

---

① 叶小琴、高彩云:《破坏计算机信息系统行为的刑法认定——基于最高人民法院第 104 号指导性案例的展开》,载《法律适用》2020 年第 14 期。
② 参见周光权:《刑法软性解释的限制与增设妨害业务罪》,载《中外法学》2019 年第 4 期。

三、裁判结果和理由

（一）裁判结果

陕西省西安市中级人民法院于 2017 年 6 月 15 日作出判决：（1）被告人李某犯破坏计算机信息系统罪，判处有期徒刑 1 年 10 个月；（2）被告人何某民犯破坏计算机信息系统罪，判处有期徒刑 1 年 7 个月；（3）被告人张某勃犯破坏计算机信息系统罪，判处有期徒刑 1 年 4 个月；（4）被告人张甲犯破坏计算机信息系统罪，判处有期徒刑 1 年 3 个月；（5）被告人张乙犯破坏计算机信息系统罪，判处有期徒刑 1 年 3 个月。

（二）裁判理由

法院的裁判理由主要有以下三条：

其一，五名被告人的行为违反了国家规定。《中华人民共和国环境保护法》（以下简称《环境保护法》）第 68 条第 6 项规定，禁止篡改、伪造或者指使篡改、伪造监测数据。《中华人民共和国大气污染防治法》（以下简称《大气污染防治法》）第 126 条规定，禁止对大气环境保护监督管理工作弄虚作假。《中华人民共和国计算机信息系统安全保护条例》（以下简称《计算机信息系统安全保护条例》）第 7 条规定，不得危害计算机信息系统的安全。五名被告人采取堵塞采样器的方法伪造或者指使伪造监测数据，弄虚作假，违反了上述国家规定。

其二，五名被告人的行为破坏了计算机信息系统。根据 2016 年《最高人民法院、最高人民检察院关于办理环境污染刑事案件适用法律若干问题的解释》（以下简称《2016 年司法解释》）第 10 条第 1 款第 2 项的规定，干扰环境质量监测系统的采样，致使监测数据严重失真的行为，属于破坏计算机信息系统。被告人用棉纱堵塞采样器的行为，必然造成采样器内部气流场的改变，造成监测数据失真，影响对环境空气质量的正确评估，属于对计算机信息系统功能进行干扰，造成计算机信息系统不能正常运行的行为。

其三，五名被告人的行为造成了严重后果。五名被告人干扰采样的行为造成了监测数据的显著异常，该失真的监测数据影响了全国大气环境治理情况评估，损害了政府公信力，误导了环境决策。据此，五名被告人干扰采样的行为造成了严重后果。

四、案件评析

上述第一、三两条裁判理由并不存在疑问,本案中存在疑问的是第二条裁判理由,即是否能认定五名被告人用棉纱堵塞采样器的行为破坏了计算机系统。

(一)本案涉及扩张解释和类推解释的区别

扩张解释,是指适度扩大刑法条文用语的通常含义,赋予条文用语比通常含义更广的意思,但又将其限定在条文用语可能的意义范围内的解释方法。

类推解释,是指对于法律没有明文规定为犯罪,但具有社会危害性的行为,比照规定最相类似性质的行为的刑事法条进行定罪处罚。[①] 由于类推本质上与罪刑法定原则的要求相悖离,因此禁止类推就成为罪刑法定原则下的一项重要内容。

然而,由于扩张解释和类推解释之间具有天然的亲缘性,如何区别二者,就成了"刑法学永恒的课题"。[②] 一般认为,类推解释和扩张解释的区别在于,对条文中的某一用语进行解释时,是否超出了国民对于该文字含义的一般预测可能性。[③] 对于本案来说,能否将"干扰计算机信息系统"直接解释为"干扰外部设备采样",就涉及扩张解释和类推解释之间的区别。

(二)将"干扰采样"等价为"干扰计算机信息系统功能"有类推解释的嫌疑

《2016 年司法解释》第 10 条第 1 款第 2 项规定,干扰采样,致使监测数据严重失真的,以破坏计算机信息系统罪论处。显然,本案中将李某等被告人采用棉纱堵塞采样器的行为认定为破坏计算机信息系统,是对该司法解释中"干扰采样,致使监测数据严重失真"的直接援用。然而,该司法解释中的"干扰采样"能否直接等同于《刑法》第 286 条中的"对计算机信息系统功能进行干扰",需要审

---

① 参见陈兴良主编:《刑事法总论》,群众出版社 2000 年版,第 153 页。这里需要指出的是,一般认为,只有当解释结论有利于被告人时,才是可以接受的类推适用,否则,类推解释应当被禁止。
② 参见张明楷:《实质解释论的再提倡》,载《中国法学》2010 年第 4 期。
③ 参见周光权:《刑法总论》(第三版),中国人民大学出版社 2016 年版,第 44 页。

慎考量。本书认为,将二者等同视之有类推解释的嫌疑。理由有二:

其一,本案中李某等被告人干扰的对象为计算机系统所采集的"样品",而非计算机系统本身。《刑法》第 286 条破坏计算机信息系统罪中共规定了三种行为方式:对计算机信息系统功能进行删除、修改、增加、干扰;对计算机信息系统中存储、处理或者传输的数据和应用程序进行删除、修改、增加;故意制作、传播计算机病毒等破坏性程序。就法条规定的这三种行为方式而言,"破坏"行为的对象是计算机信息系统内部功能、计算机信息系统中的数据和应用程序,并不包含计算机信息系统所处的外部环境。因此,不论从文义解释还是体系解释的角度出发,该条第 1 款中"干扰"行为的对象,也应当最终指向计算机系统的内部功能,而非仅停留在其所要采集的"样品"之上。在本案中,李某等人采取棉纱等堵塞采样器的行为所直接干预的对象是计算机系统采集的"样品",而非计算机系统。

其二,本案中李某等被告人的行为影响到的是计算机系统所采集到的数据,但对计算机系统功能的正常运行(即系统如何采集数据,如何对数据进行分析等)并没有造成损坏。《刑法》第 286 条第 1 款、第 3 款中皆规定了"影响计算机系统正常运行"的要件,因此只有当行为人的行为影响了计算机系统的正常运行时,才符合破坏计算机信息系统罪的成立要件。在本案中,李某等人的"干扰"行为影响的是监测器所采集的"样品"——外部物理环境,但并没有对大气监测设备及计算机系统的正常运行造成影响。①

综上所述,将"干扰"采样直接解释为"干扰"计算机信息系统功能就超出了计算机系统功能文义所能承载的范围,也超出了一般国民的预测可能,具有类推解释的嫌疑。鉴于此,《2016 年司法解释》第 10 条第 1 款第 2 项中的"干扰采样、致使监测数据严重失真"就可以解释为:行为人通过干扰计算机内部系统程序的方式干扰计算机采样,致使监测数据严重失真。若行为人只是干扰了所采集的"样品",但该干扰行为对计算机系统内部程序和功能并未产生影响的话,那么该行为就不应当被认定为破坏计算机信息系统罪中的"破坏"行为。反之,如果行为人在计算机系统外部所进行的干扰造成了计算机系统内部的损坏,或是

---

① 参见周光权:《刑法软性解释的限制与增设妨害业务罪》,载《中国法学》2019 年第 4 期。

影响了计算机系统内部程序的运作等,如利用强电磁波干扰导致程序运作混乱,则属于影响计算机系统内部程序和功能的行为。

(三)关于本案的合法性、正当性和合理性

司法解释作为正式法律渊源之一,对于法律适用活动有着极为重要的指导意义。然而,司法解释本身是对法律条文的阐明,因此在理解和适用司法解释时就必须考虑到法条自身的含义,而不能脱离法条独立进行解读,否则就可能会不当扩张法条的适用范围,从而有类推解释的嫌疑。对于本案的处理而言,将司法解释中"干扰采样、致使监测数据严重失真"的规定直接等同于《刑法》第286条中的"干扰"计算机系统功能,认定李某等人采用棉纱堵塞采样器的行为构成破坏计算机信息系统罪,有将干扰采样中的"样品"类推解释为"计算机信息系统"的嫌疑。就这一点来看,本案判决的正当性和合理性有待商榷。

五、相关法律规范

1. 《刑法》第286条。
2. 《最高人民法院、最高人民检察院关于办理环境污染刑事案件适用法律若干问题的解释》第10条第1款第2项。

第三节　有利于被告人的类推解释不违背罪刑法定原则

一、案情介绍[①]

章某花与张某懿系母女。张某懿与同学杨某(女)关系较为密切,因杨多次向张借钱后不还,引起章某花不满,遂到杨家干涉,并阻止张某懿与杨某交往。杨某对章怀恨在心。2000年7月,杨某对张某懿谈起,如章某花死亡,张即可获自由,且可继承遗产。张亦认为母亲对自己管束过严,两人遂共谋杀害章某花。

---

① 参见最高人民法院刑事审判指导案例第240号。

同年8月23日晚,张某懿在家中给其母章某花服下安眠药,趁章昏睡之际,将杨某提供的胰岛素注入章体内。因担心章某花不死,张某懿又用木凳等物砸章头部。次日中午,杨某至张某懿家,见章某花仍未死亡,即与张共同捆绑章的双手,张用木凳猛砸章头部。被害人章某花终因颅脑损伤而死亡。之后,张某懿、杨某两人取走章的存折、股票磁卡等,由杨藏匿。张某懿购买水泥,将章某花的尸体掩埋于家中阳台上。

2000年10月8日,公安机关在对犯罪嫌疑人张某懿采取强制措施后,又查证杨某涉嫌参与共同杀人。但因其时杨某正怀孕,故未对其采取相应的强制措施。10月20日,杨某产下一男婴并将其遗弃(此节因证据原因未予指控),公安机关遂于10月30日将其刑事拘留。

被告人张某懿及其辩护人对事实没有异议,其辩护人对上海市公安局安康医院《精神疾病司法鉴定书》作出的关于张某懿属于"边缘智能"的鉴定结论提出质疑,并要求重新鉴定。

被告人杨某辩称其没有杀人的具体行为。杨某的辩护人认为杨在共同杀人犯罪中仅起次要作用;公安机关掌握杨某涉嫌参与杀人的犯罪事实时,杨正怀孕,因此,对杨某应视为"审判的时候怀孕的妇女,不适用死刑"。

二、争议焦点

本案的争议焦点主要有二:(1)公安机关待犯罪嫌疑人分娩后再采取强制措施的,能否视其为审判时怀孕的妇女?(2)对限定刑事责任能力的精神障碍者被告人应如何适用刑罚?关于第二点,因与本部分内容无关,在此不作展开论述。

第一点争议涉及如何认定"审判时"的问题。对该问题,主要存在两种不同意见:一是否定说,认为公安机关待犯罪嫌疑人分娩后再采取强制措施,是处于侦查阶段而非审判时,若认定为审判时属于类推解释,违背罪刑法定原则。因此,对杨某可以适用死刑。二是肯定说,认为公安机关待犯罪嫌疑人分娩后再采取强制措施,也应认定为审判时,对杨某不能适用死刑。否则,将会导致刑法中有关审判时怀孕的妇女不适用死刑之规定被架空,背离立法目的。

三、裁判结果与理由

上海市第二中级人民法院经审理认为,杨某的辩护人提出对杨不应适用死刑的辩护意见可予采纳。依照《刑法》第232条、第57条第1款、第18条第3款、第49条、第25条第1款、第64条的规定,被告人张某懿、杨某于2001年6月19日以故意杀人罪分别被判处无期徒刑,剥夺政治权利终身;违法所得予以追缴。主要裁判理由如下:

《刑法》第49条第1款规定:"审判的时候怀孕的妇女,不适用死刑。"从文义上看,上述规定中所谓的"审判的时候",似乎仅指从人民检察院提起公诉时起至人民法院作出判决生效时止。但这样的文义理解过于狭窄,并不符合立法原意。为此,最高人民法院在1983年作出的《最高人民法院关于人民法院审判严重刑事犯罪案件中具体应用法律的若干问题的答复》中,针对《刑法》的有关规定,作出进一步的解释,即:人民法院对审判时怀孕的妇女,不适用死刑;如果在审判时发现,在羁押受审时已是孕妇的仍应不适用死刑,即使是被人工流产的,亦应视为"审判的时候怀孕的妇女"。1997年《刑法》修订实施后,最高人民法院在《最高人民法院关于对怀孕妇女在羁押期间自然流产审判时是否可以适用死刑问题的批复》中再次指出:对怀孕妇女因涉嫌犯罪在羁押期间自然流产后,又因同一事实被起诉、交付审判的,应视为"审判的时候怀孕的妇女"。该司法解释进一步明确将怀孕妇女从因涉嫌犯罪被羁押时起至人民检察院提起公诉时止的期间亦视为"审判时",在原有的司法解释基础上又迈进了一步,其精神是为了确保胎儿的生命及婴儿的正常发育。胎儿、婴儿是无辜的,不能因孕妇有罪而祸及胎儿或婴儿。同时,这也体现了司法对孕妇的人道关怀。可见,司法实践中,对"审判时"应作广义理解,即应是指从犯罪嫌疑人涉嫌犯罪而被羁押时起至人民法院依法作出判决生效时止的刑事诉讼全过程。

本案中,张某懿到案后,在监房内向他人透露了受杨某指使而将其母亲杀害的事实。10月8日,警方得知杨某涉嫌参与共同杀人,又于10月9日从张某懿处得以证实。但警方在得知杨某正处于怀孕期且临近分娩,故未对杨某采取取保候审等强制措施,直至10月30日,在杨某分娩之后第10天才对其拘捕。根据《中华人民共和国刑事诉讼法》(以下简称《刑事诉讼法》)及公安部1998年5月14日作出的《公安机关办理刑事案件程序规定》,公安机关主动发现犯罪线索或接受公民个人和法人组织报案后,均应积极作为而正确履行立案、侦查、拘捕犯罪嫌疑人、依法取证等法定职责,对犯罪嫌疑人依法先予羁押,若发现系怀孕妇女,依据《刑事诉讼法》第60条的规定,可改变羁押或者采取取保候审、监视居住等强制措施。本案已有了犯罪现场,另一嫌疑人张某懿亦到案,且已证实杨某涉嫌犯罪。如果警方能依照上述规定及时对杨某采取有关强制措施,按照《刑法》第49条及相关司法解释的规定,杨某无疑应当被视为"审判的时候怀孕的妇女"。但是,由于公安机关已明知涉案的嫌疑人怀孕而不对其采取有关强制措施,而是待其分娩后再予拘押,在表面上使杨某不再具有原本依据法律规定应当具有的特别保护条件。显然,造成这一结果并非因法律所致,而是由于公安机关基于某种原因未能严格依照《刑事诉讼法》及公安部的有关规定,及时对杨某采取相关强制措施所致,由此产生的后果也就当然不应由被告人杨某来承担。况且,即便是在杨某分娩后才对其采取强制措施,也不能改变杨某在分娩前就已被公安机关列为犯罪嫌疑人的事实。从有利于被告人的原则出发,人民法院对本案被告人杨某视为"审判的时候怀孕的妇女"而不适用死刑的判决是正确的。在一定意义上可以说,法院是还原了杨某的"本来面目"。

四、案件评析

(一)"审判时"的含义

所谓审判,是"法院对案件进行审理和判决的合称。审理指搜集证据、审查证据、讯问当事人、询问证人等,以查清案件的事实,确定案件性质。判决则根据案件的事实和性质,适用有关的法律作出处理的决定。"[①]从审判的内涵来看,其中的审理之内容如搜集证据、审查证据等,并非只能由法院完成,事实上许多犯罪(包括本案涉嫌的故意杀人罪)的查证主要由公安机关完成。然而,从审判的语义上看,其主体却是法院。因此,对于公安机关对杨某分娩后才采取的强制措

---

① 辞海编辑委员会编:《辞海(1989年版·缩印本)》,上海辞书出版社1990年版,第1141页。

施,不应认定为审判时。

(二)法院对"审判时"的解释属于类推解释,而非扩大解释

通常认为,所谓类推解释是指将法无明文规定的危害行为,比照刑法分则中最相类似的条款加以处罚。① 从《辞海》对"审判"的定义来看,将公安机关在杨某分娩后采取的强制措施认定为审判时,属于类推解释。理由主要在于:首先,审判在内容上包括搜集证据、审查证据等,对故意杀人罪的搜集证据、审查证据等,恰恰属于公安机关的职责范畴。因此,将公安机关采取的强制措施认定为审判时,只是在主体上突破字面含义而扩张,在内容上实质上仍属于审判的字面含义之内,认定为"最相类似"无疑是可行的。其次,正如本案公诉人所指出的,刑法规定"审判的时候怀孕的妇女,不适用死刑"是出于对胎儿的保护考虑。杨某产下婴儿后将其遗弃,再对其适用《刑法》第49条,是不利于保护胎儿的,如果不将之认定为"审判时",无疑与立法精神不符。

类推解释不同于扩大解释。"扩大解释,是指刑法条文字面通常含义比刑法的真实含义窄,于是扩张字面含义,使其符合刑法真实含义的解释技巧。"② 扩大解释的本质,仍然是在刑法条文的真实含义之内,只不过较之字面通常含义要宽。之所以要作扩大解释,是因为刑法条文的字面通常含义要较真实含义窄。类推解释则不然,其所类推的含义是超出真实含义的射程范围的,这也是类推解释与罪刑法定原则水火不相容的主要原因。

(三)本案的类推解释不违背罪刑法定原则

1. 本案对"审判时"的解释属于有利于被告人的类推解释

将"审判时"作超出其字面真实含义的解释,不但包括法院审理、判决案件时,还包括公安机关采取相关强制措施时,属于典型的类推解释。由于刑法规定"对审判的时候怀孕的妇女,不适用死刑",将公安机关采取相关强制措施时理解成"审判时",就意味着对被告人杨某不适用死刑,这属于有利于被告人的类推

---

① 参见高铭暄、马克昌主编:《刑法学》(第二版),北京大学出版社、高等教育出版社2005年版,第10页。

② 张明楷:《刑法学(上)》(第五版),法律出版社2016年版,第41页。

解释。

2. 本案的类推解释符合罪刑法定原则

罪刑法定原则的思想渊源,是随着时代的发展而不断变化的。罪刑法定原则起初的思想渊源,通常认为是三权分立理论和心理强制学说。当今的罪刑法定原则,其思想渊源主要是民主主义和人权保障主义。[①] 罪刑法定,意味着对公民不得随意施加罪名并加以惩罚,使公民对自己的行为具有可预测性,达到限制国家肆意发动刑罚权的效果,有利于维护刑法的安定性。有利于被告人的类推解释,显然与人权保障主义相契合,这意味着其与罪刑法定原则的理论基础不谋而合,因而并不违背罪刑法定原则。

3. 关于本案裁判的合法性、正当性和合理性

本案裁判从有利于被告人的原则出发,将公安机关采取强制措施认定为"审判时",将"杨某分娩后"视为"怀孕",尽管在性质上属于类推解释,但能充分起到保护胎儿生命及婴儿正常发育的作用,同时还能使刑法相关规定得到彻底的贯彻、施行,符合刑法的立法目的。另外,由于本案进行类推解释有利于实现人权保障,因而不违背罪刑法定原则。总之,本案裁判合法、正当、合理,其积极意义值得肯定。

五、相关法律规范

《刑法》第 3 条。

第四节 如何理解《刑法》第 12 条规定的"处罚较轻"

一、案情介绍

1992 年 3 月 20 日晚上 10 点多,林某在南京医学院(现南京医科大学)教学

---

① 参见陈兴良主编:《刑法总论精释(上)》(第三版),人民法院出版社 2016 年版,第 31 页。

楼自习。酒后的麻某钢溜进了教学楼,见林某一个人在教室便上前搭讪,让林某跟他出去玩。遭到林某拒绝后,麻某钢悻悻离去,后又找来一根铁棍返回教室,再次要求林某跟他出去。林某当即表示,再这样她要叫人了,要报警。面对态度坚决的林某,麻某钢举起手中的铁棍打向了她。在击倒林某之后,麻某钢将林某拖到教学楼天井处强行发生性关系。现场勘查发现,林某在被拖拽过程中因反抗遭到了持续击打。因担心事情败露,麻某钢将林某拖至教学楼外,将其头朝下投入窨井后盖上井盖,之后翻墙逃掉。四天后,校卫队保安在窨井中发现林某的尸体。

二、争议焦点

"南医大女生被害案"主要有两个争议焦点:(1)本案适用1979年《刑法》规定还是现行《刑法》(即1997年《刑法》)规定?(2)是否适用刑法规定的追诉时效延长或者核准追诉规定?第二个问题不在本节内容讨论范围之内,下面主要介绍对第一个问题的不同见解。

关于追诉时效延长制度,1979年《刑法》第77条规定,"在人民法院、人民检察院、公安机关采取强制措施以后,逃避侦查或者审判的,不受追诉期限的限制。"1997年修订的《刑法》第88条对该规定作了重大修改,即将1979年《刑法》规定中的"采取强制措施以后"修改为"立案侦查以后"或者"受理案件以后"。显然,1997年《刑法》的规定更为宽松,因为"采取强制措施"较"立案侦查"要严格得多。"南医大女生被害案"发生于1979年《刑法》生效期间,犯罪嫌疑人被抓获归案则是发生在1997年《刑法》生效后,这就涉及刑法的溯及力问题。由于本案发生后警方已立案侦查,却并未采取强制措施,这样一来,若根据1979年《刑法》规定,因本案未采取强制措施,不能适用追诉时效延长制度;若根据1997年《刑法》规定,因本案已被立案侦查,可以适用追诉时效延长制度。那么,1997年《刑法》对"南医大女生被害案"有无溯及力呢?

1997年《刑法》第12条第1款规定,"中华人民共和国成立以后本法施行以前的行为,如果当时的法律不认为是犯罪的,适用当时的法律;如果当时的法律认为是犯罪的,依照本法总则第四章第八节的规定应当追诉的,按照当时的法律追究刑事责任,但是如果本法不认为是犯罪或者处罚较轻的,适用本法。"这便是从旧兼从轻原则。据此,"南医大女生被害案"若要适用1997年《刑法》,必须是根据1997年《刑法》不认为是犯罪或者处罚较轻,否则就要适用1979年《刑法》。问题在于,1997年《刑法》第12条中的"处罚较轻",是否包括有利于行为人的追诉时效规定?若包括,判断"南医大女生被害案"是否延长追诉时效应适用1979年《刑法》规定。若不包括,可适用1997年《刑法》规定。

对于"处罚较轻"是否包括有利于行为人的追诉时效规定,学界有两种不同观点。否定说认为,有利于行为人的时效规定不属于"处罚较轻"之范畴。一方面,"处罚较轻"只是指法定刑较轻,具体需要通过法定刑幅度、主刑以及附加刑等比较来判断。① 另一方面,时效的规定属于程序性规定,因为时效并不属于犯罪的构成要件或刑罚效果内容,它只影响司法机关追究行为人的刑事责任的时间范围。② 肯定说认为,"所谓'按当时的法律追究刑事责任',不仅包括适用当时法律的定罪量刑规定,也应当包括适用当时法律关于追诉时效的规定。"③

三、裁判结果与理由

2021年3月8日下午,最高人民检察院检察长张军在十三届全国人大四次会议上作最高人民检察院工作报告时,特别提到核准追诉"南医大女生被害案"等35起陈年命案。④ 这表明,本案是经过最高人民检察院核准追诉的,那么就可以认为1997年《刑法》有关追诉时效延长和核准追诉的规定具有溯及力,没有适用1979年《刑法》规定。至于裁判理由,最高人民检察院核准追诉决定书陈述如下:麻某钢涉嫌故意杀人罪、强奸罪,法定最高刑为死刑,虽然经过了20年,但其犯罪性质、情节、后果特别严重,依法必须追诉。⑤

---

① 参见范旭斌、叶巍:《新刑法溯及力问题的理论与实践探微》,载《江海学刊》2000年第6期。
② 参见曲新久:《刑法的精神与范畴》,中国政法大学出版社2000年版,第56页。
③ 聂昭伟:《新旧刑法交替后追诉时效的适用》,载《人民司法(案例)》2018年第5期。
④ 参见徐日丹:《最高检核准追诉"南医大女生被害案"等35起陈年命案》,载《检察日报》2021年3月9日第002版。
⑤ 参见靳丽君:《唐金海代表:最高检核准追诉意义重大》,https://m.thepaper.cn/newsDetail_forward_11624803,2021年8月10日访问。

四、案件评析

（一）司法机关和立法机关的认识和理解

对于处罚较轻是否包括有利于被告人的追诉时效，司法机关与立法机关也存在分歧。1997年9月25日最高人民法院发布的《最高人民法院关于适用刑法时间效力规定若干问题的解释》（以下简称《时间效力解释》）第1条规定："对于行为人1997年9月30日以前实施的犯罪行为，在人民检察院、公安机关、国家安全机关立案侦查或者在人民法院受理案件以后，行为人逃避侦查或者审判，超过追诉期限或者被害人在追诉期限内提出控告，人民法院、人民检察院、公安机关应当立案而不予立案，超过追诉期限的，是否追究行为人的刑事责任，适用修订前的刑法第七十七条的规定。"根据该规定，犯罪虽经公安机关立案侦查，若超过追诉时效，是否追究行为人的刑事责任需要适用1979年《刑法》第77条的规定。这显然是认定1997年《刑法》第12条中的"处罚较轻"，包含有利于行为人的追诉时效规定。《时间效力解释》还将其他有利于行为人的非处罚性质的处遇，如有利于行为人的累犯、假释等方面的规定，认定为"处罚较轻"。[①] 根据2001年《最高人民法院、最高人民检察院关于适用刑事司法解释时间效力问题的规定》，"对于新的司法解释实施前发生的行为，行为时已有相关司法解释，依照行为时的司法解释办理，但适用新的司法解释对犯罪嫌疑人、被告人有利的，适用新的司法解释。"该规定将"对被告人有利的"作为司法解释溯及力适用的依据，明确了"处罚较轻"包括一切有利于被告人的规定。这可以理解为，在刑法溯及力的理解和运用中，司法解释正式确立"从轻"应坚持有利于被告人主义。

不过，在该问题上立法机关与司法机关的态度有所不同。2014年7月17日，全国人大法工委作出的《对刑事追诉期限制度有关规定如何理解适用的答复意见》（法工办发〔2014〕277号）明确规定，"对1997年前发生的行为，被害人及其家属在1997年后刑法规定的时效内提出控告，应当适用刑法第八十八条第二

[①] 例如，《时间效力解释》第8条规定，"1997年9月30日以前犯罪，1997年10月1日以后仍在服刑的累犯以及因杀人、爆炸、抢劫、强奸、绑架等暴力性犯罪被判处十年以上有期徒刑、无期徒刑的犯罪分子，适用修订前的刑法第七十三条的规定，可以假释。"

款的规定,不受追诉期限的限制。"该答复虽说是针对1997年《刑法》第88条第2款的规定,但其意义不容小觑。这是因为,较之1979年《刑法》规定,1997年《刑法》第88条第2款规定属于新增条款,且其规定明显属于不利于行为人的追诉时效规定。认可其溯及既往的效力,就说明立法机关的态度是,有利于行为人的追诉时效规定不属于"处罚较轻",否则就与《刑法》第12条规定相冲突。据此,关于追诉时效的规定就不应适用1997年《刑法》第12条,1997年《刑法》第88条第1款对刑法生效前发生的行为具有溯及力。

(二)评析

本书认为,根据《刑法》第12条规定,"处刑较轻"不应包括有利于被告人的追诉时效规定。根据该条规定,"处罚较轻"是以行为构成犯罪为前提的,即1979年《刑法》认为是犯罪,才会在逻辑上得出处罚较轻的结论,否则就不存在处罚轻重之别。然而,追诉时效是与犯罪及其处罚无关的,它是指刑法规定的对犯罪人进行刑事追诉的有效期限,在性质上属于刑罚消灭事由。过了追诉时效,意味着法律后果消灭,既不能行使求刑权、量刑权和行刑权,也不能适用非刑罚的法律后果。① 不能行使求刑权、量刑权和行刑权,也就不存在是否构成犯罪及处罚轻重问题。可见,追诉时效在性质上无关犯罪及其处罚,只存在对被告人有利与否。因此,不应将有利于被告人的追诉时效规定理解为"处罚较轻",有关追诉时效延长的规定不应受从旧兼从轻原则的约束。对于"南医大女生被害案",1997年《刑法》具有溯及力,即可以根据该法第88条第1款规定来判断其追诉时效是否需要延长。

(三)对裁判的合法性、正当性和合理性的评判

从检察机关呈送最高人民检察院核准追诉来看,是以1997年《刑法》具有溯及力为依据的。这意味着司法机关认为《刑法》第12条规定的"处罚较轻"不包括有利于被告人的追诉时效,这样理解显然是贯彻罪刑法定原则的结果。当然,司法机关的裁决并不意味着刑法规定科学、合理。

---

① 参见张明楷:《刑法学(上)》(第五版),法律出版社2016年版,第648页。

（四）完善《刑法》第 12 条的建议

从不同国家或地区刑法规定的"从轻"内容来看，大致可以分为两种不同类型，即法定刑主义和有利于行为人主义。法定刑主义也称"一元主义"，即将从旧兼从轻原则中的"从轻"的内容限定为法定刑。例如，《瑞士联邦刑法典》就规定，"在本法生效前所为之重罪或轻罪于本法生效后判处的，惟本法处刑较轻者，始可适用本法。"①如前所述，我国《刑法》第 12 条也是采取法定刑主义。有利于行为人主义亦称"多元主义"，即对从旧兼从轻原则中的"从轻"的内容不作限制，凡是有利于行为人的规定均可认定为"从轻"。如《意大利刑法典》第 2 条规定，"如果行为实施时的法律与后来的法律不同，适用其规定对犯罪较为有利的法律，除非已经宣告了不可撤销的判决。"②西班牙等国刑法也采用多元主义。法定刑主义和有利于行为人主义各有利弊。由于法定刑是由刑法明文规定的，故采取法定刑主义较为直观、简明，易于操作，有利于防止司法的不协调与不一致；其缺陷是从轻的范畴受限缩，不利于充分保障行为人权益。有利于行为人主义不限制从轻的范畴，有利于全面、充分地保障行为人权益；其缺陷是导致"从轻"之适用具有一定的模糊性，有可能放纵司法自由裁量权。

本书赞同对"从轻"不作限制的有利于行为人主义。理由在于：首先，从现代刑事法治国的发展历程来看，侧重人权保障成为一种趋势。我国宪法、刑事程序法就有"尊重和保障人权"之规定，若采取有利于行为人主义，能全面、充分地保障犯罪嫌疑人、被告人的人权，与宪法、刑事程序法的意旨契合，更具合理性。其次，如果将"从轻"限定为犯罪及其处罚之从轻，将极大地限缩从旧兼从轻原则的适用范畴。在刑法中，除追诉时效制度外，累犯、自首、立功等量刑情节以及缓刑、假释等刑罚执行制度，实质上都不属于"处罚"，这意味着该类制度适用都将被排除在从旧兼从轻原则的射程之外，使得刑法溯及力的适用范围大受限缩，不利于实现刑法目的。最后，有利于行为人主义不局限于新法与旧法之法定刑轻

---

① 《瑞士联邦刑法典(1996 年修订)》，徐久生译，中国法制出版社 1999 年版，第 1 页。
② 《最新意大利刑法典》，黄风译注，法律出版社 2007 年版，第 6 页。

重的衡量,而是将有利于被告人原则贯彻到刑罚裁量、执行、消灭等一切与被告人的刑事处遇有关的条款中,更符合刑事法治改革的发展潮流。① 至于采取有利于行为人主义虽然可能会纵容司法自由裁量权,但规制司法自由裁量权显然不宜通过限缩刑法适用范围来实现。一方面,司法自由裁量权滥用是个普遍问题,并不限于"从轻"的理解与适用。另一方面,从国外的经验来看,通过程序规则等制约司法自由裁量权,往往会起到很好的效果。因此,没有必要通过限缩刑法适用范围的方式来约束司法自由裁量权。

既然有利于行为人主义更具有合理性,那么如何使其在司法实践中得到贯彻呢？对此,学界有两种不同观点:第一种观点是,在现行法律文字存在瑕疵的情况下,可通过法律解释将"处刑较轻"从"法定刑较轻"扩大解释为包括其他有利于被告人的规定。② 第二种观点是,主张对《刑法》第12条作出必要修正,即将其中的"如果本法不认为是犯罪或者处刑较轻的,适用本法"修改为"如果本法有利于被告人的,适用本法"。③ 本书赞成第二种观点。在立法规定为法定刑主义的情况下,通过法律解释将法定刑主义扩大解释为有利于行为人主义,显然有类推解释之嫌,违背罪刑法定原则,故第一种观点并不可取。未来,对《刑法》第12条可作如下修改:"中华人民共和国成立以后本法施行以前的行为,如果当时的法律不认为是犯罪的,适用当时的法律;如果当时的法律认为是犯罪的,依照本法总则第四章第八节的规定应当追诉的,按照当时的法律追究刑事责任,但是如果本法不认为是犯罪或者有利于行为人的,适用本法。"

五、相关法律规范

《刑法》第12条。

---

① 参见陈志军:《中国刑法适用范围立法之完善研究》,载《中国人民公安大学学报(社会科学版)》2011年第1期。
② 参见刘仁文:《关于刑法溯及力的两个问题》,载《现代法学》2007年第4期。
③ 参见陈志军:《中国刑法适用范围立法之完善研究》,载《中国人民公安大学学报(社会科学版)》2011年第1期。

第二章
Chapter 2

犯罪概念和犯罪构成

第一节 《刑法》第13条但书规定的理解与适用

一、案情介绍[①]

李某,男,21岁,广东省某某市某某区人。2008年6月的一天,李某在某某区某乡村路段,尾随陈某某(女,时年16岁)。行至临近某村落时,李某快步上前,左手抓住陈某某的左小腿,右手伸进陈某某的右裤袋。陈某某知道李某尾随自己,本就有些恐慌,见李某突然上前抓住自己欲行抢劫,本能地用右手按住李某的头,双方僵持了几分钟。后陈某某大声呼救,李某见状急忙松手并逃走。李某并未逃往无人处,而是跑进了临近的村庄。该村两名保安听到陈某某的呼救声,赶过来抓捕李某。李某见难以逃脱,干脆就地蹲下并用双手护住头部。两名保安遂将李某扭送至公安机关。后来查实,陈某某的右裤袋只装有几十元钱和一包卫生巾。李某家人请求对其进行限制刑事责任能力鉴定,鉴定结果表明李

[①] 本案是笔者在广东工作期间,兼职做律师所代理的一件刑事案件。基于对当事人的尊重,本案中的涉案当事人之姓名皆为化名。不过,对案情之描述基本遵照客观事实。

某的智商为 65。

二、争议焦点

本案的争议焦点为:对李某应否以犯罪论处?

肯定说认为,李某的行为属于抢劫。抢劫罪属于刑法中的重罪,李某的行为具有严重的社会危害性,不属于《刑法》第 13 条但书规定的"情节显著轻微危害不大的,不认为是犯罪",应当以抢劫罪论处。肯定说获得审理此案的某某区人民法院的支持。

否定说认为,李某的行为虽然属于抢劫,但不具有严重的社会危害性,属于《刑法》第 13 条但书规定的"情节显著轻微危害不大的,不认为是犯罪",不应以抢劫罪论处。主要理由有五:一是李某属于限制刑事责任能力人;二是李某所抢劫的财物价值十分微小;三是李某的行为属于抢劫未遂;四是没有造成被害人伤害;五是李某在逃跑过程中较为顺从,被抓捕时也较为配合,没有给他人造成伤害。

三、裁判结果与理由

广东省某某市某某区人民法院在审理此案时,以抢劫罪判处李某有期徒刑 6 个月。由于李某在审判时已经羁押 4 个多月,后只执行 1 个多月便刑满释放。法院的裁判依据是,李某的抢劫行为虽然情节显著轻微,但还是具有一定的社会危害性,不符合《刑法》第 13 条但书规定,应当以抢劫罪论处。

四、案件评析

(一)李某的行为属于抢劫行为

根据《刑法》第 263 条规定,抢劫罪是指以非法占有为目的,以暴力、胁迫或者其他方法,当场强行劫取公私财物的行为。其构成特征如下:其一,本罪侵犯的客体是复杂客体,即公私财物的所有权及他人的人身权利;其二,本罪的客观方面表现为,当场对公私财物的所有人、占有人或管理人使用暴力、胁迫或者其他强制方法,迫使其交出财物或强行夺取财物;其三,犯罪的主体是一般主体,即年满14周岁、具有刑事责任能力的自然人;其四,本罪主观方面是故意,并具有非法占有的目的。从李某的行为特征来看,在性质上属于抢劫是毋庸置疑的。

(二)《刑法》第13条但书的含义

学界通说认为,"情节显著轻微"中的情节,是指影响行为的社会危害性的一切主客观情节。不过,对于情节是否包括罪前情节和罪后情节,学界观点不一。一种观点认为,"'情节显著轻微'中的情节应是定罪情节和概括情节,既包括罪中情节,也包括罪前情节和罪后情节。犯罪是否显著轻微的判定,通常需要从以下方面进行分析:犯罪的时间、地点、场所和环境,犯罪的手段和方法,犯罪侵害的对象,犯罪的动机,犯罪的次数,以及犯罪的后果。"①另一种观点认为,"其中的'情节'是指行为过程中影响行为的法益侵犯性与非难可能性的各种情况,如法益的性质、行为的方法、行为的结果、行为人的故意、过失内容、动机与目的等等,但不应包括行为前后的表现。"②本书认为,情节不应当包括罪前情节和罪后情节,即行为前后的表现。理由在于:作为定罪情节,只能指与行为直接相关的主客观事实。如果将行为前后的表现也包括进去,等于将与行为间接相关的情节也纳入定罪的情节范畴,这显然是不妥的。

至于"危害不大",则是经过对危害行为及与其相关的所有情节考量后,得出的对社会产生危害的综合性客观结论,并非仅指通常所说的客观危害后果。"危害不大,是指综合考察犯罪的共同要件和全案的情节,行为对社会的危害尚不属于严重,即行为对社会的危害在量上还未达到一定程度。危害不大既包括行为客观方面的内容,也涵括主观方面内容,是从主客观相统一的角度来阐释行为的社会危害性。"③其中,主观方面包括罪过、主观恶性、人身危险性;客观方面包括行为及其危害结果等。④

---

① 储槐植、张永红:《刑法第13条但书与刑法结构——以系统论为视角》,载《法学家》2002年第6期。
② 张明楷:《刑法原理》,商务印书馆2011年版,第70页。
③ 储槐植、张永红:《刑法第13条但书与刑法结构——以系统论为视角》,载《法学家》2002年第6期。
④ 参见张小虎:《人身危险性与客观社会危害显著轻微的非罪思辨》,载《中外法学》2000年第4期。

"情节显著轻微"与"危害不大"虽然不是同一概念,却是相辅相成的,具有同等意蕴。其中,"情节显著轻微"侧重通过影响行为的社会危害程度的一切主客观要素,揭示危害行为的基本特征和状态,以之为根据可以让人窥见危害行为的动态发展与演变。"危害"则体现了行为最终对社会造成的危险和损害,揭示的是行为业已造成的状况和样态,以之为根据可以让人切身感受到危害行为的静态结局与效果。因此,"情节显著轻微"与"危害不大"乃分别从不同角度揭示危害行为的情状,展现了危害行为由始到终、由动到静的发展、演变过程。

(三)李某的行为符合但书规定,不应认定为犯罪

李某的抢劫行为,在情节上符合《刑法》第 13 条但书规定。客观上,李某所抢劫的财物价值十分微小,且并没有造成被害人伤害,这意味着在客观危害结果上非常轻微;主体上,李某属于限制刑事责任能力人,属于"可以从轻或者减轻处罚"的情形;主观上,李某属于一般性的故意,没有特别的目的和动机,并不存在特别从重的罪过。综合李某抢劫行为的主客观要件和要素,可以认定李某的行为属于"情节显著轻微危害不大的"情形,完全可以不认定为犯罪。

需要注意的是,《刑法》第 13 条但书规定属于一般性规定,为刑法分则规定的所有"个罪"定量提供了纲领性指导。"《刑法》第 13 条关于犯罪的总则性规定,一方面是有关犯罪的概念,另一方面也是有关犯罪认定的指导性规定……"①当然,但书定量作为概括性规定,虽然对所有个罪的具体定量具有指导性作用和约束力,却无法代替个罪的具体定量,因为其不能提供具体的可操作性依据或者标准。

(四)对裁判的合法性、正当性和合理性等的评判

广东省某某市某某区人民法院以抢劫罪判处李某 6 个月有期徒刑,实在没有必要。尽管认定为有罪的裁决并不明显违背《刑法》规定,但将如此轻微的抢劫行为认定为犯罪,无异于在抢劫罪的认定上,架空了《刑法》第 13 条但书的规定。就此而言,法院判决的正当性与合理性值得商榷。

---

① 黎宏:《罪刑法定原则下犯罪的概念及其特征——犯罪概念新解》,载《法学评论》2002 年第 4 期。

五、相关法律规范

《刑法》第 13 条、第 263 条。

第二节　犯罪构成论体系之比较

一、案情介绍

被告人邵某国,男,29 岁,宁夏回族自治区银川市人,原系银川市公安局城区分局文化街派出所民警,于 1991 年 8 月 29 日被逮捕。某天,邵某国的妻子王某怀疑邵某国与沈某(女)关系暧昧,双方在家里发生了激烈的争吵。王某说自己不想活了。邵某国也说不想活了,并把自己佩带的"五四"式手枪从枪套里取出,表示将与王某一起自杀。王某担心自己死后儿子没爹没妈,因此只想自己死,不想让邵某国也自杀。于是,王某两次上前与邵某国夺枪,但是没有得手。僵持一段时间后,王某对邵某国说:"你把枪给我,我先打,我死后你再打。"邵某国从枪套上取下一颗子弹上了膛。王某见状又上前夺枪,邵某国把枪放在地上用脚踩住。王某提出一起上床休息一下,邵某国同意,但没有从地上捡起枪。之后,双方均躺在床上。过了一段时间,王某借故要下床,邵某国坐起来双手扳住王某双肩,不让王某捡枪。王某说:"我把枪捡起来交给你。"邵某国便放手让王某去捡。王某捡起枪后立即开枪自杀。邵某国立马喊邻居一起送王某到医院,经医院检查王某已死亡。

二、争议焦点

本案的争议焦点为:根据不同的犯罪构成论体系,是否会得出定性不同的结论?以上述案例为例,学界持两种不同的意见。

一是肯定说。认为邵某国不构成犯罪,认定犯故意杀人罪与我国目前通行的耦合式的犯罪构成体系有关系。"在我国耦合式的犯罪构成体系中,是没有客观判断优先于主观判断原则的,因而主观判断有时先于客观判断进行,从而容易产生逻辑上的混乱。上述对于致人自杀行为是否构成故意杀人罪的论证就充分反映了这一点。"①如果根据德日通行的三阶层犯罪构成论体系,就不会得出构成犯罪的结论。因为,"按照递进式的犯罪构成体系,教唆或帮助自杀行为不具有构成要件该当性,因而也就不可能具有违法性与有责性,就不会评价为犯罪。"②由此可见,"尽管在对一般犯罪的认定上,耦合式的犯罪构成体系与递进式的犯罪构成体系的差别似乎并不明显,但当遇到一些定罪上的疑难问题时,两种犯罪构成体系的优劣就一目了然,这也是分析本案的意外之得。"③

二是否定说。认为无论根据四要件平面犯罪构成论体系还是根据三要件阶层犯罪构成论体系,邵某国均不构成犯罪,不同的犯罪构成论体系并不影响犯罪成立与否的判断。"对于邵某国的教唆或帮助自杀行为,无论是以犯罪构成四要件说分析,还是以德日犯罪三阶层论分析,均应得到相同结论,即无罪。由于教唆或帮助自杀的行为不属于故意杀人罪中的杀人行为,因此,按德日犯罪三阶层论分析时,因邵某国的行为不符合故意杀人罪构成该当性中的杀人行为,因此,不构成故意杀人罪。同样,若按犯罪构成四要件说分析,因邵某国之行为不符合故意杀人罪客观构成要件中的杀人行为,因此,同样也不构成故意杀人罪。"④

三、裁判结果与理由

银川市中级人民法院依照《刑法》第132条的规定,于1992年11月17日作出刑事附带民事判决,以故意杀人罪判处被告人邵某国有期徒刑7年。主要理由在于:被告人邵某国身为公安人员,明知其妻王某有轻生念头而为王某提供枪支,并将子弹上膛,对王某的自杀在客观上起了诱发和帮助的作用,在主观上持放任的态度,其行为已构成故意杀人罪,应负刑事责任。

---

① 陈兴良:《教唆或者帮助他人自杀行为之定性研究——邵建国案分析》,载《浙江社会科学》2004年第6期。
② 陈兴良:《刑法知识论》,中国人民大学出版社2007年版,第336—341页。
③ 陈兴良:《教唆或者帮助他人自杀行为之定性研究——邵建国案分析》,载《浙江社会科学》2004年第6期。
④ 欧锦雄:《复杂疑难案件下犯罪构成理论的优劣对决——犯罪构成四要件说与德日犯罪三阶层论的对决》,载《中国刑事法杂志》2011年第3期。

四、案件评析

(一)教唆、帮助自杀行为的定性

学界通说认为,教唆、帮助自杀行为对自杀者的死亡结果具有原因力,一般应按故意杀人罪定罪处罚,由于教唆、帮助行为的社会危害性较小,宜依照情节较轻的故意杀人予以从轻、减轻或者免除处罚。不过,近年来出现一种有力的观点,认为"自杀是违法、合法之外的第三种情形。因为自杀不能被评价为违法行为,在现有立法体例下,除非另设罪名,否则,对自杀参与行为不能依照故意杀人罪定罪处罚。"① 主要理由在于:一是自杀不是违法行为,但也不能说自杀合法;二是自杀的死亡结果不能被认为是法益侵害,但也不能说自杀没有造成任何损害;三是自杀不是法律领域的负价值行为,而仅仅是属于法律上不考虑违法、有责判断的"法律空白领域"之内的放任行为。②

本书赞成第二种观点。教唆、帮助他人自杀是一种比较特殊的行为:一方面,因为关系到生命权,法律意义重大,因而与其他教唆、帮助他人犯罪的行为有所不同;另一方面,在自杀者的行为不成立违法犯罪的前提下,处罚教唆、帮助他人自杀的行为十分勉强,至少在法律上难寻依据,毕竟后者完全从属、依附于前者。因此,教唆、帮助他人自杀属于独立的、特殊的行为,在刑法没有明确规定的情况下,不宜作规范上的评价。

(二)邵某国的行为性质分析

对邵某国的行为可以从两个不同方面加以分析:一是该行为可否认定为自杀的帮助行为;二是如果是自杀的帮助行为,应当如何定性。关于第二个问题,上面已经有过分析,下面重点谈谈邵某国的行为能否认定为刑法上的帮助行为。

从客观上看,法院认定邵某国将子弹上膛,对王某的自杀在客观上起了诱发和帮助作用。这里将诱发和帮助并列使用,显然是有问题的。诱发和帮助是性质完全不同的两种行为,诱发不能等同于帮助,帮助也不能谓之诱发。将子弹上

---

① 周光权:《教唆、帮助自杀行为的定性》,载《中外法学》2014 年第 5 期。
② 同上。

膛能起到诱发作用,但并不等于起到帮助作用。毕竟,犯罪帮助行为是对犯罪实行行为起帮衬、辅助作用,需要对犯罪及其结果发生起到实质性作用,单纯地将子弹上膛显然难以发挥这样的作用。例如,甲卖菜刀,客观上对乙使用菜刀杀人起到诱发作用,但这并不是犯罪帮助行为。本案中,王某两次上前与邵某国夺枪,均未得逞。在邵某国从枪套上取下一颗子弹上了膛后,王见状又上前夺枪,邵某国亦用脚踩住枪而使王某抢不得。因此,尽管邵某国将子弹上膛,但并非真的想帮助王某自杀,相反他是不允许王某夺枪自杀的。王某后来自杀,也是因为欺骗邵某国而得逞的。因此,邵某国虽然将子弹上膛,但并不能因此认定其实施了王某自杀的帮助行为。邵某国阻止王某夺枪,且王某通过欺骗邵某国而捡起枪自杀,邵某国主观上也不具有帮助王某自杀的故意。因此,邵某国将子弹上膛的行为不能认定为刑法上的帮助行为。

(三) 对裁判的合法性、正当性和合理性的评判

法院认定邵某国明知其妻王某有轻生念头而为王某提供枪支,并将子弹上膛,对王某的自杀在客观上起了诱发和帮助的作用,是存在问题的。邵某国虽然将子弹上膛,但一直阻止王某夺枪,因而其行为并非是提供枪支的行为。其行为可能对王某自杀起到了诱发作用,但与刑法上的帮助行为是两回事。同时,认为邵某国在主观上持放任态度,也不客观。刑法上的放任是指对实施犯罪听之任之、无所谓的心理态度,邵某国阻止王某夺枪,表明他不希望王某拿枪自杀,并不是听之任之、无所谓,这属于典型的不希望的心理态度。可见,邵某国对王某自杀,主观上不存在放任态度。总之,法院的判决并不合理。

五、相关法律规范

《刑法》第14条、第25—29条。

第三章 Chapter 3

犯罪客观方面

第一节 不作为方式的传播淫秽物品牟利罪及其认定

一、案情介绍

北京市海淀区人民检察院起诉书指控，被告单位快播公司自2007年12月成立以来，基于流媒体播放技术，通过向国际互联网发布免费的QVOD媒体服务器安装程序（QVOD Server Install，以下简称QSI）和QVOD Player（即快播播放器程序或客户端）的方式，为网络用户提供网络视频服务。被告单位快播公司及其直接负责的主管人员被告人王某、吴某、张某东、牛某以牟利为目的，在明知上述QSI及QVOD Player被网络用户用于发布、搜索、下载、播放淫秽视频的情况下，仍予以放任，导致大量淫秽视频在国际互联网上传播。2013年11月18日，北京市海淀区文化委员会从位于本市海淀区的北京网联光通技术有限公司查获快播公司托管的服务器4台。北京市公安局从上述4台服务器里提取了29841个视频文件，经鉴定后认定其中属于淫秽视频的文件有21251个。被告人吴某、张某东、牛某于2014年4月23日被抓获归案，被告人王某于2014年8月8日被抓获归案。北京市海淀区人民检察院认为，被告单位快播公司及被告人王某、吴某、张某东、牛某以牟利为目的,传播淫秽物品,情节特别严重,其行为均已构成传播淫秽物品牟利罪,对被告单位快播公司及被告人王某、吴某、张某东、牛某分别定罪量刑。

二、争议焦点

本案的争议焦点为:(1)是否存在以不作为方式实施的传播淫秽物品行为?(2)如果存在不作为的传播淫秽物品行为,被告单位与四名被告人的积极义务如何界定?

三、裁判结果与理由

北京市海淀区人民法院于2016年9月13日作出一审判决[①]:(1)被告单位深圳市快播科技有限公司犯传播淫秽物品牟利罪,判处罚金人民币1000万元。(2)被告人王某等构成传播淫秽物品牟利罪,判处有期徒刑3年至3年6个月不等,并处罚金20万元至100万元不等。被告人吴某不服一审判决,提出上诉。北京市第一中级人民法院于2016年12月15日作出二审裁定[②],驳回上诉,维持原判。

其裁判理由主要是:

(一)快播公司负有网络视频信息服务提供者应当承担的网络安全管理义务

快播公司通过免费提供QSI和QVOD Player的方式,为网络用户提供网络视频服务。任何人(被快播公司称为"站长")均可通过QSI发布自己所拥有的视频资源。快播公司的中心调度服务器在站长与用户、用户与用户之间搭建了一个视频文件传输的平台。为提高热点视频下载速度,快播公司搭建了以缓存调度服务器(运行Cache Tracker缓存调度服务器程序)为核心的平台,通过自有或与运营商合作的方式,在全国各地不同运营商处设置缓存服务器1000余

---

① 参见北京市海淀区人民法院(2015)海刑初字第512号刑事判决书。
② 北京市第一中级人民法院(2016)京01刑终592号刑事裁定书。

台。部分淫秽视频因用户的点播、下载次数较高而被缓存服务器自动存储。缓存服务器方便、加速了淫秽视频的下载、传播,快播公司由此成为提供包括视频服务在内的网络信息服务提供者。快播公司作为快播网络系统的建立者、管理者、经营者,作为互联网信息服务的提供者,应当依法承担网络安全管理义务。P2P 技术容易被利用于淫秽视频、盗版作品传播,这在行业内已经是众所周知的事实。监管淫秽视频以避免淫秽视频通过快播网络传播,不仅是快播公司作为网络视频信息服务提供者的法律义务,更是其应当积极承担的社会责任。

(二)快播公司具备承担网络安全管理义务的现实可能但拒不履行网络安全管理义务

快播公司的 P2P 技术不仅为用户提供了下载视频、上传视频的服务,还在用户与用户之间介入了自己控制、管理的缓存服务器。快播用户点播视频过程中,在拥有视频的"站长"、缓存服务器和观看视频的客户端之间形成了三角关系,快播调度服务器不仅拉拽淫秽视频文件存储在缓存服务器里,也向客户端提供缓存服务器里的淫秽视频文件。"站长"的发布、用户的搜索、用户点对点的文件传输、快播缓存与加速服务,这些关键环节离开快播公司的调度服务器都不可能实现。用户搜索与点播的频次构成快播公司提供缓存服务的条件,调度服务器所记录的信息使快播公司在制定缓存规则的时候可以根据其主观意愿设定条件。在点播、缓存环节采取限制措施,这是快播公司承担网络安全管理义务的基本路径。不论是通过专用程序自动审核还是通过专门人员人工审查,快播公司作为一家网络视频信息服务提供商,应当具备相应的安全管理能力,应当付出必需的经营成本。证据表明,快播公司连行业内普遍能够实施的关键词屏蔽、截图审查等最基本的措施都没有认真落实。快播公司对于信息网络安全管理义务不是没有履行的现实能力,而是没有切实履行的意愿,其在本案中所表现出的行为属于拒不履行网络安全管理义务的行为。

四、案件评析

快播公司案是近年来争议较大的热点案件之一,涉及不作为(传播淫秽物品行为)、主观故意(以及牟利目的)、中立帮助行为(技术中立行为无罪与技术应用行为归责,网络提供者、网络接入服务提供者、宿主服务提供者)等诸多问题。本部分内容主要对不作为及其积极义务问题进行分析。

对本案的处理,主要存在三种观点。陈兴良教授认为:快播公司及其直接负责的主管人员和直接责任人员的行为属于不作为。他指出:"不作为的传播淫秽物品牟利罪的行为特点是网络信息提供者明知存在他人上传的淫秽信息,应当履行安全管理义务并且能够履行而拒不履行,因而构成传播淫秽物品牟利罪。"①

张明楷教授则认为,快播公司是作为与不作为并存,从而快播公司的行为均符合《刑法》第363条所规定的传播淫秽物品行为(以牟利为目的)。他指出,"快播公司拉拽淫秽视频文件存储在缓存服务器里,并且向用户提供缓存服务器里的淫秽视频文件的行为,则不是中立的帮助行为,而是传播淫秽物品的正犯行为,对正犯行为不可能适用有关中立的帮助的任何理论","一审判决还从快播公司负有网络视频信息服务提供者应当承担的网络安全管理义务,并且具备管理的可能性但没有履行网络安全管理义务的角度,论证了快播公司构成传播淫秽物品牟利罪。据此,快播公司同时存在作为与不作为"②。

高艳东教授则对陈兴良教授和张明楷教授关于不作为法理的解读观点表示反对。他指出:"不履行管理义务≠传播""站长'上传'≠快播'拖拽'""被告知≠允许""快播≠间接正犯"。他认为,"快播案的背后,反映了学理不限制不纯正不作为犯的边界,导致司法实践中滥用不纯正不作为犯、脱离实行行为而只根据法益保护需要定罪","应当否认重罪存在不纯正不作为犯,把一些需要处罚的不纯正不作为犯解释为作为犯和过失犯"③。

行为是刑法理论的核心概念,是犯罪论体系的逻辑起点。近代以来的刑法理论公认:无行为则无犯罪,无行为则无责任。由此,行为概念具有以下两大功能:一是无行为则无犯罪,表明行为具有划分罪与非罪的功能;二是无行为则无

---

① 陈兴良:《在技术与法律之间——评快播案一审判决》,载《人民法院报》2016年9月14日第3版。
② 张明楷:《快播案定罪量刑的简要分析》,载《中国审判》2016年第24期。
③ 高艳东:《不纯正不作为犯的中国命运:从快播案说起》,载《中外法学》2017年第1期。

责任,表明行为具有划分责任有无与轻重的功能。根据罪刑法定原则,认定行为成立犯罪,其构成要件及其要素应当符合明确性的要求。为了达到对行为明确性规定的目的,刑法上通常将行为进行类型化分类判断,较为常见的是将行为分为实行行为与非实行行为,并进一步将实行行为分为两种:作为和不作为。作为与不作为区分的重要标准在于:作为以积极的方式违反了刑法的禁止性规范,不作为以消极的方式违反了刑法的义务性规范。因而就快播公司案而言,被告单位或有关被告人是否构成不作为的传播淫秽物品牟利罪,其判断关键在于被告单位或有关被告人是否存在对涉案淫秽物品进行监控管理的义务。本书赞成第一种观点,即快播公司及其直接负责的主管人员和直接责任人员的行为属于不作为,主观上明知其管理控制的服务器及其网络中存在他人上传的淫秽信息,应当履行安全管理义务并且能够履行而拒不履行,因而构成传播淫秽物品牟利罪。

五、相关法律规范

《刑法》第 363 条。

第二节　危险行为的认定:基于醉酒后强驾他人车辆引发事故的行为

一、案情介绍

2017 年 1 月 14 日 18 时许,在北京市朝阳区某酒店外,被告人郑某酒后欲搭乘葛某驾驶的出租车,并对出租车进行踢踹,后趁葛某下车之际将出租车开走。行至朝阳区三元桥机场高速路口处,郑某驾驶的出租车与杨某驾驶的汽车相撞,但郑某继续驾车前行。行至朝阳区曙光里时,郑某驾驶的出租车与李某驾驶的汽车相撞,郑某仍然继续驾车前行。后在朝阳区太阳宫公园外路边,郑某将所驾出租车遗弃。随后郑某来到朝阳区三元桥中航工业集团公司北门路边,对吴某停放在此处的汽车拍打踢踹,并坐进汽车内欲将吴某的汽车开走,被赶来的警察当场抓获。经检测,郑某血液中酒精含量为 204.9mg/100ml。后郑某在亲属的帮助下赔偿了葛某、杨某、李某和吴某的经济损失,四人对郑某的行为表示谅解。

二、争议焦点

本案争议焦点为:醉酒后无故滋事,强行将他人车辆占用开走,行驶过程中发生交通事故造成他人财产损失的,其行为是否属于危害公共安全的危险行为?

三、裁判结果与理由

北京市朝阳区人民法院认为,被告人郑某醉酒后驾驶机动车,发生交通事故后未停车而继续行驶,以致再次发生交通事故,后仍然继续驾车前行,最终在马路边撞停,其行为危害了公共安全,触犯了刑法,已构成以危险方法危害公共安全罪,依法应予惩处。鉴于郑某归案后坦白交代自己的罪行,悔罪态度较好,当庭自愿认罪,事发后积极赔偿了被害人的经济损失并取得被害人谅解,故对其所犯罪行依法予以从轻处罚。据此,北京市朝阳区人民法院作出(2017)京0105刑初1014号刑事判决:被告人郑某犯以危险方法危害公共安全罪,判处有期徒刑3年。

一审宣判后,被告人郑某不服,提出上诉。郑某及其辩护人提出:原判认定事实不清,现有证据不足以证明郑某与李某所驾车辆发生交通事故;郑某的行为不构成以危险方法危害公共安全罪,应当以寻衅滋事罪对其定罪处罚。

北京市第三中级人民法院经开庭审理后认为,上诉人郑某酒后无故滋事,强行将他人车辆占用开走,行驶过程中发生交通事故造成他人财产损失,此后又任意损毁他人财物,情节严重,其行为扰乱了公共秩序,已构成寻衅滋事罪,依法应予惩处。上诉人所提上诉理由及其辩护人所提辩护意见,予以采纳。上诉人郑某明知醉酒可能出现行为失控的后果,仍放任自己的醉酒行为,且酒后无故滋事,在城区交通干道和交通繁忙时段醉酒驾车,给他人的合法财产造成损失,故其应当承担相应的刑事责任。鉴于上诉人郑某自愿认罪悔罪,案发后赔偿被害人经济损失并取得被害人谅解,依法可对其从轻处罚。原审人民法院认定本案部分事实的证据不足,适用法律有误,量刑失当,在查清事实的基础上依法予以改判。据此,北京市第三中级人民法院作出(2018)京 03 刑终 307 号判决:(1)撤销北京市朝阳区人民法院(2017)京 0105 刑初 1014 号刑事判决;(2)上诉人郑某犯寻衅滋事罪,判处有期徒刑 2 年 6 个月。

四、案件评析

对上述案件,有法律实务界人士指出:"从一审判决所引用的证据及查明的事实情况看,一审认定郑某的犯罪行为其实分为四个部分:一是酒后强行占用并开走被害人葛某的出租车,在驾驶过程中与他人发生交通事故后弃车离去;二是与被害人杨某所驾车辆发生碰撞;三是与被害人李某所驾车辆发生碰撞;四是踢踹并欲强行占用被害人吴某的车辆,后被警察在车内抓获。二审判决在查明事实部分与一审不同,认为在案的证据能够证明上述第一、二、四起事实,但对第三起涉及李某的事实没有认定,主要是一审判决对部分事实的认定存在重大瑕疵,没有达到证据确实、充分的程度,二审判决对此依法予以改判。"同时,他们还认为,基于以下三点理由,全案构成寻衅滋事罪:"其一,客观方面,郑某的行为强度尚未达到以危险方法危害公共安全的程度,在案证据亦无法证明郑某已丧失控制机动车的能力,故难以认定郑某的醉驾行为已产生了危害公共安全的具体危险。其二,主观方面,在案证据不足以证明郑某有危害公共安全的故意。其三,整个案发过程难以用以危险方法危害公共安全罪予以覆盖。"①

本书赞成一审法院的裁判意见,郑某的行为应当认定为以危险方法危害公共安全罪。上述观点的理由并不充分。

其一,关于"客观方面,郑某的行为强度尚未达到以危险方法危害公共安全的程度,在案证据亦无法证明郑某已丧失控制机动车的能力,故难以认定郑某的醉驾行为已产生了危害公共安全的具体危险",该看法并不充分。就上述四节情形而言,第一、二、四节情形已有充分证据证明:郑某在大量饮酒后,强行占用(抢占)他人车辆,并驾驶他人车辆在晚高峰时段、在交通繁忙地段两次与他人车辆发生碰撞;并在另一次意图强行占用另一被害人的车辆时,被警方及时抓获。完

---

① 余净、栾广萍:《醉酒后强驾他人车辆引发事故的行为认定》,载《人民司法(案例)》2019 年第 5 期。

全有理由认为,在后一次的情形中,如果不是被警方及时抓获,郑某将再次抢占他人车辆,并醉酒后驾驶车辆驶入道路。关于第三节情形,虽然现有证据难以证明郑某驾驶车辆与李某车辆发生碰撞,但现有证据足以证明郑某醉酒后驾驶车辆,并在晚高峰时间驶入交通繁忙地段,且反复实施类似举动。这一事实足以表明郑某的行为已经达到危害公共安全的程度。至于郑某醉酒后驾驶机动车是否与他人发生碰撞,或者是否造成他人财产损失或人身伤亡,并不是判断其行为是否具有危害公共安全性质的危险性的必要条件。根据我国《刑法》第114条的规定,"以其他危险方法危害公共安全,尚未造成严重后果的,处三年以上十年以下有期徒刑",郑某的行为完全符合该条规定。同时,如果认为"在案证据亦无法证明郑某已丧失控制机动车的能力,故难以认定郑某的醉驾行为已产生了危害公共安全的具体危险",则我国《刑法》第133条之一关于危险驾驶罪的规定就完全没有存在必要了,特别是醉驾型危险驾驶罪将失去适用价值。目前,我国的司法解释规定,凡是血液中酒精含量达到或超过80 mg/100 ml并在道路上驾驶机动车的,都构成危险驾驶罪,而无须证明行为人是否具有控制机动车的能力,直接认定为具有危害公共安全的具体危险。现有证据证明,郑某血液中酒精含量为204.9 mg/100 ml,依照《最高人民法院、最高人民检察院、公安部关于办理醉酒驾驶机动车刑事案件适用法律若干问题的意见》(法发〔2013〕15号)第2条规定"血液酒精含量达到200毫克/100毫升以上的",属于应当从重处罚的情形,由此上述观点难以成立。

  其二,关于"主观方面,在案证据不足以证明郑某有危害公共安全的故意",该看法并不充分。我国《刑法》第18条第4款规定,"醉酒的人犯罪,应当负刑事责任",该规定建立了我国对醉酒犯罪予以同等惩罚的法律制度。醉酒的人犯罪,其主观认识也需要符合我国刑法的规定。由于醉酒的人实际上通常丧失了一般的认识和控制能力,因而难以对其主观要件的判断适用通常方法。为此,刑法理论上创设了原因上自由行为的概念,用以解释醉酒的人犯罪应当承担刑事责任的正当化根据。简单而言:具有责任能力的人,对醉酒后的行为可能是不自由的,但对于陷入醉酒状态是自由的,因而应当承担刑事责任。对醉酒的人实施驾驶机动车驶入道路的行为,不需要证明其具有危害公共安全的故意,实际上也难以证明其具有危害公共安全的故意,只需要证明其对于陷入醉酒状态具有明确认识和控制能力。

其三,关于"整个案发过程难以用以危险方法危害公共安全罪予以覆盖",该看法并不充分。我国刑法理论通说认为,构成寻衅滋事罪应当具有为寻求刺激、发泄情绪、逞强要横、无事生非等所谓"流氓动机"。对此,《最高人民法院、最高人民检察院关于办理寻衅滋事刑事案件适用法律若干问题的解释》(法释〔2013〕18号)第1条也予以认可。如果按照上述第二点理由所认为的"在案证据不足以证明郑某有危害公共安全的故意",则在案证据更加难以证明郑某具有寻求刺激、发泄情绪、逞强要横、无事生非等所谓"流氓动机",因而该点理由难以成立。

五、相关法律规范

《刑法》第18条第4款、第114条、第133条之一、第293条。

第三节 法律因果关系的认定:基于非法拘禁行为的转化规定

一、案情介绍

1998年5月31日下午,被告人周某与郭某到余杭市临平镇找被害人朱某索要债务,并于当晚7时30分许,将朱某用摩托车带往桐乡市梧桐镇。行至320国道大麻地段时,朱某提出不愿到桐乡。周某即强行拉住被害人,并让郭某打电话通知锁某。锁某即叫了出租车前往该路段。后被告人周某等人强行将朱某拉上汽车带至桐乡市梧桐镇某茶庄内。锁某对朱某进行殴打,并用脚猛踩其头部,当场致朱某流鼻血。被告人周某进行劝阻,后与郭某二人将朱某带至锁某在桐乡市庆丰南路的租房内。第二天早上,锁某发现朱某发高烧并昏迷不醒,即将其送至桐乡市中医医院抢救,朱某于1998年9月3日死亡。其间,被告人周某向公安机关投案自首。①

二、争议焦点

本案争议焦点为:周某的行为与被害人死亡之间是否存在因果关系?

三、裁判结果与理由

桐乡市人民法院原审认定:被告人周某为索取债务,非法拘禁他人,其行为构成非法拘禁罪,公诉机关指控的罪名成立。在拘禁过程中,朱某因受他人殴打致伤而导致死亡,此与被告人周某的行为没有直接因果关系。但被告人周某的行为有过错,应承担相应的民事过错责任,对附带民事诉讼原告人进行赔偿。被告人周某能投案自首,可以从轻处罚。法院依法判决被告人周某犯非法拘禁罪,判处有期徒刑2年。被告人周某赔偿附带民事诉讼原告人朱某某1、朱某某2、陈某某、朱某某3损失费7万元。

嘉兴市人民检察院抗诉认为,原审判决对被告人周某行为的定性,尤其是对"被告人周某为索取债务,非法拘禁他人,其行为构成非法拘禁罪。在拘禁过程中,朱某因受他人殴打致伤而导致死亡,此与被告人周某的行为没有直接因果关系"的分析认定错误,从而导致适用法律、量刑错误。在案证据及桐乡市人民法院2009年5月15日对锁某作出的(2008)桐刑初字第865号刑事判决证明,被告人周某作为非法拘禁的起意者、组织者及参与人,纠集锁某等人非法拘禁被害人朱某,并在出租车内对朱某进行殴打,虽然在锁某等对被害人实施暴力时有所劝阻,但未能有效地阻止,在明知被害人受伤后也未及时、有效送诊、救治,防止被害人死亡结果的发生。因此,被害人遭受暴力致伤继而导致死亡,与被告人周某、锁某的行为均存在刑法上的因果关系。作为共同犯罪,被告人周某与锁某应当共同对被害人死亡的结果承担法律责任。依照《刑法》第238条第2、3款规定,被告人周某的行为与锁某的行为性质具有同一性,均应认定为故意伤害(致死)罪,并在十年以上量刑。原审对被告人周某的行为定性错误导致适用法律、

---

① 参见浙江省嘉兴市中级人民法院(2010)浙嘉刑再终字第1号判决书。

量刑错误,请求依法改判。

原再审认为,嘉兴市人民检察院的抗诉理由成立,予以采纳。被告人周某之辩护人提出把周某、锁某之非法拘禁行为与锁某的故意伤害行为截然分离的辩护意见,不能成立,不予采纳。关于自首,综观全案,尚不构成自首之法定情节,被告人周某之辩护人的辩护意见,不予采纳。被告人周某为索取债务非法拘禁被害人,被害人遭受暴力致伤继而死亡的结果与其行为存在刑法上的因果关系;本案为一起共同犯罪案件,被告人周某作为索取债务、非法拘禁他人的起意者、组织者,应与其他共犯共同对被害人死亡的结果承担法律责任,其行为已构成故意伤害(致死)罪。原审判决定罪量刑、适用法律错误,应予纠正。据此,依法判决:(1)撤销桐乡市人民法院(1998)桐刑初字第272号刑事判决;(2)被告人周某犯故意伤害(致死)罪,判处有期徒刑10年,并处剥夺政治权利2年。

再审上诉法院认为:上诉人周某为索取债务纠集锁某等人非法拘禁被害人,并将被害人强行带至桐乡市梧桐镇某茶庄内,由锁某等人使用暴力对被害人进行殴打,致被害人伤重而死亡,上诉人周某作为犯罪活动的起意者、组织者、指挥者,应对被害人死亡的结果承担刑事责任,原再审认定其行为已构成故意伤害(致死)罪正确。但鉴于上诉人周某作案后,送被害人到医院救治,主动向公安机关投案自首,并如实供述主要犯罪事实,应认定上诉人周某具有自首情节,依法可从轻或减轻处罚。原再审认定事实清楚,证据确实、充分,定罪正确,审判程序合法。但原再审判决对上诉人周某的自首情节认定不当,应予纠正。据此,依法改判:上诉人周某犯故意伤害罪,判处有期徒刑5年,并处剥夺政治权利1年。

四、案件评析

本案就裁判过程而言,存在两个主要争议问题:一是周某的行为与被害人死亡之间是否存在因果关系;二是周某是否具有自首情节。因自首问题属于量刑内容,以下主要围绕第一个争议问题进行评析。

本书赞成再审法院的裁判结论,但其裁判的辨法析理并不充分,需要予以展开。

其一,该裁判结果符合刑法上的因果关系原理。刑法上的因果关系是学界和实务界长期争论不止的疑难问题,刑法理论上对此提出了必然说、偶然说、条件说、相当性说、客观归责说等多种学说观点。概括上述各种理论观点的特点,总体上都赞成将事实上的因果关系与法律上的因果关系进行区分的基本思路。事实上的因果关系与法律上的因果关系的区分主要在于:就可观察的范围而言,前者是连续化的,后者是片段化的;就认定方式而言,前者总体是确定的,后者可以是推定的。周某的行为与被害人死亡结果之间,并没有连续化、确定的因果关系,但具有片段化的、推定的因果关系。我国刑法对此也有多处规定,其中有关共同犯罪的规定即是其中较为突出的内容。

其二,我国《刑法》第26条第4款有关共同犯罪主犯的规定,契合法律上的因果关系原理,该裁判结果也符合该款规定。我国《刑法》第26条第4款规定:"对于第三款规定以外的主犯,应当按照其所参与的或者组织、指挥的全部犯罪处罚"。周某属于本案中的主犯,应当适用本款规定。就事实上的非法拘禁行为与被害人死亡结果而言,周某并没有实施全部的非法拘禁行为,也没有直接实施导致被害人死亡的暴力行为,因而难以在周某的行为与被害人死亡之间成立事实上的因果关系。但基于我国《刑法》第26条第4款的规定,即使周某没有直接实施导致被害人死亡的非法拘禁行为,只要这些行为是周某组织、指挥的,他也需要对全部非法拘禁行为承担刑事责任。在通常情况下,非法拘禁罪是行为犯,周某的行为应当成立非法拘禁罪。不过,我国《刑法》第238条第2款同时规定,"(犯前款罪)使用暴力致人伤残、死亡的,依照本法第二百三十四条、第二百三十二条的规定定罪处罚"。非法拘禁中使用暴力致人死亡的,要转化为故意杀人罪定罪处罚,这就引发了非法拘禁行为与死亡结果之间因果关系认定的新问题。

其三,周某与被害人死亡结果之间是否存在故意伤害的因果关系,需要区分两种情形进行认定。一是周某故意组织、指挥其他人使用暴力殴打被害人,致使被害人死亡的,应当按照《刑法》第238条第2款处理,构成故意伤害罪。二是周某并没有故意组织、指挥他人使用暴力殴打被害人,致使被害人死亡的,则只能由实施行为的锁某构成故意伤害罪,周某则构成非法拘禁罪。再审判决指出,"被告人周某为索取债务非法拘禁被害人,被害人遭受暴力致伤继而死亡的结果与其行为存在刑法上的因果关系;作为共同犯罪,被告人周某作为索取债务、非法拘禁他人的起意者、组织者,应与其他共犯共同对被害人死亡的结果承担法律责任,其行为已构成故意伤害(致死)罪"。对周某是否故意组织、指挥他人使用暴力殴打被害人,致使被害人死亡的情形,判决书并没有充分收集证据予以说明,而只是笼统地指出"被告人周某为索取债务非法拘禁被害人,被害人遭受暴力致伤继而死亡的结果与其行为存在刑法上的因果关系",这实际上回避了使用暴力致人伤害的因果关系。同时,在共同犯罪的责任承担上,也只是笼统地指出"被告人周某作为索取债务、非法拘禁他人的起意者、组织者,应与其他共犯共同对被害人死亡的结果承担法律责任,其行为已构成故意伤害(致死)罪",表明周某是索取债务、非法拘禁他人的起意者、组织者,而不是使用暴力致人伤害的起意者、组织者,缺少足够充分的辨法析理内容。

五、相关法律规范

《刑法》第 26 条、第 238 条。

第四章
Chapter 4

犯罪主体

第一节 自然人身份的刑事意义

一、案情介绍

1997年至2003年10月,被告人韦某在担任南宁市邮政局江南分局金光邮政储蓄所出纳员期间,利用职务之便,在办理储蓄存款业务时,采取手写存折、存单金额不入账等手段,先后多次从储蓄备用金和23个储户的活期存款或定期存款中累计挪用人民币1611353.20元,除少部分用于传销外,其余全部用于"六合彩"赌博。2003年11月10日上午,南宁市邮政局派检查组对金光储蓄所进行突击检查并对库存现金进行盘查,发现库存现金有短款现象,被告人韦某遂交代其挪用资金用于传销、赌博的事实,并退回挪用的赃款335939.16元,至今尚有1275414.04元未退还。

二、争议焦点

本案争议焦点为:本案被告人韦某是否具有国家工作人员身份?

三、裁判结果与理由

南宁市中级人民法院审理南宁市人民检察院指控原审被告人韦某犯挪用公款罪一案,于 2004 年 8 月 30 日作出(2004)南市刑二初字第 20 号刑事判决。宣判后,韦某未提出上诉。原公诉机关南宁市人民检察院提出抗诉。

原审法院查明,被告人韦某虽在客观上有利用职务便利挪用本单位资金归个人进行非法活动的行为,但被告人韦某与南宁市邮政局签订有"办理邮政储蓄业务合同(金光储蓄)"和"代办邮政业务合同",且从合同内容可以证实韦某的劳动报酬、福利待遇,均由金光储蓄所自己负担。根据合同规定,南宁市邮政局按照韦某等人完成任务的情况支付手续费,被告人韦某只是依照合同受国有企业委托从事劳务的非国家工作人员,其犯罪主体不符合挪用公款罪的犯罪构成要件,而符合挪用资金罪的构成要件。故对被告人韦某挪用本单位资金的犯罪行为应按照挪用资金罪予以定罪处罚。公诉机关指控被告人韦某犯罪事实清楚,证据确实、充分,但指控韦某犯挪用公款罪定性不准,予以纠正。南宁市中级人民法院依法判决被告人韦某犯挪用资金罪,判处有期徒刑 7 年;对被告人韦某挪用资金尚未退赔的 1275414.04 元人民币继续追缴,返还给被害单位南宁市邮政局江南分局金光储蓄所。

宣判后,南宁市人民检察院提出抗诉,认为原判定性不准,适用法律错误,量刑畸轻。理由有二:

第一,被告人韦某依法应被视为国家工作人员。

1. 1986 年《中华人民共和国邮政法》(以下简称《邮政法》)第 3 条、第 8 条和《中华人民共和国邮政法实施细则》(以下简称《邮政法实施细则》)第 3 条、第 5 条明文规定,邮政企业包括邮电代办所是全民所有制的公用企业,邮政企业委托个人代办邮政业务时,应当签订代办合同,代办人员办理邮政业务时,适用邮政法关于邮政工作人员的规定。韦某身为国有企业的出纳,负有邮政法授权管理、监督所在企业国有财产的职责,是依照法律从事公务的人员。依照《刑法》第 93 条第 2 款的规定,韦某属于"其他依照法律从事公务的人员"。

2. 原判认定韦某只是依照合同受国有企业委托的从事劳务的非国家工作

人员,这与本案事实不符,也违反国家基本法律。韦某的劳动报酬、福利待遇由谁解决,只是国有企业管理方式的不同,并不影响韦某办理邮政业务这一依法从事公务行为的性质。根据最高人民法院2003年《全国法院审理经济犯罪案件工作座谈会纪要》中关于"从事公务"的理解,从事公务是指代表国家机关、国有公司、企业事业单位、人民团体等履行组织、领导、监督和管理等职责,公务主要表现为与职权相联系的公共事务以及监督、管理国有财产的职务活动;不具备职权内容的劳务活动、技术服务工作,一般不认为是公务。韦某身为金光储蓄所的出纳,代表金光储蓄所办理邮政业务,从事管理、监督金光储蓄所国有财产的职务活动,其所从事的是具有职权内容的管理活动,是从事公务,而非"从事劳务"。

第二,原判定性不准,从而导致适用法律错误,量刑畸轻。韦某挪用公款数额巨大且未退还,其行为已构成挪用公款罪,应当判处10年以上有期徒刑或者无期徒刑。要求二审法院依法改判。

辩护人认为:被告人韦某只是金光储蓄所招聘的临时工,只是依照合同受国有企业委托的从事劳务的非国家工作人员,其在金光储蓄所工作期间,对收取的存款不具备支配权,也不具备保管职责。韦某在金光储蓄所不具有领导职务,亦无管理的职权,只是其劳务工作的对象是钱款,形式特殊而已,不能由此断定被告人的工作具有公务的性质。依照《全国法院审理经济犯罪案件工作座谈会纪要》中关于"从事公务"的理解,公务主要表现为与职权相联系的公共事务以及监督、管理国有财产的职务活动,不具备职权内容的劳务活动、技术服务工作,一般不认为是公务。被告人所从事的营业员工作是普通的劳务工作,没有从事公务的性质,其身份不符合挪用公款罪的主体资格。

二审庭审时检察机关提交了一份新证据,即南宁市邮政局于2004年11月9日出具的一份《关于韦某职务身份的证明》,内容是:"韦某原是我局储蓄所营业员,1997年至2003年10月在我局金光储蓄所从事出纳工作。"此份证据经庭审质证,二审法院认为,南宁市邮政局江南分局在一审时出具的证明与南宁市邮政局在二审时出具的证明并不矛盾,江南分局证明韦某是营业员,而邮政局出具的证明也认定其是营业员,只是认定其在这一阶段做的是出纳的工作,对此韦某本人也是承认的。因此,二审法院对检察机关出具的这份证据予以采信。

对于辩护人提出韦某只是依照合同受国有企业委托的从事劳务的非国家工作人员,韦某从事的是劳务而非公务,其身份不符合挪用公款罪的主体资格的辩护意见,二审法院认为:南宁市邮政局江南分局虽然没有具体的书面文件任命韦某为出纳,但韦某本人供述其从事的一直是出纳工作,南宁市邮政局出具的证明、证人宋某也都证实韦某一直从事的是出纳工作,故应以韦某具体从事的工作性质为准。《邮政法》第3条、第8条和《邮政法实施细则》第3条、第5条明文规定,邮政企业包括邮电代办所是全民所有制的公用企业,邮政企业委托个人代办邮政业务时,应当签订代办合同,代办人员办理邮政业务时,适用邮政法关于邮政工作人员的规定。南宁市邮政局根据法律授权,通过法定形式与金光储蓄所及被告人韦某签订了"代办邮政业务合同""办理邮政储蓄业务合同(金光储蓄)"后,韦某依法取得了"邮政工作人员"法律地位并具体从事出纳的工作。根据最高人民法院2003年《全国法院审理经济犯罪案件工作座谈会纪要》中关于"从事公务"的理解,认为从事公务,是指代表国家机关、国有公司、企业事业单位、人民团体等履行组织、领导、监督、管理等职责,公务主要表现为与职权相联系的公共事务以及监督、管理国有财产的职务活动。如国有公司的会计、出纳等管理、监督国有财产等活动,属于从事公务。韦某身为金光储蓄所的出纳,代表金光储蓄所办理邮政业务,负有《邮政法》授权管理、监督所在企业国有财产的职责,是依照法律从事公务的人员,依照《刑法》第93条第2款的规定,韦某属于"其他依照法律从事公务的人员",其身份符合挪用公款罪的主体资格。故辩护人的辩护意见不成立,二审法院不予采纳。

据此,二审法院依法改判原审被告人韦某犯挪用公款罪,判处有期徒刑12年。

四、案件评析

本书认为,二审法院的判决是妥当的,韦某具有国家工作人员身份,应当构成挪用公款罪。

《刑法》第384条第1款规定,"国家工作人员利用职务上的便利,挪用公款归个人使用,进行非法活动的,或者挪用公款数额较大、进行营利活动的,或者挪用公款数额较大、超过三个月未还的,是挪用公款罪"。《刑法》第93条第1款规定,"本法所称国家工作人员,是指国家机关中从事公务的人员。"韦某系南宁市邮政局金光储蓄所营业员,具体从事出纳工作,其工作性质属于国有公司中管理国有财产的公务活动,属于其他依照法律从事公务的人员,应当构成挪用公款罪,而不是非国家工作人员构成的挪用资金罪。

五、相关法律规范

1. 《刑法》第93条、第384条。
2. 1986年《邮政法》第3条、第8条。
3. 1990年《邮政法实施细则》第3条、第5条。

第二节 分则未明确规定单位犯罪的认定

一、案情介绍

2010年11月,被告人任某、郑某、汪某等人成立深圳市信联互通科技有限公司(以下简称"信联互通公司"),任某负责公司重大决策、财务管理,汪某担任总经理并负责管理具体业务,郑某负责公司商务管理,任某、汪某、郑某均是该公司的股东。在公司运营过程中,任某、郑某、汪某经商议决定,信联互通公司研发恶意扣费软件并植入手机方案商、制造商的手机,通过收购广州等地的SP公司(电信服务提供商)或与其他SP公司合作,从而使用上述公司从电信运营商处获得的SP扣费通道,在手机用户不知情的情况下进行扣费,以获取非法利润。被告人何某受聘担任信联互通公司技术部总监,针对功能手机的MTK平台、展讯平台、MSTAR平台、互芯平台研发出具有恶意扣费功能的HDM软件包及相应的后台服务器管理系统,使手机界面屏蔽电信运营商发送的扣费短信,并通过后台服务器控制扣费事宜。被告人彭某受聘担任信联互通公司商务部总监,与深圳市亚洲通数码科技有限公司(以下简称"亚洲通公司")等数十家手机生产商、手机方案商洽谈,将恶意扣费软件安装到手机软件系统中,并商定非法利润的分成。被告人张某受聘担任信联互通公司运营部总监,与具有 SP 通道经营权的北京某公司、深圳某公司等数十家 SP 公司洽谈借用扣费通道,并商定非法利润的分成。2011 年 4 月至 2012 年 7 月,信联互通公司通过恶意扣费软件扣取手机用户话费共计 67269035 元,与 SP 公司、手机方案商或生产商按照约定比例分赃。其中,根据入职时间,任某、郑某、汪某及何某等参与的扣费金额为 67269035 元,彭某参与的扣费金额为 67140677 元,张某参与的扣费金额为 64178016 元。

被告人钟某系深圳市亚力通科技有限公司(以下简称"亚力通公司")的项目经理。2011 年 9 月,钟某与信联互通公司的汪某商定后,伙同他人(被告人许某峰、肖某)在亚力通公司开发的手机软件中秘密植入信联互通公司研发的恶意扣费软件。截至 2012 年 7 月,信联互通公司通过亚力通公司植入的软件扣取手机用户费用共计 46669993.6 元,分得赃款 1738999.41 元。其中,钟某分得 1482126.41 元,许某峰分得 158385 元,肖某分得 98488 元。

亚洲通公司为手机方案商,被告人朱某、吕某、张某某、陈某某分别系该公司董事长、总经理、研发总监和技术员。自 2010 年 11 月开始,上述四名被告人先后将信联互通公司、深圳市酷浪文化传播有限公司(以下简称"酷浪公司")的恶意扣费软件植入手机,在手机用户不知情的情况下秘密扣费,以获取非法利润。截至 2012 年 7 月,信联互通公司通过亚洲通公司植入的恶意扣费软件共扣费 970066.5 元。截至 2012 年 9 月,酷浪公司通过亚洲通公司植入的恶意扣费软件共扣费 102617 元。

二、争议焦点

本案争议焦点为:信联互通公司的行为是单位犯罪,还是自然人犯罪?

三、裁判结果与理由

广东省深圳市中级人民法院于 2017 年 1 月 19 日作出 (2013) 深中法刑二初

字第 239 号刑事判决,以盗窃罪判处任某有期徒刑 15 年,郑某有期徒刑 14 年,汪某有期徒刑 10 年,其余 13 名被告人有期徒刑 7 至 3 年,并处罚金不等。宣判后,其中 6 名被告人不服,提出上诉。广东省高级人民法院于 2017 年 9 月 14 日作出(2017)粤刑终 209 号刑事裁定,驳回上诉,维持原判。

四、案件评析

单位主体是相对于自然人主体而言的刑事责任主体范畴。我国 1979 年《刑法》中并没有关于单位犯罪的规定。1997 年修订的《刑法》采用总则与分则相结合的方式确立了单位犯罪及其刑事责任,其中总则第二章第四节"单位犯罪"用两个条文规定了单位犯罪的总则性问题。

1997 年《刑法》第 30 条规定:"公司、企业、事业单位、机关、团体实施的危害社会的行为,法律规定为单位犯罪的,应当负刑事责任。"这是关于单位在多大范围内可以成为犯罪主体的规定。根据这一规定,所谓单位犯罪,一般是公司、企业、事业单位、机关、团体为本单位谋取非法利益或者以单位名义为本单位全体成员或多数成员谋取非法利益,由单位的决策机构按照单位的决策程序决定,由直接责任人员具体实施的,且刑法有明文规定的犯罪。

单位犯罪的两个基本特征是:第一,单位犯罪的主体包括公司、企业、事业单位、机关、团体。所谓"公司、企业、事业单位",根据 1999 年 6 月 18 日最高人民法院审判委员会通过的《最高人民法院关于审理单位犯罪案件具体应用法律有关问题的解释》,既包括国有、集体所有的公司、企业、事业单位,也包括依法设立的合资经营、合作经营企业和具有法人资格的独资、私营等公司、企业、事业单位。另外,个人为进行违法犯罪活动而设立的公司、企业、事业单位实施犯罪的,或者公司、企业、事业单位设立后,以实施犯罪为主要活动的,不以单位犯罪论处。盗用单位名义实施犯罪,违法所得由实施犯罪的个人私分的,依照刑法有关自然人犯罪的规定定罪处罚。第二,只有法律明文规定单位可以成为犯罪主体的犯罪,才存在单位犯罪及单位承担刑事责任的问题,而并非一切犯罪都可以由单位构成。规定单位犯罪的"法律",指的是刑法分则性条文,包括刑法分则及刑法颁行后国家立法机关又根据实际需要制定的特别刑法,如单行刑法和附属刑法规范。从我国刑法分则的规定来看,单位犯罪广泛存在于危害公共安全罪,破坏社会主义市场经济秩序罪,侵犯公民人身权利、民主权利罪,妨害社会管理秩序罪,危害国防利益罪和贪污贿赂罪等章中,具体罪种约有140余种。这些单位犯罪多数是故意犯罪,但也有少数属于过失犯罪。

我国现行刑法主要针对经济领域规定单位犯罪,比如单位偷税、走私、生产假冒伪劣商品,侵犯知识产权和金融诈骗等,都要被追究刑事责任。然而近年来,司法机关反映现实生活中存在一些由公司、企业等单位实施的危害社会的行为,比如故意杀人、故意伤害、诈骗、盗窃等。由于刑法没有规定这些行为为单位犯罪,对于这些情况,除了对单位依法追究相应的民事、行政等责任外,是否要追究刑事责任?追究谁的刑事责任?2014年4月24日,第十二届全国人民代表大会常务委员会第八次会议通过了《全国人民代表大会常务委员会关于〈中华人民共和国刑法〉第三十条的解释》,全文如下:"全国人民代表大会常务委员会根据司法实践中遇到的情况,讨论了刑法第三十条的含义及公司、企业、事业单位、机关、团体等单位实施刑法规定的危害社会的行为,法律未规定追究单位的刑事责任的,如何适用刑法有关规定的问题,解释如下:公司、企业、事业单位、机关、团体等单位实施刑法规定的危害社会的行为,刑法分则和其他法律未规定追究单位的刑事责任的,对组织、策划、实施该危害社会行为的人依法追究刑事责任。现予公告。"可见,该立法解释对此作出肯定规定。对该类犯罪不认为是单位犯罪,不由单位承担刑事责任,但对组织、策划、直接实施这些法律明文规定为犯罪行为的人,应当按自然人犯罪依法追究刑事责任。这一规定方式,既符合立法的原意,适应惩治犯罪的需要,也有利于贯彻罪刑法定原则和维护法治统一。当然,该立法解释的出台,客观上扩大了刑法中有关单位犯罪的刑事责任范围,其与刑法其他有关单位犯罪规定条文的协调仍有待深入研究。

从上述分析可知,任某等人的行为符合上述立法解释的规定。上述被告人实施的行为为盗窃,并且是为了本单位全体成员或多数成员谋取非法利益,由单位的决策机构按照单位的决策程序决定,由直接责任人员具体实施的,本应当构成单位的盗窃罪。但是,根据我国《刑法》第 264 条,单位并没有被规定为可构成盗窃罪的主体。因而,需要根据 2014 年《全国人民代表大会常务委员会关于〈中华人民共和国刑法〉第三十条的解释》,对上述组织、策划、实施盗窃行为的人依法追究刑事责任。

五、相关法律规范

1.《刑法》第 264 条。

2.《全国人民代表大会常务委员会关于〈中华人民共和国刑法〉第三十条的解释》。

第五章
Chapter 5

犯罪主观方面

第一节 处分意识的体系定位

一、案情介绍

2010年5月至6月期间,被告人臧某泉、郑某玲、刘某分别以虚假身份开设无货可供的淘宝网店铺,并以低价吸引买家。三名被告人事先在网游网站注册一个账户,并对该账户预设充值程序,充值金额为买家欲支付的金额,后将该充值程序代码植入一个虚假淘宝网链接中。与买家商谈好商品价格后,三名被告人以方便买家购物为由,将该虚假链接通过阿里旺旺聊天工具发送给买家。买家误以为是淘宝网链接而点击该链接进行购物、付款,并认为所付货款会汇入支付宝公司为担保交易而设立的公用账户,但该货款实际通过预设程序转入网游网站在支付宝公司的私人账户,再转入被告人事先在网游网站注册的充值账户中。三名被告人获取买家货款后,在网游网站购买游戏点卡、腾讯Q币等,然后将其按事先约定统一放在臧某泉的淘宝网店铺上出售套现,所得款均汇入臧某泉的工商银行账户中,由臧某泉按照获利额以约定方式分配。被告人臧某泉、郑某玲、刘某经预谋后,先后到江苏省苏州市、无锡市、昆山市等地网吧采用上述手段作案。臧某泉诈骗22000元,获利5000余元,郑某玲诈骗获利5000余元,刘某诈骗获利12000余元。

2010年6月1日,被告人郑某玲骗取被害人金某195元后,获悉金某的网银账户内有30.5万余元存款且无每日支付限额,遂电话告知被告人臧某泉,预谋合伙作案。臧某泉赶至网吧后,以尚未看到金某付款成功的记录为由,发送给金某一个交易金额标注为1元而实际植入了支付30.5万元的计算机程序的虚假链接,谎称金某点击该1元支付链接后,即可查看到付款成功的记录。金某在臧某诱导下点击了该虚假链接,其网银账户中的30.5万元随即通过臧某泉预设的计算机程序,经上海快钱信息服务有限公司的支付平台,转进臧某泉提前注册的福州海都阳光信息科技有限公司的账户中。臧某泉使用其中的116863元购买大量游戏点卡,并在自己的淘宝网店上出售套现。案发后,公安机关追回赃款187126.31元,发还被害人。

二、争议焦点

行为人利用信息网络,诱骗他人点击虚假链接而实际通过预先植入的计算机程序窃取财物的,涉嫌盗窃罪与诈骗罪,其定性区分与处分意识的关系如何?

三、裁判结果与理由

浙江省杭州市中级人民法院于2011年6月1日作出判决:(1)被告人臧某泉犯盗窃罪,判处有期徒刑13年,剥夺政治权利1年,并处罚金3万元;犯诈骗罪,判处有期徒刑2年,并处罚金5000元,决定执行有期徒刑14年6个月,剥夺政治权利1年,并处罚金3.5万元。(2)被告人郑某玲犯盗窃罪,判处有期徒刑10年,剥夺政治权利1年,并处罚金1万元;犯诈骗罪,判处有期徒刑6个月,并处罚金2000元,决定执行有期徒刑10年3个月,剥夺政治权利1年,并处罚金1.2万元。(3)被告人刘某犯诈骗罪,判处有期徒刑1年6个月,并处罚金5000元。宣判后,臧某泉提出上诉。浙江省高级人民法院于2011年8月9日作出裁定,驳回上诉,维持原判。

法院生效裁判认为:盗窃是指以非法占有为目的,秘密窃取公私财物的行为;诈骗是指以非法占有为目的,采用虚构事实或者隐瞒真相的方法,骗取公私财物的行为。对既采取秘密窃取手段又采取欺骗手段非法占有财物行为的定性,应从行为人采取主要手段和被害人有无处分财物意识方面区分盗窃与诈骗。如果行为人获取财物时起决定性作用的手段是秘密窃取,诈骗行为只是为盗窃创造条件或作掩护,被害人也没有"自愿"交付财物的,就应当认定为盗窃;如果行为人获取财物时起决定性作用的手段是诈骗,被害人基于错误认识而"自愿"交付财物,盗窃行为只是辅助手段的,就应当认定为诈骗。在信息网络情形下,行为人利用信息网络,诱骗他人点击虚假链接而实际上通过预先植入的计算机程序窃取他人财物构成犯罪的,应当以盗窃罪定罪处罚;行为人虚构可供交易的商品或者服务,欺骗他人为支付货款点击付款链接而获取财物构成犯罪的,应当以诈骗罪定罪处罚。本案中,被告人臧某泉、郑某玲使用预设计算机程序并植入的方法,秘密窃取他人网上银行账户内巨额钱款,其行为均已构成盗窃罪。臧某泉、郑某玲和被告人刘某以非法占有为目的,通过开设虚假的网络店铺和利用伪造的购物链接骗取他人数额较大的货款,其行为均已构成诈骗罪。对臧某泉、郑某玲所犯数罪,应依法并罚。

被告人臧某泉及其辩护人提出,非法获取被害人金某的网银账户内 30.5 万元的行为,不构成盗窃罪而是诈骗罪。审判机关认为,被告人臧某泉和郑某玲在得知金某网银账户内有存款后,即产生了通过植入计算机程序非法占有的目的;随后在网络聊天中诱导金某同意支付 1 元钱,而实际上制作了一个表面付款 1 元却实际支付 30.5 万元的假淘宝网链接,致使金某点击后,其网银账户内的 30.5 万元即被非法转移到臧某泉的注册账户中,对此金某既不知情,也非自愿。可见,臧某泉、郑某玲获取财物时起决定性作用的手段是秘密窃取,诱骗被害人点击"1 元"的虚假链接系实施盗窃的辅助手段,只是为盗窃创造条件或作掩护,被害人也没有"自愿"交付巨额财物,获取银行存款实际上是通过事先植入的计算机程序来窃取的,符合盗窃罪的犯罪构成要件,依照《刑法》第 264 条、第 287 条的规定,应当以盗窃罪定罪处罚。故臧某泉及其辩护人所提上述辩解和辩护意见与事实和法律规定不符,不予采纳。①

---

① 参见《最高人民法院关于发布第七批指导性案例的通知(27 号—31 号)》之指导案例 27 号:臧某泉等盗窃、诈骗案。

四、案件评析

本案对"网络钓鱼"中盗窃和诈骗行为的区分作出明确界定。本案中,行为人的犯罪行为兼具诱骗和秘密窃取的特征,因而在定性上存在疑难之处。对于这类盗窃与诈骗交织的案件,我国刑法和司法解释均未作出明确界定,司法实践中主要依赖法官根据自身素养和具体案情作出判断。如何区分盗窃罪与诈骗罪,是这类案件审理过程中的重中之重。国外刑法理论通说将是否存在处分行为作为区分这两者的关键,但在具体的判断标准上尚有争议:处分行为存在的前提,是只要有客观的转移占有事实即可(处分意识不要说),还是必须意识到转移占有(处分意识必要说)?对此,德国刑法通说和日本部分学者选择坚持前一观点,认为"处分行为、交付行为不以意思表示为必要,事实行为即可。"日韩司法判例则采纳后者观点,且日本刑法通说也更倾向于后者。

我国刑法学界主流观点亦赞同处分意识必要说,认为从盗窃罪与诈骗罪的概念来看,尽管二者都是以非法占有为目的,取得公私财物的行为,但前者秘密窃取他人财物的行为明显违背被害人意志,而后者骗取财物的行为是基于被害人有瑕疵的意志,因此区分的标准在于被害人有无基于认识错误处分财物。这种说法符合主客观相统一原则,也更方便司法实践中区分盗窃罪和诈骗罪,因而备受青睐。显然,本案中法官也认同这一点,更倾向于依据受骗者主观上有无处分财物的意识来判断行为是否构成诈骗罪。根据案件裁判要点,行为人利用信息网络,诱骗他人点击虚假链接而实际通过预先植入的计算机程序窃取财物构成犯罪的,以盗窃罪定罪处罚;虚构可供交易的商品或者服务,欺骗他人点击付款链接而骗取财物构成犯罪的,则以诈骗罪定罪处罚。

当然,仅考虑处分意识存在与否不足以适用于所有犯罪情况,所以有必要将判断标准细化至处分意识内容部分。德日等国学者对此有不同看法:有学者认为,处分者必须对处分的内容有充分认识,如不仅要事先意识到该财物在交易活动中是现实存在的,还需视情况对整体或部分财物产生处分意识(如果处分规则是单个处分,则需要对单个财物具有处分意识,反之亦然)等;也有学者对处分意识内容的判断标准持相对宽松的看法,认为受害者不需要对处分财产的性质、数量、质量等有全面认识,即使受害者仅仅是对处分财物的价值有误认,也可认定为具有处分意识。我国学者对此尚无定论,但主流通说坚持后一种观点,即处分人不一定需要有充分、准确的处分意识。本书认为,如果采取这一说法,显然不利于准确认定本案中行为人的行为性质。本案中,金某实际上存在对1元钱的处分行为,但并不能据此就认定藏某泉等构成诈骗罪。资金通常以单位计算,因此处分资金也可被视为单个处分,故处分资金时需要对资金的具体数额有明确认识。尽管本案中金某对1元钱具有处分意识,但其对30.5万元的巨额资金并无处分意识,没有意识到该30.5万元的存在,所以从整体来看金某并无处分意识,藏某泉等仍成立盗窃罪。

五、相关法律规范

《刑法》第264条、第287条。

第二节 过于自信的过失的判断

一、案情介绍

1999年4月14日11时许,被告人文某在攀枝花苏铁自然保护区附近捕鸟。为撵出藏在草丛中的山鹧鸪,文某用打火机点燃了山草。火势蔓延后,被告人文某扑救未果,遂离开现场,致大火烧进保护区,烧毁攀枝花苏铁一万余株,造成直接经济损失479.6万元。

二、争议焦点

本案争议焦点为:被告人文某的主观罪过是过于自信的过失,还是间接故意?

三、裁判结果与理由

四川省攀枝花市中级人民法院审理四川省攀枝花市人民检察院指控原审被

告人文某犯放火罪一案,于1999年11月11日作出(1999)攀刑初字第75号刑事判决。被告人文某服判未上诉。四川省攀枝花市人民检察院在法定期限内向二审法院提出抗诉。抗诉机关指控被告人文某于1999年4月14日为捕捉山鹧鸪而在攀枝花苏铁自然保护区围墙外用打火机点燃山草,火势蔓延后,见无法扑灭,即逃离现场,不向任何单位和消防部门报告火情,放任火势蔓延,使国家财产遭受重大损失。事后,被告人文某指使其同事伪造现场,企图掩盖罪行。抗诉机关认为:原判未认定被告人文某放任火势蔓延,不向任何单位和组织报告火情的事实。被告人文某明知其行为可能造成危害社会的结果,而放任这种结果的发生,其主观上属间接故意,应构成放火罪。原判决适用《刑法》第115条第2款的规定以失火罪对被告人文某定罪量刑,显属适用法律不当。抗诉机关请求二审法院予以改判。

被告人文某对抗诉机关指控的事实及出示的证据没有异议,但文某辩称自己并非故意放火,没有报火警的原因是以为防火墙能挡住大火烧进苏铁保护区。

被告人文某的辩护人对抗诉机关指控事实中的损失鉴定结论提出异议,认为该结论认定的被毁攀枝花苏铁的具体株数不准确,据此得出的造成479.6万元损失的结论缺乏真实性。为说明这一观点,辩护人出示了《攀枝花日报》关于部分被毁苏铁已复活的报道作为辩方证据。此外,辩护人还出示了被告人关于认为防火围墙能挡住大火的供述。辩护人认为,被告人文某为捉鸟而点燃山草,并非有意放火;火势蔓延后又有扑救行为,离开现场时未扑灭大火,是因为文某自信防火围墙能挡住大火。其主观上属于过于自信的过失犯罪。原判认定事实和适用法律正确,请求维持原判。

二审法院认为,抗诉机关指控的被告人文某为捉鸟而在保护区围墙外点燃山草,火势蔓延后,文某扑救未果竟离开现场,且未向有关单位及消防部门报告火情,并企图制造假象掩盖罪行等行为,事实清楚,证据充分。

关于辩护人提出的本案损失鉴定结论不准确的观点,二审法院认为,该鉴定结论是公安部门依照法定程序委托的具有专门知识的人员,依照科学方法进行的鉴定,其结论具有合法性、科学性、真实性。此外,辩护人出示的《攀枝花日报》的有关报道,不具备证据的法定条件。被告人关于自信防火围墙能挡住大火的供述,缺乏其他证据支持,二审法院不予认定。

关于抗、辩双方争议的本案被告人在主观方面是故意还是过失的问题,二审法院认为,被告人文某为捉鸟而在保护区附近点燃山草,其主观动机虽非有意制造火灾,没有放火的直接故意,但被告人文某在禁火期、在禁火范围内点燃山草,当火情发生时,被告人即因其先前的行为负有灭火、消除危险的特定义务。被告人在扑救未果后,竟离开现场,不向有关单位及消防部门报告,不履行其特定义务,听任火灾发生,致使火势蔓延,造成国家财产的巨大损失,其主观动机表现为不作为的间接故意。被告人明知在攀枝花的干季禁止一切野外用火,也明知在干燥的季节里野外用火可能造成火灾,却对其可能造成的危害后果持放任态度,在主观上属间接故意。

综上所述,二审法院认为,原审被告人文某在禁火区为捉鸟而点燃大火,又放任火势蔓延,造成了国家财产的巨大损失,其行为已构成放火罪。原判以失火罪对被告人文某定罪量刑属适用法律不当。攀枝花市人民检察院的抗诉理由成立,应予支持。被告人及其辩护人辩称的被告人系过失犯罪,构成失火罪的理由与本案查明的事实及有关法律规定不符,不能成立。据此,二审法院判决:原审被告人文某犯放火罪,判处有期徒刑 12 年,剥夺政治权利 2 年。[1]

四、案件评析

在主观要件方面,有关间接故意与过于自信的过失之间的区别,是刑法理论与刑事司法实践中的常见疑难复杂问题。刑法理论通说一般认为:犯罪的过于自信的过失心理与间接故意的心理,在认识因素上都预见到行为可能发生危害社会的结果,在意志因素上都不是希望危害结果的发生,因而二者容易混淆。但它们是性质截然不同的两种罪过形式,在认识因素和意志因素上都有着重要的区别:

(一) 认识因素上有所不同

二者虽然都预见到行为发生危害结果的可能性,但它们对这种可能性是否

---

[1] 参见四川省高级人民法院(2000)川刑一终字第 056 号判决书。

会转化为现实性,即实际上发生危害结果的主观估计是不同的。间接故意的心理对可能性转化为现实性,并未发生错误的认识和估计,不是认为这种可能性不会转化为现实性,因而在可能性转化为现实性即发生危害结果的情况下,行为人的主观认识与客观结果之间并未产生错误,主观与客观是一致的。而过于自信的过失心理则不同,具有这种心理者虽然也预见到危害结果发生的可能性,但在主观上认为,由于他的自身能力、技术、经验和某些外部条件,实施行为时,危害结果发生的可能性不会转化为现实性,即他对可能转化为现实的客观事实发生了错误认识。在危害结果发生的情况下,其主观与客观是不一致的。

(二)意志因素上有重要区别

过于自信的过失与间接故意虽然都不希望危害结果的发生,但深入考查,二者对危害结果的态度仍是不同的。间接故意的行为人虽不希望结果发生,但也并不反对、不排斥危害结果的发生,因而也就不会凭借什么条件和采取什么措施,去防止危害结果的发生,而是听之任之,放任危害结果的发生。过于自信的过失的行为人不仅希望危害结果不要发生,而且希望避免危害结果的发生,即排斥、反对危害结果的发生。在预见到自己的行为可能发生危害结果的情况下,行为人认为凭借一定的因素,如行为人自身能力方面的技术、经验、知识、体力等,他人的行为预防措施,以及客观条件或自然力方面的有利条件等,能够避免危害结果发生,并因而实施该种行为。结合以上两点,尤其是认真考查行为人对危害结果的不同态度,就能够把过于自信的过失与间接故意这两种相近、易混淆但在性质上有本质区别的罪过形式正确区分开来。[①]

本书赞成二审法院的裁判意见。在上述案件中,就行为的主观要件而言,在认识因素方面,文某作为思维健全的成年人,为了捕捉鸟类方便,明知自己的行为会引发火灾,仍然在自然保护区附近点燃山草,属于危害公共安全的放火行为;在意志因素方面,文某在山火燃起后,自己扑救无效竟离开现场,不向有关单位及消防部门报告,不履行其特定义务,听任火灾发生,致使火势蔓延,造成国家

---

① 参见高铭暄、马克昌主编:《刑法学》(第九版),北京大学出版社、高等教育出版社2019年版,第113页。

财产的巨大损失，属于放任的、无所谓的结果意志态度。综合起来，文某的主观罪过属于间接故意，应当构成放火罪。

五、相关法律规范

《刑法》第 115 条。

第三节　基于违法性认识错误之犯罪行为的定性

一、案情介绍

2016 年 8 月至 10 月 12 日期间，被告人赵某华在天津市河北区李公祠大街附近摆设射击摊位进行营利活动。2016 年 10 月 12 日 22 时许，公安机关在巡查过程中发现赵某华的上述行为，将其抓获归案，当场查获涉案枪形物 9 支及相关枪支配件、塑料弹。经天津市公安局物证鉴定中心鉴定，涉案 9 支枪形物中的 6 支为能正常发射以压缩气体为动力的枪支。上述事实，有经原审庭审举证、质证的案件来源、抓获经过、搜查证、搜查笔录、扣押决定书、扣押清单、没收物资收据、天津市公安局物证鉴定中心枪支鉴定书、涉案枪支照片、被告人赵某华的户籍证明及供述等证据予以证实。

二、争议焦点

本案争议焦点为：(1) 本案中的枪形物是否具备致人死亡的性能特征，能否认定为枪支并因此入罪？(2) 被告人赵某华的行为是否具有法益侵害性，对其进行实质审查是否能出罪？(3) 本案中被告人赵某华是否具备对于持有枪支行为的非法性的认识错误？

三、裁判结果与理由

原审法院认为，被告人赵某华违反国家枪支管理制度，非法持有枪支，情节严重，其行为已构成非法持有枪支罪，应依法予以处罚。赵某华自愿认罪，可酌情从轻处罚。依照《刑法》第 128 条第 1 款及《最高人民法院关于审理非法制造、买卖、运输枪支、弹药、爆炸物等刑事案件具体应用法律若干问题的解释》第 5 条第 2 款第 2 项之规定,以非法持有枪支罪判处被告人赵某华有期徒刑 3 年 6 个月。

二审法院认为,上诉人赵某华违反国家枪支管理规定,非法持有枪支,其行为已构成非法持有枪支罪,且情节严重,应依法予以处罚。原审判决认定赵某华犯非法持有枪支罪的事实清楚,证据确实、充分,定罪准确,审判程序合法。关于上诉人赵某华所申诉量刑过重的上诉理由,法院认为,上诉人赵某华非法持有以压缩气体为动力的非军用枪支 6 支,依照法律规定已构成非法持有枪支罪且属情节严重,应判处 3 年以上 7 年以下有期徒刑。综合考虑赵某华非法持有的枪支均刚刚达到枪支认定标准,犯罪行为的社会危害相对较小,其非法持有枪支的目的是从事经营,主观恶性、人身危险性相对较小,二审期间能如实供述犯罪事实,认罪态度较好,有悔罪表现等情节,可酌情予以从宽处罚并适用缓刑。对赵某华的部分上诉理由和天津市人民检察院第一分院的意见,法院予以采纳。依照《刑法》第 128 条第 1 款、第 67 条第 3 款、第 72 条第 1 款、第 73 条第 2 款和第 3 款、第 76 条,《刑事诉讼法》第 225 条第 1 款第 2 项及《最高人民法院关于审理非法制造、买卖、运输枪支、弹药、爆炸物等刑事案件具体应用法律若干问题的解释》第 5 条第 2 款第 2 项之规定,二审判决如下:一、维持天津市河北区人民法院(2016)津 0105 刑初 442 号刑事判决对上诉人赵某华的定罪部分,即"被告人赵某华犯非法持有枪支罪";二、撤销天津市河北区人民法院(2016)津 0105 刑初 442 号刑事判决对上诉人赵某华的量刑部分,即"判处有期徒刑 3 年 6 个月";三、上诉人赵某华犯非法持有枪支罪,判处有期徒刑 3 年,缓刑 3 年,在缓刑考验期限内,依法实行社区矫正(缓刑考验期限,从判决确定之日起计算)。

四、案件评析

本案中,对于被告人赵某华是否存在违法性认识的可能,理论界存在争议。刑法理论通说观点下,认识错误可分为两种:其一是事实认识错误,或称构成要件错误,可以阻却故意的成立;其二为违法性认识错误,行为人既可能将自己的合法行为误认为违法犯罪,也可能误认为自己的犯罪行为合乎法律。根据三阶层等犯罪构成体系和三段论逻辑推导顺序,对实际案例判断时,应先判断事实认识错误,如无事实认识错误,则继续判断有无违法性认识错误;基于事实认识错误产生违法性认识错误的,仍视为事实认识错误。有学者据此认为,本案中二审判决已指出赵某华明知涉案枪支外形与制式枪支高度相似且不能通过正常途径购买获得,却在此情况下擅自持有,具备犯罪故意,可以排除规范的构成要件要素的认识错误;而本案中枪支并不具有明显的致人死亡或丧失知觉的性能,因此行为不具备实质违法性或社会危害性,违法性的认识错误亦不存在,但仍存在通过期待可能性理论排除责任的可能。

其他一些学者的观点与这种看法不尽相同:或认为"行为人赵某华以为自己持有的是玩具枪而非法律意义上的枪,不具有违法性认识,所以也必然欠缺故意,将其行为视为犯罪突破了刑法主观归责要件";或认为"尽管可以按照被告人个人的生活经历与认知能力来确定可避免性要求的尺度,然而也存在两个重大缺陷——实务中坚持不知法者不免责的理念者居多,且违法性认识错误仅适用于本案而无法推广至其他涉枪案件,所以不妨另辟蹊径,对'枪支''持有'与抽象危险等要素作限制性解释",或认为"赵某华案中缺乏'违反枪支管理规定'的前提条件,属于对填补空白的规范的客观要素发生了错误,成立构成要件错误"。但他们基本都坚持有利于行为人出罪,保障人权的立场。①

也有学者持另一种不同的观点,认为应对"持有""枪支""非法"等概念作广义理解,其对前两者的广义解释更有利于入罪,但将"非法"解释为"违背以维护和增进全体国民福祉为导向的整体性的法秩序而不仅仅是枪支管理规定等成文法规范"明显利于出罪——即使赵某华的持枪行为违反我国枪支管理规定,但依旧可被法秩序评价为正当行为。在"错误"方面,该观点认为,应区分对枪支的构成要件事实认识错误(可阻却责任)与对持枪是否违法的违法性认识错误(可减

---

① 参见刘艳红:《"司法无良知"抑或"刑法无底线"?——以"摆摊打气球案"入刑为视角的分析》,载《东南大学学报(哲学社会科学版)》2017年第1期;陈兴良:《赵春华非法持有枪支案的教义学分析》,载《华东政法大学学报》2017年第6期;劳东燕:《法条主义与刑法解释中的实质判断——以赵春华持枪案为例的分析》,载《华东政法大学学报》2017年第6期;车浩:《非法持有枪支罪的构成要件》,载《华东政法大学学报》2017年第6期;江溯:《规范性构成要件要素的故意与错误——以赵春华非法持有枪支案为例》,载《华东政法大学学报》2017年第6期。

免责任)。赵某华不知道自己摆摊用的气枪违反了枪支管理法规,产生了法律认识错误,按常理可认为没有故意;即使法院坚持赵某华明知自己行为非法而故意为之,即符合构成要件的观点,也可以根据违法性认识错误作出减免责任的判决。

以上观点基本都肯定了本案中违法性认识错误的存在,本书亦赞成这一判断。一般而言,事实认识错误的存在是违法性认识错误的前提。本案中,赵某华以为自己摊位上的枪支不是法律所禁止的枪支,显然存在事实认识错误,并据此进一步产生了违法性认识错误,认为自己的持枪行为合法;即使法院以"涉案枪支外形与制式枪支高度相似且不能通过正常途径购买获得,而赵某华对此明知却仍擅自持有"为由认定其存在主观上的故意,不存在事实认识错误,也无法排除其后的违法性认识错误。因此,尽管无法依据事实认识错误排除故意,但可以以违法性认识错误为基础减免责任,本案二审作出的减免责任之判决确有刑法理论依据。但是,正如劳东燕等学者所言,违法性认识错误不可能适用于所有类似的涉枪案件;此外,对违法性认识错误存在与否的判断内容、方式等都较为主观,学界说法不一,可能出现同案不同判的情形,影响司法公平正义。实务界对此采取"不知法者不免责"的态度,即违法性认识错误无法阻却故意,某种程度上规避了对判处不同案件中类似的具有违法性认识错误的行为有罪还是无罪的争议,但在责任轻重的衡量和刑罚的判处上依旧避免不了受到持不同观点人群的压力,导致案件结果截然不同的情形。本书认为,为使"赵某华非法持枪案"及类似案件得到公正的判决,理论改进的重心应放在对非法持有枪支弹药罪等罪名的详细界定而非违法性认识错误上,更关注对"非法""持有""枪支"等概念的限制解释。如此,才能防止犯罪圈的扩张,更有效地保障人民利益。

五、相关法律规范

1.《刑法》第128条第1款、第67条第3款、第72条第1款、第73条第2和第3款、第76条。

2.《刑事诉讼法》第225条第1款第2项。

3.《最高人民法院关于审理非法制造、买卖、运输枪支、弹药、爆炸物等刑事案件具体应用法律若干问题的解释》第5条第2款第2项。

第六章
Chapter 6

正当行为

第一节 对特殊防卫中"行凶"的理解

一、案情介绍①

2018年8月27日21时30分许,于某明骑自行车在江苏省昆山市震川路正常行驶。刘某醉酒(经检测,血液酒精含量 87 mg/100 ml)驾驶小轿车,向右强行闯入非机动车道,与于某明险些碰擦。刘某的一名同车人员下车与于某明争执,经同行人员劝解返回时,刘某突然下车,上前推搡、踢打于某明。虽经劝解,刘某仍持续追打于某明,并从轿车内取出一把砍刀(系管制刀具),连续用刀面击打于某明颈部、腰部、腿部。刘某在击打过程中将砍刀甩脱,于某明抢到砍刀,刘某上前争夺。在争夺过程中,于某明捅刺刘某的腹部、臀部,砍击其右胸、左肩、左肘。刘某受伤后跑向轿车,于某明继续追砍2刀,均未砍中,其中1刀砍中轿车。刘某跑离轿车,于某明返回轿车,将车内刘某的手机取出放入自己口袋。民警到达现场后,于某明将手机和砍刀交给民警(于某明称,拿走刘某的手机是为了防止

---

① 最高人民检察院第十二批指导性案例:于海明正当防卫案(检例第47号)。

对方打电话召集人员报复)。刘某逃离后,倒在附近绿化带内,后送医抢救,因腹部大静脉等破裂致失血性休克,于当日死亡。于某明经人身检查,见左颈部条形挫伤1处、左胸季肋部条形挫伤1处。

二、争议焦点

本案争议焦点为:于某明的行为属于行凶,还是正当防卫?

三、裁判结果与理由

8月27日当晚,公安机关以"于某明故意伤害案"立案侦查。8月31日,公安机关查明了本案的全部事实。9月1日,江苏省昆山市公安局根据侦查查明的事实,依据《刑法》第20条第3款的规定,认定于某明的行为属于正当防卫,不负刑事责任,决定依法撤销于某明故意伤害案。在此期间,公安机关依据相关规定,听取了检察机关的意见,昆山市人民检察院同意公安机关的撤销案件决定。检察机关的意见与公安机关的处理意见一致,具体论证情况和理由如下:

第一,关于刘某的行为是否属于"行凶"的问题。在论证过程中有人提出,刘某仅使用刀面击打于某明,犯罪故意的具体内容不确定,不宜认定为行凶。论证后认为,对行凶的认定,应当遵循《刑法》第20条第3款的规定,以"严重危及人身安全的暴力犯罪"作为把握的标准。刘某在开始阶段的推搡、踢打行为不属于"行凶",但从持砍刀击打后,其行为性质已经升级为暴力犯罪。刘某的攻击行为凶狠,所持凶器可轻易致人死伤,随着事态发展,接下来会造成怎样的损害后果难以预料,于某明的人身安全处于现实的、急迫的和严重的危险之下。刘某具体抱持杀人的故意还是伤害的故意不确定,正是许多行凶行为的特征,而不是认定的障碍。因此,刘某的行为符合"行凶"的认定标准,应当认定为"行凶"。

第二,关于刘某的侵害行为是否属于"正在进行"的问题。在论证过程中有人提出,于某明抢到砍刀后,刘某的侵害行为已经结束,不属于正在进行。论证后认为,判断侵害行为是否已经结束,应看侵害人是否已经实质性脱离现场以及是否还有继续攻击或再次发动攻击的可能。于某明抢到砍刀后,刘某立刻上前争夺,侵害行为并没有停止。刘某受伤后又立刻跑向之前藏匿砍刀的汽车,于某明此时做不间断的追击也符合防卫的需要。于某明追砍两刀均未砍中,刘某从汽车旁边跑开后,于某明也未再追击。因此,在于某明抢得砍刀顺势反击时,刘某既未放弃攻击行为也未实质性脱离现场,不能认为侵害行为已经停止。

　　第三,关于于某明的行为是否属于正当防卫的问题。在论证过程中有人提出,于某明本人所受损伤较小,但防卫行为却造成了刘某死亡的后果,二者对比不相适应,于某明的行为属于防卫过当。论证后认为,不法侵害行为既包括实害行为,也包括危险行为,对于危险行为同样可以实施正当防卫。认为"于某明与刘某的伤情对比不相适应"的意见,只注意到了实害行为而忽视了危险行为,这种意见实际上是要求防卫人应等到暴力犯罪造成一定的伤害后果才能实施防卫,这不符合及时制止犯罪、让犯罪不能得逞的防卫需要,也不适当地缩小了正当防卫的依法成立范围,是不正确的。本案中,在刘某的行为因具有危险性而属于"行凶"的前提下,于某明采取防卫行为致其死亡,依法不属于防卫过当,不负刑事责任,于某明本人是否受伤或伤情轻重,对正当防卫的认定没有影响。公安机关认定于某明的行为系正当防卫,决定依法撤销案件的意见,完全正确。

四、案件评析

(一) 对"行凶"含义的解读

　　规范无法解释规范本身,社会生活事实决定了如何解释和适用刑法。从本质上来说,防卫的正当性与必要性源于社会生活,在解释非刑法规范用语"行凶"的时候当然不应脱离社会生活。在具有冲突与矛盾特质的正当防卫案件中,当侵害方造成或者意图造成伤亡的明显后果时,对行凶的界定自然并不困难;但在本案中,刘某的行为是否属于行凶,还需要从规范与现实中寻找答案,即"行凶"本来的含义。

　　《刑法》第20条第3款规定,对正在进行行凶、杀人、抢劫、强奸、绑架以及其他严重危及人身安全的暴力犯罪,采取防卫行为,造成不法侵害人伤亡的,不属于防卫过当,不负刑事责任。本条采取列举的方式把行凶和另外一些规范的犯罪行为规定在一起,使得我们对行凶行为就需要作规范的解读。本条中容易产生混淆的是行凶与故意杀人、故意伤害三个行为的区分。该条款并没有规定故意伤害,而仅规定了行凶,那么行凶与故意杀人、故意伤害的关系是否具有明确的区分,理论界存在着较大的争议。有学者认为,对于行凶的限定而言,虽然要求暴力的手段,是特殊防卫的法律效果,但并不应该严格到使用凶器进行暴力行凶,凶器并非行凶的构成要素,身强力壮者对年老体弱者,即使短时间赤手空拳地进行殴打,也可能属于本款中的行凶。① 也有学者认为,行凶可以从两个方面理解:一方面,行凶包含了杀人与伤害界限不明,但有很大可能造成他人严重的重伤或者死亡的行为,所以,对于暴力造成一般重伤的,不宜包含在行凶之内。另一方面,行凶也是对暴力犯罪方式的列举,即对以行凶方式实施的杀人、抢劫、强奸、绑架等暴力犯罪,也适用特殊防卫的规定。②

本书认为,对行凶的解读需要从行为人的立场出发。正当防卫本身属于紧急状态的反击行为,在具体的防卫案件中,我们要求行为人是理性的第三人,认识到不法侵害到底是故意伤害还是故意杀人,这并不合理。因此,立法者用"行凶"来模糊于"故意杀人、故意伤害"也就不难理解。该条款中的"杀人"仅限于故意杀人,而行凶并不属于故意伤害与故意杀人的界限不明之情景。"凶"字在汉语中本意为残暴,即包括夺命与致残两方面,而联系到语言学中并列的用法,各排列的子项并不应当包括其他子项,各子项间应当被要求排斥之关系,因此行凶在此处应当不是故意杀人之意,而是紧急情况下至少具有致使防卫人身体严重伤害之意。

(二) 本案中刘某的行为属于"行凶"的范畴

本案中,公安机关认定,刘某突然下车,上前推搡、踢打于某明,虽经劝解,刘某仍持续追打,并从轿车内取出一把砍刀(系管制刀具),连续用刀面击打于某明颈部、腰部、腿部。从当时的情形来看,一开始的推搡和踢打的行为无法界定为行凶,毕竟不会严重危及人身安全,但当刘某持砍刀(系管制刀具,明显属于"凶器")击打于某明后,这种不法侵害很难说不会严重危及人身安全,而把后面的暴力行为升级为"行凶"并无不妥。

---

① 参见付立庆:《刑法总论》,法律出版社2020年版,第174页。
② 参见张明楷:《刑法学》(第四版),法律出版社2011年版,第205页。

五、相关法律规范

《刑法》第 20 条第 3 款。

第二节 正当防卫中的"不法侵害"之界定

一、案情介绍①

于某的母亲苏某霞在山东省聊城市冠县工业园区经营山东源大工贸有限公司(以下简称"源大公司"),于某系该公司员工。2014 年 7 月 28 日,苏某霞及丈夫于某明向吴某占、赵某借款 100 万元,双方口头约定月息 10%。至 2015 年 10 月 20 日,苏某霞共计还款 154 万元。其间,吴某占、赵某因苏某霞还款不及时,曾指使被害人郭某 1(男,时年 29 岁)等人采取在源大公司车棚内驻扎、在办公楼前支锅做饭等方式催债。2015 年 11 月 1 日,苏某霞、于某明再向吴某占、赵某借款 35 万元,其中 10 万元,双方口头约定月息 10%;另外 25 万元,通过签订房屋买卖合同,用于某明名下的一套住房作为抵押,双方约定如苏某霞夫妇逾期未还款,则将该住房过户给赵某。2015 年 11 月 2 日至 2016 年 1 月 6 日,苏某霞共计向赵某还款 29.8 万元。吴某占、赵某认为该 29.8 万元属于偿还第一笔 100 万元借款的利息,而苏某霞夫妇认为是用于偿还第二笔借款。吴某占、赵某多次催促苏某霞夫妇继续还款或办理住房过户手续,但苏某霞夫妇未再还款,亦未办理住房过户手续。

2016 年 4 月 1 日,赵某与被害人杜某浩(男,殁年 29 岁)等人将于某明上述住房的门锁更换并强行入住,苏某霞报警。赵某出示房屋买卖合同,民警调解后离去。同月 13 日上午,吴某占、赵某与杜某浩、郭某 1 等人将上述住房内的物品搬出,苏某霞报警。民警处警时,吴某占称系房屋买卖纠纷,民警告知双方协商或通过诉讼解决。民警离开后,吴某占责骂苏某霞,并将苏某霞头部按入坐便器

---

① 山东省高级人民法院刑事附带民事判决书(2017)鲁刑终 151 号。

接近水面位置。当日下午,赵某等人将上述住房内物品搬至源大公司门口。其间,苏某霞、于某明多次拨打市长热线求助。当晚,于某明通过他人调解,与吴某占达成口头协议,约定次日将住房过户给赵某,此后再付30万元,借款本金及利息即全部结清。同月14日,于某明、苏某霞未去办理住房过户手续。当日16时许,赵某纠集郭某1、郭某2、苗某、张某3到源大公司讨债。为找到于某明、苏某霞,郭某1报警称源大公司私刻财务章。民警到达源大公司后,苏某霞与赵某等人因还款纠纷发生争吵,民警告知双方协商解决或到法院起诉后离开。李某3接赵某电话后,伙同么某、张某2和被害人严某(男,时年26岁)、程某(男,时年22岁)到达源大公司。赵某等人先后在办公楼前呼喊,在财务室内、餐厅外盯守,在办公楼门厅外烧烤、饮酒,催促苏某霞还款。其间,赵某、苗某离开。20时许,杜某浩等赶到源大公司,与李某3等人一起饮酒。20时48分,苏某霞按郭某1要求到办公楼一楼接待室,于某及公司两名员工张某1、马某陪同。21时53分,杜某浩等人进入接待室讨债,将苏某霞、于某的手机收走放在办公桌上。杜某浩用污秽语言辱骂苏某霞、于某及其家人,将烟头弹到苏某霞胸前衣服上,将裤子褪至大腿处裸露下体,朝坐在沙发上的苏某霞等人左右转动身体。在马某、李某3劝阻下,杜某浩穿好裤子,又脱下于某的鞋让苏某霞闻,被苏某霞打掉。杜某浩还用手拍打于某面颊,其他讨债人员实施了揪抓于某头发或按压于某肩部不准其起身等行为。22时07分,源大公司员工打电话报警。22时17分,民警朱某带领两名辅警到达源大公司接待室了解情况,苏某霞和于某指认杜某浩殴打于某,杜某浩等人否认并称系讨债。22时22分,朱某警告双方不能打架,然后带领辅警到院内寻找报警人,并给值班民警徐某打电话通报警情。于某、苏某霞欲随民警离开接待室,杜某浩等人阻拦,并强迫于某坐下,于某拒绝。杜某浩等人卡着于某颈部,将其推拉至接待室东南角。于某手持刃长15.3厘米的单刃尖刀,警告杜某浩等人不要靠近。杜某浩出言挑衅并逼近于某,于某遂捅刺杜某浩腹部一刀,又捅刺围逼在其身边的程某胸部、严某腹部、郭某1背部各一刀。22时26分,辅警闻声返回接待室。经辅警连续责令,于某交出尖刀。杜某浩等四人受伤后,分别被驾车送至冠县人民医院救治。次日2时18分,杜某浩经抢救无效,因腹部损伤造成肝固有动脉裂伤及肝右叶创伤导致失血性休克死亡。严某、郭某2的损伤均构成重伤二级,程某的损伤构成轻伤二级。

二、争议焦点

原审法院认为,被告人于某面对众多讨债人的长时间纠缠,不能正确处理冲突,持尖刀捅刺多人,致一人死亡、二人重伤、一人轻伤,其行为构成故意伤害罪。于某捅刺被害人不存在正当防卫意义上的不法侵害前提,其所犯故意伤害罪后果严重,应当承担与其犯罪危害后果相当的法律责任。鉴于本案系由被害人一方纠集多人,采取影响企业正常经营秩序、限制他人人身自由、侮辱谩骂他人的不当方式讨债引发,被害人具有过错,且于某归案后能如实供述自己的罪行,可从轻处罚。

于某的辩护人提出以下辩护意见:(1)认定于某犯故意伤害罪的证据不足。公安机关对现场椅子是否被移动、椅子上是否有指纹、现场是否有信号干扰器、讨债人员驾驶的无牌或套牌车内有无枪支和刀具等事实没有查明;冠县公安局民警有处警不力之嫌。(2)于某的行为系正当防卫。从一般防卫看,于某身材单薄,虽持有刀具,但相对11名身材粗壮且多人有犯罪前科的不法侵害人,处于明显劣势。杜某浩等人还对于某的颈部要害部位实施了攻击,故于某的防卫行为没有超过必要限度。从特殊防卫看,于某的母亲苏某霞与吴某占一方签订的书面借款合同约定月息2%,而吴某占一方实际按10%收取,在苏某霞按书面合同约定利息还清借款后,讨债人员仍然以暴力方式讨债,根据《最高人民检察院关于强迫借贷行为适用法律问题的批复》,构成抢劫罪,于某捅刺抢劫者的行为属特殊防卫,不构成犯罪。(3)即使认定于某构成犯罪,其具有如下量刑情节:属防卫过当、自首,一贯表现良好,缺乏处置突发事件的经验;杜某浩等人侮辱苏某霞、殴打于某,有严重过错;杜某浩受伤后自行驾车前往距离相对较远的医院救治,耽误了约5分钟的救治时间,其死亡结果不能全部归责于于某。

三、裁判结果与理由

法院经过审理认为,于某持刀捅刺杜某浩等四人,属于制止正在进行的不法侵害,其行为具有防卫性质;其防卫行为造成一人死亡、二人重伤、一人轻伤的严重后果，明显超过必要限度，造成了重大损害，构成故意伤害罪，依法应负刑事责任。鉴于于某的行为属于防卫过当，于某归案后能够如实供述主要罪行，且被害方有以恶劣手段侮辱于某之母的严重过错等情节，对于某依法应当减轻处罚。依照《刑法》第234条第2款、第20条、第67条第3款、第63条第1款、第61条、第36条第1款，认定于某犯故意伤害罪，判处有期徒刑5年。

四、案件评析

正当防卫系正对不正的行为，违法性阻却事由的成立，是对受法所保护的对应利益进行权衡的结果。在正当化事由的状态中，不违法的根据就在于所保护的利益要优于受到较低评价的利益，故本质上仍然需要对利害双方的利益进行比较和衡量。之所以可以对违法方的利益进行贬损式的否定性评估，是因为不法侵害方不法侵害之事实的客观存在，故对不法侵害的界定就十分重要。

根据我国《刑法》第20条之规定，对正在进行的不法侵害，采取制止不法侵害的行为，对不法侵害人造成损害的，属于正当防卫。但是，《刑法》并没有对不法侵害作出明确的规定。根据正当防卫行为的性质，我们可以认为不法侵害具有三个特质：(1)不法性。不法性即违反法律，既包括犯罪行为，也包括一般的违法行为。之所以包括违法行为，是因为一般违法行为也是法益受到侵害的行为，既然如此，就没有理由禁止公民对一般违法行为进行正当防卫。另外，公民在面对一种紧急状态的违法行为时，从特定的情景出发，一时也很难区分不法侵害是犯罪行为还是一般违法行为，故将不法侵害行为限定在犯罪行为明显不利于保护公民的正当性权利。(2)紧迫性。紧迫性是指不法侵害具有进攻性、急切性与破坏性，在此种情形之下，为了避免法益受到损害，即可以对不法侵害进行反击。因此，有些行为虽然具有不法性，而且不法状态一直处于持续中，但因为欠缺紧迫性而不能够进行防卫反击。但是，并非针对所有的不法侵害都允许进行防卫，防卫行为的实施应该受到法律规范保护目的的限定。刑法规定正当防卫，是为了在国家机关无能为力的紧急情况下使公民能够运用私人的力量来有效保护法益，证明法规范牢不可破的效力。因此，在国家机关能够提供有效保护或者私人负有义务避免法益损害、通过其他合法方式完全能够维护法规范的情况下,即使存在不法侵害,也不允许通过损害不法侵害人的法益来进行防卫。①例如贪污贿赂等犯罪,虽然系犯罪行为,但并非可以进行正当防卫。(3)现实性。不法侵害必须是客观存在的,对虚幻的不法侵害进行防卫属于假想防卫。假想防卫不是正当防卫,如果行为人存在过失,则应当承担相应的刑事责任。

具体到本案,首先,应当认定杜某浩等人实施的违法讨债、严重侮辱、非法拘禁、轻微殴打等行为显然属于不法侵害,而且是法律禁止并予以制裁的违法犯罪行为,具有不法性。其次,于某面对 11 名身材粗壮且多人有犯罪前科的不法侵害人,对方的不法行为已经严重损害到了其母亲及本人的人身自由、人格尊严、人身安全及财产安全等合法权益,具有明显的紧迫性,若不及时进行反击,很难保证被害人的合法权益能够得到充分保护。最后,杜某浩等人实施的侵害行为具有现实性,而且一直持续存在,这种现实的侵害若放任其发展,可能会置被害人于更为严重的危害境地,此即完全具备防卫的现实前提。

因此,从现实的角度来看,不法侵害不仅是对法益的侵害,而且是对法规范效力的侵害。不法侵害就是以不尊重法规范的态度,通过一种本来可避免的行为对法益进行侵害。

五、相关法律规范

《刑法》第 20 条第 1 款、第 36 条第 1 款、第 61 条、第 63 条第 1 款、第 67 条第 3 款、第 234 条第 2 款。

第三节 正当防卫中的"防卫限度"之界定

一、案情介绍②

2017 年 4 月 12 日 14 时许,被告人郭某骑自行车到达山西省长治市某旅

---

① 参见冯军:《防卫过当:性质、成立要件与考察方法》,载《法学》2019 年第 1 期。
② 参见山西省长治市郊区人民法院(2017)晋 0411 刑初 217 号刑事判决书。

馆,将自行车停放在该旅馆门口后,到旅馆三楼找在此居住的朋友刘某玩耍,并吸食毒品。同日15时许,被告人郭某在吸食完毒品后下楼打开车锁,准备骑自行车离开时,该旅馆经营者李某及其妻子任某误认为郭某是盗窃自行车的人,双方因此发生撕扯。在此过程中,李某与尚某、任某将郭某围堵至旅馆玻璃门夹角处,之后李某与尚某以及另外一个过路人使用扇耳光、脚踹、拳打等手段共同殴打郭某胸部以上位置,并伴有揪头发、拽衣领等行为。其间郭某试图反抗并逃走,但未能如愿。该殴打行为持续一分钟左右后,当尚某与任某站在郭某所处玻璃门夹角的前方靠左的位置,李某站在郭某所处玻璃门夹角前方靠右的位置拿着手机使用,另外那名男子仍继续殴打郭某时,郭某拿出随身携带的折叠匕首,突然从该玻璃门夹角处往前冲,在李某上前阻拦的一瞬间,用匕首捅了一下李某的胸部。李某后退,郭某逃离现场。后李某被送往长治医学院附属和济医院抢救治疗。经长治市公安局郊区公安司法鉴定中心与长治市道路交通事故司法鉴定中心鉴定:李某所受损伤构成重伤二级,达八级伤残。案发后,长治市公安局高新开发区分局于2017年4月24日将被告人郭某网上追逃,2017年5月8日在长治市一个出租屋内将郭某抓获到案,并起获郭某的作案工具灰色折叠刀一把,予以扣押。

二、争议焦点

被告人及其辩护人认为,根据现场监控视频,被告人郭某被李某等人殴打,郭某为了逃脱,持刀具吓跑了对其进行殴打的人,并不小心将李某捅伤,其并没有故意捅伤被害人的情形,属于正当防卫。法院认为,被告人郭某在自己人身权利遭受他人正在进行的殴打等不法侵害时,有权进行正当防卫,但其持械防卫的行为,明显超过必要限度,且造成他人要害部位损伤达重伤二级、八级伤残的损害后果,属防卫过当,构成故意伤害罪,依法应予惩处。公诉机关指控被告人郭某犯罪事实清楚,证据确实、充分,罪名成立,应予以支持。

三、裁判结果与理由

正当防卫是防卫者使用防卫手段制止不法侵害,这种不法侵害既包括犯罪行为,也包括一般违法行为,同时应当综合分析防卫者的心理态度。具体到本案中,案发当天的监控显示,郭某被李某等人误认为是盗窃自行车的人,在争执过程中,李某等四人将郭某围堵至没有退路的角落,其中三人交替、连续地对郭某实施殴打,显属不法侵害,且具有一定的紧迫性和现实性。虽发生该不法侵害行为与郭某进行自卫相距时间不长,但根据双方人数、强弱及现场所处的客观环境分析,侵害者人多势众,且郭某身后没有退路,加之李某等人坚持认为郭某系盗窃者,使郭某难免产生恐惧心理,在猝不及防的紧急状态下被动应对,防卫意识形成于瞬息之间。在如此短暂的时间内,倘若要求对不法侵害者的确实意图和危害程度以及侵害状态何时结束立即作出判断,这对于大多数人来说都是一种苛求。另外,从郭某持刀捅的方向与逃离的方向、动作上分析,他应该是出于一种冲出包围、离开现场的心理,其行为是基于一种自我保护的意图和主观愿望,具有对正在遭受的不法侵害进行防卫的目的。鉴于本案中侵害者虽人数多,但并未使用器械,而郭某使用管制刀具对不法侵害进行防卫,并造成一人重伤的重大损害后果,明显超过必要限度,属防卫过当,应负刑事责任。依照《刑法》第234条第2款、第20条、第67条第3款、第63条第1款、第61条、第64条之规定,判决被告人郭某犯故意伤害罪,判处有期徒刑1年4个月。

四、案件评析

1. 实践中,对防卫限度的判断必须符合规范保护目的,并进行正确的价值判断。只有建立在正确的价值判断基础上,才可能进一步进行综合事实判断。对防卫限度进行符合规范保护目的的价值判断,最为核心的要点即在于法益衡量阻却违法。法官在对所有的行为限度与结果限度的构成要素进行判断时,必须认识到防卫人的利益在正常情况下始终优越于侵害人的利益,即使防卫反击造成了不法侵害人死亡的结果,在符合规范保护目的的范围内也是法所允许的。当然,价值的形态相较于事实构成要流动和易变得多,所以对轻微的攻击或者保证关系范围内的攻击,则应当考虑防卫人的优势利益处于相应减弱之地位。

2. 学界对防卫行为造成的"重大损害"即结果限度的判断标准存在着巨大争议。彭文华教授认为,"重大损害"的认定标准应当以上一层级相对较重的结果为依据,若跨层级升格,则有损害过于重大之嫌,令人难以接受。① 张明楷教授则认为,应以不法侵害本身的犯罪性质并以法定刑为参考依据来认定"重大损害"。所谓以法定刑为依据,指的是如果不法侵害属于严重危及人身安全的暴力犯罪,法定最高刑为 10 年有期徒刑的,即使防卫行为造成不法侵害人死亡,也不属于防卫过当;对属于法定刑 3 年以下有期徒刑的不法侵害进行防卫,造成不法侵害人重伤的,也不属于防卫过当;对于任何不法侵害的防卫行为造成轻伤害的,不可能属于防卫过当。② 2020 年《最高人民法院、最高人民检察院、公安部关于依法适用正当防卫制度的指导意见》则把"造成重大损害"解释为"造成不法侵害人重伤、死亡。造成轻伤及以下损害的,不属于重大损害"。

3. 坚持综合的事实判断,才可能最大限度地对防卫行为是否明显超过必要限度进行合理界定。所谓综合的事实判断,是指不仅应当考虑到防卫行为,还应当考虑到防卫时所有可能会影响到防卫限度判断的案件事实的综合判断。此处的防卫行为,并非指防卫人单个的具体反击举动,而是隐含了可以考察整个行为限度与结果限度的行为要素,既包括客观防卫要素,也包括主观防卫要素;既包括防卫要素,也包括不法侵害要素。案件事实的综合判断,对造成重大损害危险的案件更具有重要意义,毕竟在没有不法损害具体结果可衡量的情况下,可能的损害结果只能依靠对不法侵害人数、侵害工具、侵害人体质、侵害部位等要素进行综合判断,才可能准确判断结果限度。

具体到本案,应当说该判决书对防卫因素和不法侵害因素进行了准确的综合判断,但忽略了损害结果差的规范化解释。当考察完不法侵害因素和防卫因素后,损害结果差就自然位于最后的判断序列。在此案中,损害结果差应当是郭某防卫造成的重伤二级减去不法侵害者三人对郭某可能造成的损害。综合对案件事实的判断,不法侵害可能造成的损害至少为轻伤一级,本案的最终损害结果差为一个层级,很难说符合"明显超过必要限度,造成重大损害"之情形。

---

① 参见彭文华:《论正当防卫限度的重大损害标准》,载《江汉论坛》2015 年第 7 期。
② 参见张明楷:《防卫过当:判断标准与过当类型》,载《法学》2019 年第 1 期。

五、相关法律规范

《刑法》第 20 条第 2 款、第 61 条、第 63 条第 1 款、第 64 条、第 67 条第 3 款、第 234 条第 2 款。

第四节 紧急避险的现实认定

一、基本案情

2018 年 12 月 7 日晚,被告人陈某为庆祝妻子生日,邀请朋友到住处吃晚饭,陈某喝了一杯多红酒。当日 23 时许,陈某妻子欲上楼休息时突然倒地昏迷不醒,陈某随即让女儿拨打 120 求救。120 回复附近没有急救车辆,要从别处调车,具体到达时间不能确定。陈某得知后即驾驶小型轿车,将妻子送至医院抢救,后因与他人发生冲突,被当场查获。经鉴定,被告人陈某血液中检出乙醇成分,其含量为 223mg/100ml。江阴市检察院认为,被告人陈某醉酒后在道路上驾驶机动车,其行为已经构成危险驾驶罪,诉请法院依照《刑法》第 133 条之一的规定,对被告人予以处罚。被告人陈某对公诉机关指控的事实及罪名均无异议。其辩护人提出,本案事出有因,陈某因妻子昏倒、120 急救车不能及时赶到,才开车送妻子就医;案发时已近深夜,路上行人较少,驾驶路途较近,未发生事故,社会危害性较小;陈某归案后如实供述,悔罪态度较好,无前科劣迹,请求对其从轻处罚。

二、争议焦点

第一种意见认为,被告人陈某血液中酒精含量高达 223mg/100ml,确已构成危险驾驶罪,但考虑到其醉驾系为救治病人,案发时系深夜,行驶道路为农村道路,距离较短等情节,可以对其适用缓刑;第二种意见认为,案发时被告人陈某的妻子正在发生现实的危险,被告人陈某出于不得已而醉驾送妻子就医,在必要限度内实施避险行为,其行为构成紧急避险,不负刑事责任;第三种意见认为,被告人陈某醉酒程度高,社会危险性大,不符合紧急避险的要件,但考虑到犯罪情节轻微,可以免予刑事处罚。①

三、裁判结果与理由

江阴市人民法院认为,被告人陈某在道路上醉酒驾驶机动车,对公共安全造成一定的危害,其行为确已构成危险驾驶罪。在审理过程中,江阴市人民法院就被告人陈某犯危险驾驶罪能否适用缓刑向无锡市中级人民法院请示。无锡中院经审查认为,案发时陈某认识到其妻子正在面临生命危险,出于不得已而醉酒驾驶损害另一法益,在必要限度内实施避险行为,符合紧急避险的各项条件,遂作出批复,认为被告人陈某的行为构成紧急避险,不负刑事责任。江阴市检察院于2019年12月23日决定对被告人陈某撤回起诉。江阴法院于同月30日裁定准许江阴市检察院撤回起诉。

四、案件评析

根据《刑法》第21条之规定,紧急避险是指为了使国家、公共利益、本人或者他人人身、财产和其他权利免受正在发生的危险,不得已损害另一较小或者同等法益的行为。关于紧急避险的性质,主要存在着责任阻却事由说和违法阻却事由说,通说为违法阻却事由说。其理论基础是优越利益原理,即双方利益发生冲突,不能两全之时,利益小者不得不为利益大者牺牲,以保全较大的利益,从而求得社会整体利益的维持。紧急避险通过损害较小的法益保护更大的法益,从法益衡量主义的角度出发,阻却了违法。

从实定法的角度看,紧急避险是通过损害一种法益保护另一种法益,是正对正,正当防卫则是为了阻止不法侵害的现实侵害或者侵害的危险,是正对不正,故紧急避险的成立条件要比正当防卫的成立条件更为严格。紧急避险应具备以下条件:(1)必须发生了侵害合法权益的现实危险;(2)这种危险是现实存在的且具有紧迫性;(3)一方必须出于不得已损害另一方的合法权益;(4)具有避险

---

① 参见韩锋、王星光、杨柳:《为送亲属就医醉驾构成紧急避险》,载《人民司法(案例)》2020年第23期。

认识;(5)必须没有超过必要限度造成不应有的损失。

具体到本案,首先,案发当时被告人陈某的妻子突然摔倒,昏迷不醒,口吐白沫,生命权益正处于疾病危险的威胁之中且生命权益的危险非常紧迫,急需得到救治。被告人的妻子面临着死亡的危险,且这种危险已经发生尚未结束,如不尽快排除则可能会发生死亡的结果,这是本案定性为紧急避险的前提条件。其次,本案被告人陈某让女儿拨打120急救电话,得知其所在的乡镇附近无急救车辆,从他处调车无法确定到达时间。其住处偏僻,无邻居可以帮忙开车;其他家人为老人、小孩,均无驾驶证,故其醉酒驾驶行为本质上是为了使妻子及时得到医治而采取的一种迫不得已的手段。再次,本案被告人看到妻子倒地昏迷,口吐白沫,认识到妻子的生命面临着正在发生的危险。从主观上看,被告人实施醉酒驾驶的行为没有危害社会的故意,具有使面临生命危险的妻子及时得到医治的良好动机。最后,由于生命价值的宝贵,被告人在不得已时醉酒驾驶送妻子就医的行为是以损害抽象公共安全挽救鲜活生命的紧急避险情境,没有超出必要限度而造成不应有的损失,应当得到法律的宽恕。

五、相关法律规范

《刑法》第21条、第133条。

第七章

故意犯罪的停止状态

第一节　如何正确认定犯罪预备

一、案情介绍

2006年11月初,被告人张某权、张某普因经济紧张,预谋到偏僻地段对单身女性实施抢劫,并购买了尖刀、透明胶带等作案工具。11月6日至9日,张某权、张某普每天晚上携带尖刀和透明胶带窜至浙江省湖州市安吉县递铺镇阳光工业园区附近,寻找作案目标,均因未找到合适的作案对象而未果。11月9日晚,张某权、张某普在伺机作案时提出,如果遇到漂亮女性,就先抢劫后强奸,并采用手机游戏定输赢的方式确定张某权先实施强奸行为。11月11日晚,张某权、张某普纠集被告人徐某五参与抢劫作案,提出劫得的钱财三人平分,徐某五同意参与抢劫作案,但表示不参与之后的强奸犯罪。张某权即交给徐某五一把单刃尖刀。三人商定:发现作案目标后,由张某普、徐某五各持一把尖刀将被害人逼至路边,张某权用胶带将其捆绑后实施抢劫。当晚,三人寻找作案目标未果。11月12日晚,张某权、张某普、徐某五在递铺镇铜山桥附近寻找作案目标时被公安巡逻队员抓获。

被告人张某权、张某普均辩称，强奸犯罪只是其预备抢劫过程中随便说说的话题，二人主要目的是为了抢劫，并不是想实施强奸。被告人徐某五辩称无强奸故意和行为，不构成强奸罪。徐某五的辩护人的辩护意见为：(1)被告人徐某五加入前，其他二被告人已完成准备作案工具并已多次寻找作案目标，徐某五所起作用较小，应认定为从犯；(2)徐某五没有强奸故意，不能认定构成强奸罪；(3)徐某五系未成年人，作为预备犯，应对其从宽处罚。

二、争议焦点

本案争议焦点为：如何区分犯罪预备与犯意表示？

检察机关向审判机关提起公诉指控的罪名是三名被告人构成抢劫罪（预备）与强奸罪（预备），但法院经审理认为，检察院指控的强奸并非预备行为，而是犯意表示，不构成犯罪。

三、裁判结果与理由

安吉县人民法院认为，被告人张某权、张某普、徐某五以非法占有为目的，经事先预谋并准备工具、制造条件，预备采用持刀威胁、捆绑的暴力手段劫取他人钱财，三被告人的行为均已构成抢劫罪（犯罪预备）。公诉机关指控三被告人犯抢劫罪（犯罪预备）的罪名成立。对于三被告人犯强奸罪（犯罪预备）的指控，经审理认为，张某权、张某普虽在抢劫犯罪预备时产生在可能的条件下实施强奸犯罪的主观故意，但仅是强奸的犯意表示；徐某五明确表示不参与强奸行为，无强奸的主观故意，三人没有强奸的具体行为，故指控犯强奸罪（犯罪预备）的罪名不能成立。三被告人系抢劫犯罪预备犯，依法可比照既遂犯从轻、减轻处罚或免除处罚。徐某五犯罪时未满18周岁，且系从犯；张某权在犯罪预备的开始阶段未满18周岁；三被告人归案后均能如实供述犯罪事实，认罪态度较好。鉴于三被告人的犯罪情节及现实社会危害性，对张某权、张某普予以减轻处罚，对徐某五免除处罚。判决如下：(1)被告人张某权犯抢劫罪（犯罪预备），判处有期徒刑8个月，并处罚金人民币1000元；(2)被告人张某普犯抢劫罪（犯罪预备），判处有期徒刑10个月，并处罚金人民币1000元；(3)被告人徐某五犯抢劫罪（犯罪预备),免予刑事处罚。

一审宣判后,三被告人均未上诉,公诉机关亦未抗诉,判决发生法律效力。

四、案件评析

本书认为,在本案中,法院认定三名被告人构成抢劫罪(预备),而检察机关指控的强奸罪(预备)不成立的判决是正确的。

我国《刑法》第22条第1款规定:"为了犯罪,准备工具、创造条件的,是犯罪预备。"根据这一规定,我们可以看出,作为一种故意犯罪的停止形态,犯罪预备是指行为人为了犯罪而准备工具,创造条件,但由于其意志以外的原因未能着手实行犯罪行为的故意犯罪形态。作为犯罪预备,具有以下几个特征:(1) 行为人为了实施犯罪而准备工具或创造条件。犯罪的预备行为就是行为人为了顺利地实行犯罪行为而事先准备犯罪工具或者创造便利条件。(2) 行为人尚未着手实施犯罪,即行为人尚未着手犯罪的实行行为。犯罪的实行行为,是指刑法分则中规定的具体犯罪客观方面构成要件中所要求的行为,犯罪预备是在行为人进行实行行为之前即已处于停止状态。(3) 行为人未能着手实施犯罪是由于其意志以外的原因。虽然犯罪预备还没有正式进入犯罪的实行阶段,但已经通过准备工具、创造条件等具体行为在一定程度上落实了犯罪意图,有客观的行为,且预备行为对受刑法所保护的社会关系造成了威胁,行为具有社会危害性,因此行为具有可罚性,能够被认定为犯罪。而犯意表示,是指行为人通过语言、文字、图画或其他途径,将内心的犯罪意图向外部进行表达的方式。严格说来,犯意表示并不是行为,而是犯罪思想的流露。

犯罪预备与犯意表示之间的区别在于,犯罪预备是犯罪行为,可以追究刑事责任。而犯意表示实质上还停留在思想阶段,并没有通过具体的行为表现出来,因此,"法不惩罚思想",犯意表示不构成犯罪。只有为了实现其犯意而实施了"准备工具、创造条件"的行为,犯意表示才转化为犯罪预备行为。

结合本案,三名被告人事先预谋抢劫过路单身女性,此时,如果仅停留在犯罪意图的言语交流阶段,没有具体的后续动作,那么还属于犯意表示,不构成犯罪。然而,他们不但进行了谋划,而且为了抢劫顺利进行实施了一系列的准备工作,包括购买了尖刀、透明胶带等作案工具,制订了犯罪方案,明确了犯罪分工,并且外出寻找犯罪目标,因此,已经远远超出了犯意表示的范畴,而是具体的犯罪行为。只是几次寻找作案目标的行为均因为意志以外因素而没有能够进入着手实施阶段,其行为应当以抢劫罪(预备)追究刑事责任。

而被告人张某权、张某普在伺机作案时提出,如果遇到漂亮女性,就先抢劫后强奸,并且已经确定好了强奸的顺序,从表面上看,也完全符合强奸罪(预备)的成立条件,为什么法院没有最终予以认定呢?本书认为,法院之所以认为两名被告人商议在抢劫的同时实施强奸是犯意表示而非犯罪预备,主要出于以下两点考量:

首先,强奸的犯罪意图在证据上难以固定。本案中,被告人张某权与张某普一开始并没有强奸的故意,其最初实施的预备行为都是指向抢劫,并且后来加入的徐某五也明确表示不参与强奸行为。因此,强奸的意图只存在于两名张姓被告人之间。另外,从几名被告人所实施的预备行为来看,其所准备的犯罪工具,很难区分究竟是用于抢劫还是用于强奸。两名被告人均只承认自己的抢劫意图,而否认强奸的故意,辩称强奸只是"随便说说"。在这种情况下,用证据固定两名被告人的强奸故意实际上是难以实现的。因此,即便两名被告人在内心深处确实有强奸的意图,但由于无法用证据加以印证,难以证明行为人的相关预备行为同时也是为了实现强奸的目的。在这种情况下,将行为人商量的强奸行为看成是犯意表示而不是犯罪预备,是比较稳妥的。

其次,即便有证据证明强奸预备行为的存在,也不能按照检察机关的指控,对三名被告人以抢劫罪(预备)和强奸罪(预备)进行数罪并罚。这是因为,除了被告人徐某五原本就拒绝实施强奸,本就不应当被认定为强奸之外,对于两名张姓被告人而言,实际上其抢劫的预备行为与强奸的预备行为是合为一体的。也就是说,根据案情,行为人所实施的行为,既可以被看成是抢劫的预备,也可以被看成是强奸的预备。那么,这就形成了想象竞合的关系。而对于同一行为不能同时进行两个以上的刑法评价,因此只能以一罪定罪量刑。检察机关以两罪提出指控是不恰当的。

五、相关法律规范

1.《刑法》第 17 条、第 22 条、第 25 条第 1 款、第 27 条、第 37 条、第 52 条、第 263 条。

2.《最高人民法院关于审理未成年人刑事案件具体应用法律若干问题的解释》第 17 条。

第二节 犯罪未遂与犯罪中止

一、案情介绍

2008 年 6 月上旬,被告人李某容因急需用钱而预谋对其认识的被害人潘某秀(女,时年 20 岁)实施抢劫后杀人灭口。2008 年 6 月 19 日 20 时许,李某容在福建省龙岩市上杭县县城租用一辆小轿车,携带作案工具绳子、锄头等,以一同到龙岩市游玩为由将潘某秀骗上车。20 日凌晨,在上杭县庐丰畲族乡安乡大桥附近,李某容停车,用绳子将潘某秀绑在座位上,抢走潘某秀提包内的现金人民币(以下均为人民币)130 余元及手机一部(价值 990 元)、银行卡一张,并逼迫潘某秀说出银行卡密码。20 日 4 时许,李某容用绳子猛勒潘某秀的脖子致其昏迷,并用绳子将潘某秀的手脚捆绑后扔到汽车后备厢。李某容在回上杭县城途中发觉潘某秀未死,遂打开后备厢,先用石头砸潘某秀的头部,后用随身携带的小剪刀刺潘某秀的喉部和手臂,致潘某秀再次昏迷。20 日 6 时许,李某容恐潘某秀未死,遂购买一把水果刀,并将车开到杭永公路绿蒙牛场旁的汽车训练场准备杀害潘某秀。苏醒后的潘某秀挣脱绳索,乘李某容上厕所之机,打开汽车后备厢,逃至公路上向过路行人曾某攀呼救。曾某攀用手机报警。李某容见状即追赶潘某秀,并用水果刀捅刺潘某秀的腹部,因潘某秀抵挡且衣服较厚致刀柄折断而未能得逞。李某容遂以"你的命真大,这样都弄不死你,我送你去医院"为由劝潘某秀上车。潘某秀上车后李某容又殴打潘某秀。当车子行驶到上杭县紫金公园门口时,李某容开车往老公路方向行驶,潘某秀在一加油站旁从车上跳下向路人呼救。李某容大声说:"孩子没了不要紧,我们还年轻,我带你去医院。"以此搪塞路人,并再次将潘某秀劝上车。李某容威胁潘某秀不能报警,否则继续杀她。潘某秀答应后,李某容遂送潘某秀去医院。途中,潘某秀要回了被抢的手机、银行卡等物,并打电话叫朋友赶到医院。20日上午8时许,李某容将潘某秀送入上杭县医院治疗,并借钱支付了4000元医疗费。经鉴定,潘某秀的伤情程度为轻伤。

被告人李某容以下述理由请求法院对其从轻或减轻处罚:其本人不是无法下手,而是意识到杀人要偿命,才将被害人送往医院的,并在归案后如实供述了犯罪事实。李某容的辩护人提出:(1)由于被告人仍然控制着被害人的人身自由,被告人本可将车开往没人的地方继续实施杀人犯罪,但被告人自动放弃犯罪,并将被害人送入医院治疗,应认定为犯罪中止;(2)被告人为了抢劫而对被害人实施的人身伤害后果应由抢劫罪吸收,被告人的故意杀人行为属于犯罪中止,且没有造成损害后果,请求法院对被告人所犯故意杀人罪免除处罚;(3)被告人所抢财物已归还被害人,被告人系初犯、偶犯,且能自愿认罪,积极缴纳罚金,请求法院对被告人所犯抢劫罪从轻处罚。

二、争议焦点

本案争议焦点为:既有主动性又有被迫性而放弃重复侵害的行为,是否能够被认定为犯罪中止?

本案在审理过程中,对被告人的抢劫犯罪没有异议,但对其所实施的故意杀人行为应当如何予以认定,则存在两种不同的意见。第一种意见认为,本案被告人是故意杀人未遂。理由是被告人是被迫放弃了重复侵害。当时正是白天,路上行人众多,且虽然被告人数次实施了杀人行为,但被害人始终有反抗及逃跑能力。因此,被告人是不得已将被害人送至医院,不具备犯罪中止的自动性条件,所以应被认定为犯罪未遂。第二种意见认为,本案被告人应认定为故意杀人中止。理由是,虽然当时是白天,路上有不少行人,而且被告人与被害人的行为在一定程度上引起了过往路人的关注,但被害人始终在被告人的控制范围之内,被告人完全有能力将其杀人行为实施完毕。但最终被告人出于其本人意愿,主动归还了被害人被抢的财物,并且放弃了杀人行为,将被害人送至医院救治,属于放弃重复侵害的行为,因此应当被认定为故意杀人中止。

三、裁判结果与理由

上杭县人民法院经审理认为:被告人李某容以非法占有为目的,以暴力手段强行劫取他人财物,且实施抢劫后为了灭口,故意非法剥夺他人生命,其行为已构成抢劫罪和故意杀人罪,应依法数罪并罚。李某容在实施故意杀人犯罪的过程中,由于其意志以外的原因而未得逞,是犯罪未遂,可以比照既遂犯从轻或者减轻处罚。对于被告人的辩解及其辩护人的辩护意见,经查:(1)李某容在主观上并没有自动放弃杀人的故意,而是在客观上已是白天,路上行人多,潘某秀有反抗能力,李某容在担心路人已报警、罪行已败露的情况下,被迫停止犯罪,属于犯罪未遂。(2)李某容因急需用钱而预谋对潘某秀实施抢劫并杀人灭口。李某容在劫取潘某秀的财物后,怕罪行败露而实施了一系列的杀人灭口行为,虽因其意志以外的原因而未得逞,但已致潘某秀轻伤,犯罪情节极为恶劣,社会危害极大,因此,不宜减轻或免除处罚。鉴于李某容故意杀人未遂,能送潘某秀到医院治疗,并支付了 4000 元医疗费,可以对李某容从轻处罚。(3)李某容系初犯,缴纳了罚金,认罪态度较好,且将所抢财物归还被害人,对其所犯抢劫罪亦可酌情从轻处罚。

判决如下:被告人李某容犯抢劫罪,判处有期徒刑 6 年,并处罚金人民币 2000 元;犯故意杀人罪(未遂),判处有期徒刑 10 年,剥夺政治权利 2 年,决定执行有期徒刑 14 年,剥夺政治权利 2 年,并处罚金人民币 2000 元。

四、案件评析

本书认为,虽然法院最终采纳了第一种意见,认为被告人的行为不是犯罪中止而是犯罪未遂,但这一判决结果值得商榷。本书同意第二种意见,即被告人的行为应当认定为故意杀人的中止行为。

犯罪未遂,是指行为人已经着手实施犯罪,但由于其意志以外的原因而未能达到既遂的故意犯罪形态。犯罪中止,是指行为人自动放弃犯罪或者自动有效地防止犯罪结果发生的故意犯罪形态。犯罪未遂与犯罪中止的区分关键在于对"意志以外原因"与"意志以内原因"的判断,即行为人最终没有能够达到既遂,究竟是被迫的还是主动的。所谓"意志以外的原因",是指足以阻止行为人实施与完成犯罪行为的意志与活动因素,包括行为人本人以外的因素、行为人自身的能力因素以及行为人在主观上的认识错误等。而"意志以内原因",则是指行为人可以通过自己的意志来进行控制与支配的各种因素。刑法理论上,一般用"欲而不能"和"能而不欲"来概括二者之间的区别。犯罪未遂是"欲而不能",犯罪中止是"能而不欲"。

然而,犯罪活动是非常复杂的,往往是"意志以内"与"意志以外"的各项因素相互交织。这时,就要看对于最终没有达到既遂形态,是哪一种因素起到了决定性作用。也就是说,究竟是"意志以外"的因素阻止了犯罪行为达到既遂,还是"意志以内"的因素起到了阻断作用。同时,需要指出的是,虽然客观上出现了行为人意志以外的因素,并且这些因素足以阻断行为达到既遂,但行为人对此并不知情,此时出于本人意愿,主动彻底放弃了自认为可以进行下去的犯罪行为,仍然应当被认定为犯罪中止。因此,在犯罪行为实施的过程中,对于"放弃重复侵害"如何认定,需要结合行为的具体情况进行判断。如果行为人完全出于本人意愿,放弃了有条件、有能力进行下去的侵害行为,成立犯罪中止。相反,如果行为人意识到其行为因"意志以外"因素已经无法重复侵害下去而主动放弃的话,则应当被认定为犯罪未遂。

结合本案,虽然存在白天、路上行人众多、被害人尚未丧失抵抗能力等诸多因素,但这些因素对被告人所实施的故意杀人行为达到既遂并不能完全起到阻断作用。被害人在行为人控制之中,且当时在车中只有当事人双方,被告人完全有能力将先前所实施的杀人行为继续进行下去。此时,被告人李某容出于本人意愿,主动将被害人送至医院,彻底放弃了杀人行为,符合犯罪中止的特征,因此,法院将被告人的行为认定为犯罪未遂,值得商榷。

五、相关法律规范

1.《刑法》第 23 条、第 45 条、第 47 条、第 52 条、第 55 条、第 56 条、第 61 条、

第 62 条、第 64 条、第 69 条、第 232 条、第 236 条。

2.《最高人民法院关于抢劫过程中故意杀人案件如何定罪问题的批复》。

第三节 共同犯罪中的犯罪停止形态

一、案情介绍

2002 年 6 月 6 日,被告人王某帅主谋并纠集被告人邵某喜预谋实施抢劫。当日上午 10 时许,二人携带事先准备好的橡胶锤、绳子等作案工具,在北京市密云县鼓楼南大街骗租杨某某(女,29 岁)驾驶的松花江牌小型客车。当车子行至北京市怀柔区大水峪村路段时,经王某帅示意,邵某喜用橡胶锤猛击杨某某头部数下,王某帅用手猛掐杨的颈部,致杨昏迷。二人抢得杨某某的汽车及手机 1 部、寻呼机 1 部等物品,共计价值人民币 42000 元。

王某帅与邵某喜见被害人杨某某昏迷不醒,遂谋划用挖坑掩埋的方法将杨某某杀人灭口。杨某某佯装昏迷,趁王某帅寻找作案工具不在现场之际,哀求邵某喜放其逃走。邵某喜同意掩埋杨时挖浅坑、少埋土,并将杨某某的脸朝下。王某帅返回后,邵某喜未将杨某某已苏醒的情况告诉王。当日 23 时许,二人将杨某某运至北京市密云县金叵罗村朱家峪南山的土水渠处。邵某喜挖了一个浅坑,并向王某帅称其一人掩埋即可,之后便按与杨某某的事先约定将杨掩埋。王某帅、邵某喜离开后,杨某某爬出土坑获救。经鉴定,杨某某所受损伤为轻伤。

二、争议焦点

本案争议焦点为:被告人邵某喜的故意杀人行为是未遂还是中止？如何理解对共同犯罪在认定犯罪形态时的"部分实行,全部责任"？被告人邵某喜杀人行为的犯罪形态是否应当与另一被告人王某帅一起进行整体评价,从而共同承担故意杀人(未遂)的刑事责任？

三、裁判结果与理由

北京市第二中级人民法院认为:被告人王某帅、邵某喜以非法占有为目的,使用暴力抢劫他人财物,均已构成抢劫罪;二人在结伙抢劫致被害人受伤后,为了灭口共同实施了将被害人掩埋的行为,均已构成故意杀人罪。二人虽然杀人未遂,但王某帅所犯罪行情节严重,社会危害性极大,不足以从轻处罚。考虑到邵某喜在故意杀人过程中的具体作用等情节,对其所犯故意杀人罪酌予从轻处罚。二人均系累犯,应当从重处罚。故判决:被告人王某帅犯故意杀人罪,判处死刑,剥夺政治权利终身;犯抢劫罪,判处无期徒刑,剥夺政治权利终身,并处没收个人全部财产;决定执行死刑,剥夺政治权利终身,并处没收个人全部财产。被告人邵某喜犯故意杀人罪,判处无期徒刑,剥夺政治权利终身;犯抢劫罪,判处有期徒刑15年,剥夺政治权利3年,并处罚金人民币3万元;决定执行无期徒刑,剥夺政治权利终身,并处罚金人民币3万元。

一审宣判后,王某帅不服,提出上诉。北京市高级人民法院经二审审理认为:原审被告人邵某喜的行为构成故意杀人罪的犯罪中止,应对其减轻处罚,故改判邵某喜犯故意杀人罪,判处有期徒刑7年,剥夺政治权利1年,犯抢劫罪,判处有期徒刑15年,剥夺政治权利3年,并处罚金人民币3万元;决定执行有期徒刑20年,剥夺政治权利4年,并处罚金人民币3万元;驳回王某帅的上诉请求,维持原判。

四、案件评析

从本案的审理结果看,法院对两名被告人的抢劫罪的认定没有问题。但在故意杀人罪的认定上,对被告人邵某喜的犯罪形态,一审二审的判决并不相同。一审认定为犯罪未遂,二审则进行了改判,认定为犯罪中止。本书认为,二审的判决是正确的,被告人邵某喜的行为应当被认定为犯罪中止。

犯罪未遂与犯罪中止的区别关键在于,对于最终没有能够达到犯罪既遂的结果,是由于行为人"意志以内"还是"意志以外"的原因所造成的。对于未遂犯而言,行为人主观上是意图达到犯罪结果的。因此,最终犯罪结果没有出现,是违背行为人意志的。对于犯罪中止而言,行为人出于本人意愿,已经完全放弃了犯罪或者有效防止了犯罪结果的发生,因此,犯罪结果没有发生是符合行为人的意志的。也就是说,犯罪未遂的行为人是想让犯罪结果出现的,而犯罪中止的行为人,事实上已经不愿意造成犯罪结果。从对犯罪结果的态度而言,二者是存在显著差别的。

在行为人单独实施的犯罪中,相对而言比较容易区分未遂与中止。但在共同犯罪之中,就复杂一些。这是因为,除了要从每一名共同犯罪人行为的角度进行考虑之外,还要从共同犯罪行为的整体出发,对行为的形态进行综合性评价。

对于共同犯罪的犯罪形态,我国刑法采用的是"共同实行,全部责任"的原则。即所有共同犯罪人,无论其在共同犯罪中的地位与作用如何,都必须对其共同犯罪所造成的结果负责。这是因为,在共同犯罪中,任何一名共同犯罪人的行为都不是孤立的,而是相互配合、相互影响、相互联系,共同形成了一个整体。因此,从因果关系的角度看,最终的犯罪结果是在共同犯罪人的共同行为的作用下而产生的。每一名行为人的行为与犯罪结果之间都存在刑法意义上的因果关系。对于既遂而言,只要其中一名行为人的行为达到了既遂,其他共同犯罪人就都构成犯罪的既遂,也就是"一人既遂,全体既遂"。

然而,我们并不能把"一人既遂,全体既遂"简单地套用到对共同犯罪未遂或者中止等形态的认定之中,从而得出"一人未遂,全体未遂"抑或"一人中止,全体中止"的结论。在共同犯罪没有达到既遂的情况下,需要分析未能达到既遂的原因。因为在共同犯罪中,其他共同犯罪人的"意志以内原因",恰恰就有可能是另一部分共同犯罪人的"意志以外原因",所以不能在共同犯罪未遂的情况下对共同犯罪的犯罪形态进行整体性的概括,而是必须区分不同行为人对未遂的结果的心理态度进行认定。只有在所有的共同犯罪人都出于"意志以外的原因"而未遂时,才能认为所有的行为人共同未遂,共同犯罪的预备也是如此。同理,共同犯罪的中止,也必须是要求所有的共同犯罪人在主观上具有自动性。那么,如果行为人在共同犯罪中对未遂的犯罪结果所持的心理态度并不相同,各自的犯罪形态如何确定呢?

犯罪中止要求具有有效性,这一特性不仅仅表现在行为人停止自己的共同犯罪行为,还必须有效阻止其他共同犯罪人完成犯罪,即阻止其他共同犯罪人的行为达到既遂,同时,实施中止行为的共同犯罪人,其犯罪中止行为的效力,只及于其本身,不及于其他的共同犯罪人。因此,在犯罪未遂的情况下,共同犯罪人之间的故意犯罪形态是有可能不同的。导致一部分犯罪人未能达到既遂的原因,就是另一部分共同犯罪人的中止行为,而这些中止行为,对于那些试图将犯罪行为达到完成形态的共同犯罪人来说,无疑属于"意志以外的原因",因此,完全符合犯罪未遂的特征。

结合到本案,被告人邵某喜由于被害人哀求而产生恻隐之心,主动通过浅埋的方式帮助被害人脱身,使其与另一名被告人王某帅共同实施的故意杀人行为没能达到既遂,其行为符合自动有效防止犯罪结果发生的犯罪中止的条件,应当被认定为犯罪中止。所以,一审判决有误,二审的改判是正确的。

五、相关法律规范

《刑法》第 65 条、第 232 条、第 263 条。

第八章

共同犯罪

第一节 共同犯罪故意的认定

一、基本案情

被告人焦某根、焦某林系同胞兄弟,与家人共同经营管理并不属其家所有的安徽省黄山市黄山区耿城镇城澜村中棚组"小岭洞"山场。1999年前后,焦某林与被害人唐某明通过炒股相识。焦某林为谋取唐某明的房产,伪造了房屋买卖协议书,企图找机会杀害唐某明并凭此协议侵占唐某明的房产。焦某林知道焦某根极力反对村委会将"小岭洞"山场转与他人开发经营,便欲利用焦某根的这一心理谋取唐某明的房产。2008年春节之后,焦某林多次哄骗焦某根,称有人要买"小岭洞"山场,焦某根表示"谁来买山场就干掉谁",焦某林默认。2008年4月9日,焦某林再次对焦某根提及有人要来买山场,焦某根让焦某林将要买山场的人带来。次日7时许,焦某林以"中林国际集团有限公司"要开发"小岭洞"山场为由,约唐某明下班后到城澜村中棚组看山场。同日16时许,焦某林告知焦某根将有一"老板"前来看山场,焦某根仍表示"谁来买山场就干掉谁",并携带柴刀到"小岭洞"山场等候。同日17时许,焦某林带唐某明来到"小岭洞"山场,行至山场一小木棚处时,遇到在此等候的焦某根。焦某林故意与唐某明谈论买山场之事以让焦某根听到。焦某根听见后立即上前辱骂并殴打唐某明,将唐打倒在地后骑在唐的背上,向后猛勒唐的领带,致唐机械性窒息死亡。其间,焦某林假意劝阻焦某根不要殴打唐某明。焦某根恐唐某明未死,又用石头砸唐的背部数下,并用事先准备的钢丝绳套在唐的颈部扎紧,用唐的皮带捆扎唐的双脚。之后,焦某根让焦某林回家取来锄头和铁锹,与焦某林一起将唐某明的尸体驮至附近"封门口"山场的一烧炭洞处,用柴刀将唐某明衣裤割开脱下后烧毁,将尸体放入烧炭洞中掩埋。随后,焦某根、焦某林携带从唐某明身上搜出的手机、钥匙、铂金戒指、水果刀等物品回到家中。

二、争议焦点

本案争议焦点为:(1)以欺骗手段诱使他人产生犯意,并创造犯罪条件的,是否构成共同犯罪?(2)被告人焦某林是否属于间接正犯或者片面共犯?

对于此案,被告人焦某根的辩护律师提出的辩护意见是,焦某根之所以实施杀人行为,是因为被焦某林欺骗,其杀人的动机是为了不让被害人开发经营山场,与焦某林意图侵占被害人房产的动机并不一致,二人之间并没有形成共同犯罪。由于焦某根系被骗充当了焦某林的杀人工具,因此,在共同犯罪中并不是起到主要作用,应当从轻处罚。而被告人焦某林的辩护律师也否认共同犯罪的存在,认为杀人行为系由焦某根所实施,焦某林还曾经劝阻过,因此不应该按照故意杀人罪的共犯追究刑事责任。

三、裁判结果与理由

黄山市中级人民法院认为,焦某根故意非法剥夺他人生命,其行为构成故意杀人罪。关于焦某根的辩护人提出的辩护意见,经查,焦某根明确提出剥夺他人生命,且积极实施杀人行为,明知故意杀人的法律后果而实施犯罪,故该辩护意见不能成立,不予采纳。被告人焦某林为达到谋取他人房产的目的,利用被告人焦某根非法剥夺他人生命,其行为构成故意杀人罪。被害人的死亡是焦某林精心策划所致,亦是其积极追求的结果,其辩护人提出的辩护意见不能成立,不予采纳。

判决如下:一、被告人焦某根犯故意杀人罪,判处死刑,剥夺政治权利终身;二、被告人焦某林犯故意杀人罪,判处死刑,缓期2年执行,剥夺政治权利终身。

一审宣判后,被告人焦某林以没有精心策划杀人等理由提出上诉。安徽省高级人民法院经二审审理,裁定驳回上诉,维持原判,并依法报请最高人民法院核准。最高人民法院经复核认为,第一审判决、第二审裁定认定的事实清楚,证据确实、充分,定罪准确,量刑适当,审判程序合法。裁定核准安徽省高级人民法院维持第一审以故意杀人罪判处被告人焦某林死刑,缓期2年执行,剥夺政治权利终身的刑事裁定。

四、案件评析

本书认为,以欺骗方式诱使他人产生犯意,并为此创造犯罪条件的,即使一方始终不明真相,但最终仍然实施了犯罪行为,构成共同犯罪。被欺骗的一方并不是间接正犯或者片面共犯,而是应当按照共同犯罪追究刑事责任。此案一审、二审以及最高人民法院的复核都是正确的。

首先,犯罪动机的不同不影响共同犯罪的成立。

《刑法》第25条第1款规定:"共同犯罪是指二人以上共同故意犯罪"。因此,要认定共同犯罪,必须要求行为人之间要形成共同的犯罪故意,实施了共同的犯罪行为。共同的犯罪故意,是指各共同犯罪人认识到他们的共同犯罪行为和行为会发生的危害结果,并希望或者放任这种结果发生的心理态度。共同犯罪故意还要求各共犯人主观上相互沟通,彼此联络,都认识到自己不是在孤立地实施犯罪,而是在和他人一起共同实施犯罪行为。因此,共同的犯罪故意,是指犯罪人之间的意思联络,只要行为人之间对其行为及其危害结果持相同的心理态度,并且认识到自己是在和他人共同实施行为,以达到某种结果,就符合共同犯罪的主观特征。至于行为人为什么会形成这种共同的犯罪故意,并不影响共同犯罪的成立。也就是说,是否有共同的犯罪动机,并不是决定共同犯罪是否成立的条件。

所谓犯罪动机,是指刺激和推动行为人实施犯罪行为的内心起因。犯罪动机解决的是犯罪的原因,即行为人为什么实施犯罪行为。但是,犯罪动机对于行为人所实施的行为是否构成犯罪、构成何种犯罪、是否形成共同的犯罪故意,则没有实际意义。因此,判断是否形成共同犯罪关系,在主观上是考量行为人之间是否形成了共同的犯罪故意,而不是考量行为人之间是否存在相同的犯罪动机。

结合本案,被告人焦某林与焦某根在为什么要致被害人于死地这个问题上,二者的出发点是不同的,即双方的犯罪动机存在差异。焦某林的动机是为了非法获取被害人的房产。而焦某根则是在焦某林的欺骗下,出于反对他人经营山场的动机,实施了杀人行为。虽然二者的动机不同,但二人行为的指向目的是相同的,即被害人的生命权利。焦某林欺骗焦某根,怂恿他实施杀人行为的目的,是希望借助他人达到杀死被害人的危害结果。而焦某根虽然受骗,但其杀人行为的目的,也是希望达到被害人死亡这一结果。因此,二者对行为以及行为所产生的结果,在主观上所持的心理态度是一致的,二者具有杀死被害人的共同故意。同时,在客观上,二者也共同实施了杀人行为。虽然焦某林没有具体动手杀人,但是其之所以实施欺骗行为,就是为了达到杀人的目的,并且将被害人骗至案发现场,为焦某根实施杀人行为创造了条件。因此,焦某林与焦某根共同的犯罪行为导致了被害人死亡的结果,二人主观上出于共同的犯罪故意,客观上实施了共同的杀人行为,完全符合共同犯罪的特征。

其次,本案中,焦某林的行为不能认定为间接正犯或者片面共犯。

间接正犯,是指行为人利用无刑事责任能力人实施犯罪行为或者利用欺骗手段,使他人出于意外而造成危害结果。在此种情况下,被欺骗的或者被利用的人,只是行为人的犯罪工具,并没有与行为人形成共同犯罪关系。而在本案中,如前所述,两名被告人之间形成了共同犯罪的关系,因此不成立间接正犯。而片面共犯,是指行为人一方有借助另一方的行为共同造成某种危害结果的故意,但另一方并没有与之形成合意。如前所述,共同犯罪人之间必须形成共同的犯罪故意,即彼此之间有意思联络。而片面共犯之间,并没有形成互相之间的通谋,一般不认为是共同犯罪。

因此,虽然被告人焦某根系被欺骗与被告人焦某林实施了共同的犯罪行为,但并不影响两名被告人之间形成共同犯罪。被告人焦某林虽然没有实施具体的杀人行为,但其与被告人焦某根构成共同犯罪。

五、相关法律规范

《刑法》第25条第1款、第48条第1款、第57条第1款、第232条。

第二节 共同犯罪中的实行过限

一、案情介绍

2001年6月3日晚,被告人郭某林、王某、李某伏和陈某英在上海一家招待所内合谋,欲行抢劫,且王、李各携带一把尖刀。陈某英提出自己认识一名住在光林旅馆的中年男子赵某,身边带有1000多元现金,可对其实施抢劫,其余三人均表示赞成。四名被告人于当晚商定,用陈某英的一张假身份证在另一家旅馆开个房间,然后由陈以同乡想见赵某叙谈为幌子,将赵某诱至旅馆,采用尼龙绳捆绑、封箱胶带封嘴的手段对其实施抢劫。次日上午,郭某林、王某、李某伏和陈某英到位于光林旅馆附近的长城旅馆开了一间房,购买了作案工具尼龙绳和封箱胶带。陈某英按预谋前去找赵某,其余三人留在房间内等候。稍后,赵某随陈某英来到长城旅馆房间,王某即掏出尖刀威胁赵某,不许赵某反抗,李某伏、郭某林分别对赵某进行捆绑、封嘴,从赵某身上劫得人民币50元和一块光林旅馆财物寄存牌。接着,李某伏和陈某英持该寄存牌前往光林旅馆取财,郭某林、王某则负责留在现场看管赵某。李、陈离开后,赵某挣脱了捆绑欲逃跑,被郭、王发觉,郭立即抱住赵某,王则取出尖刀朝赵某的胸部等处连刺数刀,继而郭接过王的尖刀也刺赵某数刀。赵某被制服并再次被捆绑住。李、陈因没有赵的身份证而取财不成返回长城旅馆,得知了赵某被刺伤的情况,随即拿了赵的身份证,再次前去光林旅馆取财,但仍未得逞。四名被告人遂一起逃逸。赵某因大量失血死亡。此外,被告人郭某林、王某和李某伏还结伙流窜,持刀抢劫4次,劫得人民币2000余元和手机、照相机、传真机等财物。

被告人郭某林、王某均辩称持刀行凶系对方所为,自己并未参与。郭某林的辩护人提出,郭被公安机关盘问后,供述了犯罪事实,属于自首,应予从轻处罚;王某的辩护人提出,王某已如实供述了抢劫的事实,行凶只是抢劫的手段而已,王否认行凶不影响自首的成立,建议考虑王主动交代的态度,酌情从轻处罚。

被告人陈某英辩称其未实施捆绑、封嘴等行为;被告人李某伏对指控的事实不持异议。两被告人的辩护人均提出,李、陈事先未预谋杀人,抢劫中也未在现场实施杀人行为,故对被害人的死亡后果不应承担责任。

二、争议焦点

本案争议焦点为:如何认定共同犯罪中的实行过限行为?

在共同犯罪的认定方面,本案在审理过程中,对被告人郭某林、王某持刀杀害被害人,承担抢劫致人死亡的罪责无异议。但对被告人李某伏、陈某英是否也要承担致人死亡的刑事责任,存在两种不同意见:第一种意见认为,李某伏、陈某英不应承担致人死亡的责任。四名被告人仅仅是共同预谋采用较为轻微的暴力控制被害人,劫取被害人的财物,最后出现被害人死亡的后果,是超出四名被告人预谋范围的。郭某林、王某持刀对被害人行凶的行为,超出了共同故意范围,是实行过限,应由实行者自己承担相应的刑事责任。而李某伏、陈某英对发生被害人死亡的后果,主观上无罪过,客观上也没有实施加害行为,且人不在现场,所以不应对他人的过限行为造成的加重结果承担责任。第二种意见认为,郭某林、王某持刀加害被害人并不超出李某伏、陈某英的认识范围,不构成实行过限;李某伏、陈某英对本案发生致人死亡的结果具有过失,故应该承担抢劫致人死亡的责任,但在量刑上应有所区别。

三、裁判结果与理由

上海市第二中级人民法院认为:被告人郭某林、王某、李某伏和陈某英结伙采用持刀行凶、绳索捆绑和胶带封嘴等手段,多次强行劫取财物,并致1人死亡,其行为均构成抢劫罪。被告人郭某林、王某持刀加害被害人的事实,有郭、王两人的相互指证,还有陈某英、李某伏的间接印证,王某也曾多次供认自己实施了加害行为,故应认定郭、王两人共同对被害人实施了加害行为。郭某林在公安机关第一次盘问时,未如实供述抢劫事实,在同案犯已经供述之后,郭仍未供认其持刀行凶的事实,故不符合自首条件。王某在抢劫过程中持刀加害被害人的事实,是杀人抢劫的主要事实,王当庭否认,依法不能认定为自首。陈某英、李某伏对郭某林、王某两人为制止被害人反抗、脱逃而持刀行凶应有预见,故应承担抢劫致人死亡的罪责。陈某英因形迹可疑被公安机关盘问后,即如实供述了罪行,可认定为自首。

判决如下:

1. 被告人郭某林犯抢劫罪,判处死刑,剥夺政治权利终身,并处没收财产人民币5万元。

2. 被告人王某犯抢劫罪,判处死刑,剥夺政治权利终身,并处没收财产人民币5万元。

3. 被告人李某伏犯抢劫罪,判处有期徒刑15年,剥夺政治权利5年,并处罚金人民币2万元。

4. 被告人陈某英犯抢劫罪,判处有期徒刑11年,剥夺政治权利3年,并处罚金人民币1万元。

5. 犯罪工具单刃折叠尖刀两把及尼龙绳等予以没收,违法所得予以追缴。

一审宣判后,被告人郭某林、王某不服,向上海市高级人民法院提出上诉。被告人郭某林上诉称其未持刀加害被害人;王某上诉称其有自首和立功的情节。被告人陈某英、李某伏服判,未上诉。

上海市高级人民法院经审理,裁定驳回上诉,维持原判。

四、案件评析

本书认为,前述第二种意见是正确的,被告人李某伏、陈某英的行为并非共同犯罪中实行过限,应当对致人死亡的加重结果承担刑事责任。

所谓共同犯罪,是指两人以上共同故意犯罪。其中,共同的犯罪故意,是指各共同犯罪人认识到他们的共同犯罪行为和行为会发生的危害结果,并希望或者放任这种结果发生的心理态度。共同犯罪的故意还要求各共犯人主观上相互沟通,彼此联络,都认识到自己不是在孤立地实施犯罪,而是在和他人一起共同实施犯罪行为。实行过限，是指超出了共同犯罪故意而实施的行为。由于超出了共同的犯罪故意，实施了实行过限行为的行为人，是基于自己独立产生的犯罪故意而实施了游离于共同犯罪之外的行为，因此，过限行为与共同犯罪行为成为两个分别独立存在的犯罪行为，由于过限行为而产生的犯罪结果，并不是共同的犯罪结果，未参与实施过限行为的其他共同犯罪人，不对超出了共同犯罪故意的行为及其所造成的结果承担刑事责任。对于行为人的行为是否属于实行过限，应当从以下几个方面予以认定：首先，实行过限行为在主观上必须是超出了共同犯罪故意内容的行为，但是，如果其中一名行为人临时起意，行为超出了预谋的范围，其他行为人未加阻止或者事先就有所预料，主观上持一种实际认可的心理态度，其他行为人也应承担刑事责任。其次，实行过限行为在客观上必须是独立于共同的犯罪行为之外的行为。最后，由于共同的犯罪行为而过失造成的结果，不属于实行过限。

对于抢劫犯罪而言，由于抢劫的暴力方式致人重伤或者死亡的结果并不是一个独立的伤害或者杀人行为所造成的结果，而是被认定为抢劫犯罪的加重结果。也就是说，行为人出于劫财的故意而实施的故意或者过失侵害人身安全，造成被害人重伤或者死亡的结果，并不作独立的刑法评价，只是抢劫犯罪的一个量刑情节，因此，不属于实行过限。在本案中，被告人李某伏、陈某英与另外两名被告人郭某林、王某共谋通过使用暴力方式抢劫被害人财物，并且实施了抢劫行为，四人形成了共同的抢劫犯罪。虽然李、陈二人并未直接实施导致被害人死亡的暴力行为，但郭、王二人手持凶器，并以此对被害人进行威胁时，李、陈二人是在场的，因此，被害人最终被害的结果，并没有超出他们事先共同犯罪的故意范围。所以，李、陈两名被告人的行为不属于实行过限，法院的判决是正确的。

五、相关法律规范

1.《刑法》第 25 条第 1 款、第 55 条第 1 款、第 56 条第 1 款、第 57 条第 1 款、第 64 条、第 67 条第 1 款、第 263 条第 4 项和第 5 项。

2.《最高人民法院关于处理自首和立功具体应用法律若干问题的解释》第 1 条第 1 项。

第三节　教唆犯的中止形态的认定

一、案情介绍

2000年6月初,刘某标(另案处理)被免去珠海市建安集团总经理职务及法人代表资格后,该总经理职务由珠海市兴城控股有限公司董事长朱某周兼任。同年6月上旬,被告人黄某保找到刘某标商量,提出找人利用女色教训朱某周。随后,黄某保找到被告人洪某,商定由洪某负责具体实施。洪某提出要人民币4万元的报酬,先付2万元,事成后再付2万元。黄某保与刘某标商量后,决定由刘某标利用其任建源公司董事长的职务便利,先从公司挪用这笔钱。同年6月8日,刘某标写了一张人民币2万元的借据。次日,黄某保凭该借据到建源公司财务处开具了现金支票,并到深圳发展银行珠海支行康宁分理处支取了人民币2万元,分两次支付给了洪某。洪某收钱后,即着手寻觅机会利用女色来引诱朱某周,但未能成功。于是,洪某打电话给黄某保,提出不如改为找人打朱某周一顿,黄某保表示同意。之后,洪某以人民币1万元雇用被告人林某明去砍伤朱某周。后黄某保因害怕打伤朱某周可能会造成的法律后果,又于7月初两次打电话给洪某,明确要求洪某取消殴打朱某周的计划,同时商定先期支付的2万元冲抵黄某保欠洪某所开饭店的餐费。但洪某应承后却并未及时通知林某明停止伤人计划。林某明在找来被告人谢某中、庞某才、林某宁后,准备了两把菜刀,于7月24日晚,一起潜入朱某周住处楼下,等候朱某周开车回家。晚上9点50分左右,朱某周驾车回来。谢某中趁朱某周在住宅楼下开信箱之际,持菜刀朝朱某周的背部连砍2刀,臀部砍了1刀,庞某才则用菜刀往朱某周的前额面部砍了1刀,将朱某周砍致重伤。事后,洪某向黄某保索要未付的人民币2万元。7月25日,黄某保通过刘某标从建源公司再次借出人民币2万元交给洪某。洪某将其中的1万元交给林某明作报酬,林某明分给谢某中、庞某才、林某宁共4500元,余款自己占有。

被告人黄某保辩称其本人没有参与打人,不构成故意伤害罪。其辩护人辩称,黄某保在犯罪预备阶段已自动放弃犯罪,是犯罪中止,应当免予刑事处罚。被告人洪某及其辩护人辩称,洪某在本案中仅起联络作用,不应承担主要刑事责任。

二、争议焦点

本案争议焦点为:如何认定教唆犯的犯罪中止?

对本案中被告人黄某保的行为是否应认定为犯罪中止,存在两种意见:

一种意见认为,被告人黄某保符合刑法有关犯罪中止的规定,主观上已自动放弃了犯罪故意,客观上已两次通知洪某取消实施伤害计划,并已就先期支付的费用作出处分。被告人洪某在接到黄某保取消伤害计划通知后,未能按黄某保的意思采取有效措施,阻止他人继续实施犯罪,致伤害结果发生。该行为后果不应由被告人黄某保承担。

另一种意见认为,评价被告人黄某保上述主观故意的变化及其两次通知洪某取消实施伤害计划的行为构不构成犯罪中止,应从本案的全过程及被告人黄某保在本案中的作用来看。教唆犯的犯罪中止与单个人的犯罪中止有所不同。雇佣犯罪人(教唆犯)黄某保虽然本人确已放弃犯罪意图,并在被雇佣人实施犯罪之前,已明确通知自己的"下家"停止伤害活动,但其上述行为未能有效地阻止其他被告人继续实施犯罪,以致其教唆的犯罪结果发生。因此,不能仅从黄某保单个人的行为就认定其是犯罪中止,应考虑到其作为教唆犯的身份及其在案件发生、发展中的地位和作用。

三、裁判结果与理由

珠海市香洲区人民法院经审理后认为:被告人黄某保、洪某、林某明、谢某中、庞某才、林某宁共同故意伤害他人身体,致人重伤,其行为均已构成故意伤害罪。公诉机关指控被告人黄某保、洪某、林某明、谢某中、庞某才、林某宁犯故意伤害罪,事实清楚,证据确实、充分,应予支持。被告人黄某保为帮人泄私愤,雇用被告人洪某组织实施伤害犯罪,虽然其最终已打消犯意,但未能采取有效手段阻止其他被告人实施犯罪,导致犯罪结果发生。考虑到黄某保在共同犯罪中的教唆地位和作用,其单个人放弃犯意的行为不能认定为犯罪中止,故对其辩解及其辩护人的辩护意见不予采纳。被告人洪某在共同故意犯罪中掌握着佣金的收取和分配,负责组织他人实施犯罪,起承上启下的纽带作用,并非一般的联系环节,因此,对其辩解及其辩护人的辩护意见亦不予采纳。

判决如下:
1. 被告人黄某保犯故意伤害罪,判处有期徒刑 3 年。
2. 被告人洪某犯故意伤害罪,判处有期徒刑 5 年。
3. 被告人林某明犯故意伤害罪,判处有期徒刑 4 年。
4. 被告人谢某中犯故意伤害罪,判处有期徒刑 4 年。
5. 被告人庞某才犯故意伤害罪,判处有期徒刑 4 年。
6. 被告人林某宁犯故意伤害罪,判处有期徒刑 3 年。

四、案件评析

本书认为,前述第二种意见是正确的,被告人黄某保的行为不构成犯罪中止,应以故意伤害罪(既遂)追究刑事责任。

所谓犯罪中止,是指行为人在犯罪过程中自动放弃犯罪或者自动有效地防止犯罪结果发生的故意犯罪形态。犯罪中止形态具有两种不同的类型,即自动放弃的犯罪中止和自动有效地防止犯罪结果发生的犯罪中止。因此,要成立犯罪中止,必须满足以下三个特征:(1)时段性。犯罪中止必须存在于犯罪行为准备或者实施的过程中,或者在行为实施完毕但犯罪结果产生之前。(2)自动性。行为人出于本人意愿,主动放弃犯罪或者防止犯罪结果的发生。至于行为人出于何种动机中止犯罪,不影响犯罪中止的成立。(3)彻底性或者有效性。行为人必须彻底放弃犯罪,而不是暂停犯罪行为,日后继续实施。或者行为人必须采取措施有效地防止犯罪结果的发生。因此,无论是放弃犯罪还是防止犯罪结果发生,这两种犯罪中止的一个共同特点就是,刑法所规定的相关犯罪的犯罪结果因行为人的犯罪中止而没有产生。

对于共同犯罪而言,由于共同犯罪是由各行为人基于共同的犯罪故意而形成的相互联络、相互影响的一个整体行为,因此,是否构成犯罪中止,就不能单纯从行为人自身的行为进行分析,而必须从实施共同犯罪的数名行为人之间所形成的整体行为来进行判断,尤其是教唆犯的中止,更为复杂。在因教唆而形成的共同犯罪中,教唆行为要构成犯罪中止,必须具备以下条件:首先,要明确向其他共同犯罪人表达放弃犯罪的意图,这就在一定程度上阻断了教唆犯和其他共同犯罪人之间的共同犯罪的故意。其次,要采取积极行为消除教唆行为对其他共同犯罪人的影响。如果行为人虽然采取了一定的措施,但其共同犯罪的故意并没有完全消除,犯罪结果仍然产生,而且其教唆行为对最终犯罪结果的产生造成了影响,那么就不能被认定为犯罪中止。

结合本案,被告人黄某保先利用金钱授意洪某用女色教训被害人,在没有成功的情况下,同意了洪某提出的找人殴打被害人的主张。虽然伤害的故意是洪某提出的,但取得了黄某保的同意,结合黄某保先前的出资雇佣行为,这一伤害的故意是先前教训被害人故意的延续,因此,其教唆行为成立,黄某保构成教唆犯。同时,洪某向黄某保表示,要"找人打朱某周一顿",因此,黄某保主观上知道除了洪某之外,还有其他共同犯罪人的存在。后黄某保虽然明确向洪某表示,要求取消犯罪行动,但并未采取措施使其他共同犯罪人放弃共同犯罪行为,导致犯罪结果最终发生。因此,其他行为人的行为仍然是基于黄某保的教唆行为而实施的,黄某保与其他被告人的行为构成故意伤害罪(既遂)。当然,黄某保要求他人停止犯罪的行为,可以在最终量刑时作为一个酌定情节予以考量。因此,法院认为黄某保不构成犯罪中止的判决是正确的。

五、相关法律规范

《刑法》第 36 条、第 65 条、第 69 条、第 234 条、第 272 条第 1 款。

第九章

罪数形态和刑罚消灭制度

第一节 牵连犯的认定

一、案情介绍

2003年4月5日晚,被告人宋某亮在上海市普陀区武宁路某停车场内,让人将12箱西兰花放在停放于停车场内的彭某彬的汽车上,欲以每箱60元的价格强行卖给开车到曹安市场购买蔬菜的彭某彬。在遭到彭某彬的拒绝后,宋某亮即打电话给被告人陈某永,陈某永随即到达上述地点。陈某永首先上前朝彭某彬的胸部猛踢一脚,随后宋某亮、陈某永和"二旦"(在逃)三人一起殴打彭某彬。当彭某彬逃到自己的货车旁准备装货离开时,陈某永、宋某亮、"二旦"追上来,宋某亮上前用手抓住彭某彬并将其拖至两车过道中,继续向其索要以上货物的货款。彭某彬再次拒绝后,陈某永又拳打彭,彭用拳还击,陈随即掏出水果刀朝彭的腹部、左肩背部、左臀部连刺四刀。之后宋某亮、陈某永和"二旦"三人逃离现场。经司法鉴定,彭某彬降结肠破裂、腹壁下动脉破裂、腹腔积血,构成重伤。

二、争议焦点

本案争议焦点为：被告人陈某永的行为构成何种犯罪？

对此存在着两种不同的意见。一种意见认为，被告人陈某永的行为构成强迫交易罪。理由是：根据《刑法》第 226 条的规定，使用暴力、威胁手段强买强卖商品，情节严重的，构成强迫交易罪。因此，陈某永使用暴力致被害人受重伤，原本就是强迫交易罪中的暴力手段，应当把暴力手段和强迫他人购买商品的行为看成一个完整的行为，而不能分别独立评价。以暴力方式进行强迫交易，应当以强迫交易罪追究刑事责任。第二种意见认为，被告人陈某永的行为构成故意伤害罪。理由是：被告人陈某永所实施的暴力行为是其强迫交易的手段，这一手段本身已经构成了故意伤害罪。陈某永在实施强迫交易的犯罪过程中，其所使用的犯罪方法又构成故意伤害罪，符合牵连犯的特征，应当认定为牵连犯。根据牵连犯择一重罪处罚的处断原则，应按照故意伤害罪定罪量刑。

三、裁判结果与理由

上海市普陀区人民法院审理后认为：被告人宋某亮采用暴力、威胁的方法强迫他人购买其商品，情节严重，其行为已构成强迫交易罪，依法应予处罚。被告人陈某永在参与强迫交易活动的过程中用刀刺伤彭某彬，并造成彭重伤的后果，其行为已构成故意伤害罪。

判决如下：

1. 被告人宋某亮犯强迫交易罪，判处有期徒刑 1 年 6 个月，并处罚金人民币 1000 元。
2. 被告人陈某永犯故意伤害罪，判处有期徒刑 4 年。

一审宣判后，被告人宋某亮、陈某永没有上诉。判决已发生法律效力。

四、案件评析

在本案中，对于被告人宋某亮构成强迫交易罪没有异议，产生分歧的关键在于：对于被告人陈某永的行为，究竟是按照强迫交易罪进行整体性评价，还是认为存在手段行为与目的行为两个犯罪行为,按照牵连犯来追究刑事责任?本书认为,法院最终的判决是正确的,被告人陈某永的行为应当按照牵连犯的处断原则,择一重罪处理,以故意伤害罪定罪量刑。

牵连犯,是指以实施某一犯罪为目的,其方法行为或者结果行为又触犯其他罪名的犯罪形态。要判断是否构成牵连犯,需从以下几个方面进行考量:

第一,牵连犯出于一个犯罪目的。这一行为被称为目的行为,也就是牵连犯的本罪。而为了实现这一目的所实施的犯罪方法,或者基于这一目的所引起的另一个结果行为,称为牵连犯的他罪。本罪与他罪之间相互关联。如果行为人出于数个犯罪目的而实施数个犯罪行为,那就不存在牵连关系,而是要区分具体的情形,认定为一罪或进行数罪并罚。

第二,牵连犯必须实施了数个犯罪行为。作为牵连犯,有两种牵连方式。一种是方法行为与目的行为之间的牵连,一种是目的行为与结果行为之间的牵连。需要明确的是,这里所说的是方法行为、结果行为,而不是方法和结果。方法和结果并不是独立的行为,它们和犯罪行为是一个整体,但方法行为和目的行为则分别是两种行为,它们和本罪一起,形成了数个犯罪行为。方法行为,是指为了使本罪能够顺利实施而采用的方法。如为了顺利实施诈骗犯罪而伪造身份证件。其中,伪造身份证件的目的并不是为了伪造证件,而是为了诈骗。在这里,诈骗这一目的行为就是本罪,伪造证件就是诈骗这一目的行为的方法行为。再如,行为人盗窃了他人一只提包,后发现包内有一支军用手枪,于是将手枪藏匿。行为人非法持有枪支的行为就是盗窃他人提包这一目的行为引起的结果行为。无论是方法行为还是结果行为,都是行为人所独立实施的行为,与目的行为一起,形成了数个犯罪行为。

第三,牵连犯的数个行为之间必须存在牵连关系。所谓牵连关系,即行为人所实施的数个行为之间,存在着内在的联系。一行为为另一行为的方法,或者一行为为另一行为所造成的结果,且行为人在实施这些行为时,主观上具有牵连的意图。如诈骗和伪造证件之间形成牵连关系的两种行为,都在行为人主观意志的范围内,即行为人是为了实施诈骗而故意伪造证件。

第四,牵连犯的数个行为必须触犯不同的罪名。如果实施了数个犯罪,其方法行为或者结果行为并没有触犯其他罪名,而是和目的行为触犯同一罪名,则不构成牵连犯。

对于牵连犯的处断原则是:刑法有规定的,按照刑法的规定定罪量刑。刑法没有规定的,择一重罪处罚。因此,牵连犯并不意味着必须要按照一罪处理,而是要根据刑法的规定来进行选择。在刑法有规定的情况下,即使数个犯罪行为之间形成了牵连关系,也不按照一罪进行处断,而是进行数罪并罚。例如,根据《刑法》第 198 条第 2 款规定,投保人、受益人故意造成被保险人死亡、骗取保险金的,就同时构成了保险诈骗罪与故意杀人罪。在这里,杀人并非行为的目的,只是行为的方法,而其杀人行为的目的,是通过这一行为骗取保险金,因此,故意杀人行为与保险诈骗行为之间存在牵连关系。但是,按照刑法的规定,对于这种情况,需要进行数罪并罚。

结合到本案,强迫交易是以暴力或者威胁手段实施的,因此,使用暴力就成为强迫交易罪的方法行为之一。被告人陈某永为了强迫他人购买蔬菜,对被害人实施暴力。从暴力行为的强度以及造成的结果来看,这一行为触犯了故意伤害罪。而强迫他人购买蔬菜,从中获取非法利益,又是被告人使用暴力行为的目的,这一目的的行为也触犯了强迫交易罪。也就是说,被告人在实施强迫交易的犯罪行为的过程中,为了实现其目的,又将故意伤害行为作为其强迫交易的方法,因此,符合方法行为与目的行为之间的牵连犯的特征,其行为构成牵连犯。而对于故意伤害罪与强迫交易罪之间的牵连关系,刑法并没有作出特别规定,因此,还是应当按照一罪处理,即择一重罪处罚。在 2011 年《刑法修正案(八)》对强迫交易罪进行修改之前,强迫交易罪的法定最高刑为 3 年有期徒刑,而故意伤害罪(重伤)的法定最高刑为 10 年有期徒刑,二者相比较,按照故意伤害罪定罪量刑明显重于按照强迫交易罪,因此按照择一重罪处罚的处断原则,对被告人陈某永应当以故意伤害罪追究刑事责任。

五、相关法律规范

《刑法》第 25 条第 1 款、第 226 条、第 234 条第 2 款。

第二节 如何理解核准追诉之"必须追诉"

一、案情介绍[①]

犯罪嫌疑人马某龙,男,1970年生,吉林省公主岭市人。1989年5月19日下午,犯罪嫌疑人马某龙、许某刚、曹某波(后二人另案处理,均已判刑)预谋到吉林省公主岭市苇子沟街某村李某振家抢劫,并准备了面罩、匕首等作案工具。5月20日零时许,三人蒙面持刀进入被害人李某振家大院,将屋门玻璃撬开后拉开门锁进入李某振卧室。马某龙、许某刚、曹某波分别持刀挟持住李某振及其妻子王某,并强迫二人拿钱。李某振和王某喊救命,曹某波、许某刚随即逃离。马某龙在逃离时被李某振拉住,遂持刀在李某振身上乱捅,随后逃脱。曹某波、许某刚、马某龙会合后将抢得的现金380余元分掉。李某振被送往医院后抢救无效死亡。

案发后,马某龙逃往黑龙江省七台河市打工。公安机关没有立案,也未对马某龙采取强制措施。2014年3月10日,吉林省公主岭市公安局接到黑龙江省七台河市桃山区桃山街派出所移交案件:当地民警在对辖区内一名叫"李红"的居民进行盘查时,"李红"交代其真实姓名为马某龙,1989年5月伙同他人闯入李某振家抢劫,并将李某振用刀扎死后逃跑。当日,公主岭市公安局对马某龙立案侦查。3月18日,公主岭市人民检察院层报最高人民检察院核准追诉。

公主岭市人民检察院、四平市人民检察院、吉林省人民检察院对案件进行审查并开展了必要的调查。2014年4月8日,吉林省人民检察院报最高人民检察院对马某龙核准追诉。

二、争议焦点

本案争议焦点为:是否应核准对犯罪嫌疑人马某龙追诉?

---

① 最高人民检察院第六批指导性案例:马世龙(抢劫)核准追诉案(检例第20号)。

对此，主要有两种不同观点：

一是认定不应当核准。该观点认为，马某龙自犯罪至案发时长达 25 年，早已经超过 20 年的追诉时效。马某龙实施的只是普通的故意杀人，且犯罪后正常生活，并未实施新的违法犯罪行为，因而不属于"必须追诉"的案件。

二是认定应当核准。理由在于：马某龙自犯罪至案发虽然早已经超过 20 年的追诉时效，但正因超过才需要核准追诉。马某龙实施的并非普通的故意杀人，而是入户抢劫杀人，性质极其恶劣，影响十分严重。另外，司法机关还查明，案发后，被害人妻子王某和儿子因案发时受到惊吓患上精神病，靠捡破烂为生，生活非常困难，王某强烈要求追究马某龙刑事责任。同时，案发地群众表示，李某振被抢劫杀害一案在当地造成很大恐慌，影响至今没有消除，对犯罪嫌疑人应当追究刑事责任。

三、裁判结果与理由

最高人民检察院依据 1979 年《刑法》第 76 条第 4 项规定，决定对犯罪嫌疑人马某龙核准追诉。主要理由在于：犯罪嫌疑人马某龙伙同他人入室抢劫，造成一人死亡的严重后果，依据 1997 年《刑法》第 12 条、1979 年《刑法》第 150 条规定，应当适用的法定量刑幅度的最高刑为死刑。本案对被害人家庭和亲属造成严重伤害，在案发当地造成恶劣影响，虽然已经超过 20 年追诉期限，但被害方以及案发地群众反映强烈，社会影响没有消失，不追诉可能严重影响社会稳定或者产生其他严重后果。

2014 年 6 月 26 日，最高人民检察院作出对马某龙核准追诉决定。2014 年 11 月 5 日，吉林省四平市中级人民法院以马某龙犯抢劫罪，同时考虑其具有自首情节，判处其有期徒刑 15 年，并处罚金 1000 元。被告人马某龙未上诉，检察机关未抗诉，一审判决生效。

四、案件评析

（一）"必须追诉"的学理分析

1. "必须追诉"的判断依据

对于如何理解"必须追诉"，学界存在分歧，大体可分为主观说和客观说。主观说从认识主体出发,主张司法机关的主观认识是决定"必须追诉"的核心要素。"必须追诉是指虽然已经完成追诉时效期限,但是司法机关认为该罪的恶劣影响依然存在,犯罪人的人身危险性依然较大,犯罪行为对社会正常秩序所造成的冲击与破坏依然未得到恢复等。"①客观说则立足于客观事实来判断"必须追诉"。"特别是对于法定最高刑为无期徒刑、死刑的犯罪,即使已经过了20年追诉期限,但如果从性质、情节、后果等方面综合考虑,认为仍有追诉必要的,还可以通过报请最高人民检察院核准继续对其追诉。"②通说主张客观说,只是并不限于犯罪事实本身,还包括行为人的再犯危险性以及犯罪造成的社会影响。"'认为必须追诉的'犯罪,应限于那些罪行特别严重,行为人的再犯可能性特别大,所造成的社会影响极大、经过20年以后仍没有被社会遗忘的一些重大犯罪。"③

通说不仅考虑了犯罪事实,还考虑了犯罪后"人"的因素,相对来说较为全面。据此,"必须追诉"的判断依据主要有三:一是犯罪事实,包括客观事实和主观事实;二是犯罪后行为人的再犯危险性;三是犯罪后所产生的社会影响。其中,犯罪事实存在于行为时,再犯危险性所要考评的是犯罪至核准追诉时的整个时间段内行为人的人身危险性,犯罪后所产生的社会影响则主要指核准追诉时犯罪所具有的社会影响。

2."必须追诉"的判断方法

在司法实践中,报请核准追诉的案件通常属于暴力重刑犯罪,对其是否核准主要有两种不同意见:一是认为应以核准追诉为原则,不核准追诉为例外;二是认为应以不核准追诉为原则,核准追诉为例外。后一种观点为多数说,因为其充分考虑了刑事司法实践的局限,有利于维护刑事法律的权威和尊严以及社会秩序的稳定。④ 另外,如果以核准追诉为原则,就意味着只要报请核准原则上就核准,这将变相使得法定最高刑为无期徒刑、死刑的案件的追诉时效形同虚设,违

---

① 贾凌、于志刚:《论追诉时效超期适用制度》,载《现代法学》2000年第6期。
② 郭洪平、徐日丹:《打击犯罪保障人权,依法准确适用核准追诉制度》,载《检察日报》2015年7月10日第003版。
③ 高铭暄、马克昌主编:《刑法学》(第七版),北京大学出版社、高等教育出版社2016年版,第304—305页。
④ 参见史卫忠等:《核准追诉中的若干实务问题考察》,载《人民检察》2016年第10期。

背立法本意。如果以不核准追诉为原则,那么对于报请核准的一般性暴力重刑案件,就应当原则上不核准追诉;以核准追诉为例外,表明只有较一般性暴力重刑案件更重的案件,才能例外地核准。

为了厘清不核准追诉与核准追诉案件的具体范畴,本书将一般意义上的社会危害性、再犯危险性以及不良社会影响的因素称为中性评价因子,将减轻犯罪的社会危害性、再犯危险性以及不良社会影响的因素称为正向评价因子,将加重犯罪的社会危害性、再犯危险性以及不良社会影响的因素称为负向评价因子。据此,不属于"必须追诉"的案件包括三类:一是无正向评价因子与负向评价因子,只存在中性评价因子的一般暴力重刑犯罪;二是正向评价因子与负向评价因子之价值相当的犯罪;三是正向评价因子较负向评价因子价值加功更大的暴力重刑犯罪;四是只存在正向评价因子的暴力重刑犯罪。属于"必须追诉"的案件有两类:一是只存在负向评价因子的暴力重刑犯罪;二是负向评价因子较正向评价因子价值加功更大的暴力重刑犯罪。在具体评价时,需要综合不同评价因子加以价值判断。

一般来说,中性评价因子具体包括各种常规性、一般性犯罪情节,主要是指常规性、一般性的行为方式、行为结果、行为对象、犯罪时间、犯罪地点以及犯罪动机等。正向评价因子主要指较常规性、一般性犯罪情节要轻微的各种情节,如致一人死亡乃适用死刑的一般性情节,那么致人重伤就属于正向评价因子。负向评价因子主要指较常规性、一般性的犯罪情节要严重的各种情节,如致一人死亡乃适用死刑的一般性情节,那么一死一伤或者二人死亡等就属于负向评价因子。对于再犯人身危险性来说,中性评价因子主要是指普通犯罪人犯罪后的常规性、一般性表现,如隐姓埋名正常工作、生活和学习等。正向评价因子则为犯罪后悔过自新,积极、主动地做有益于国家、社会和他人的事情,等等。负向评价因子则指犯罪后不思悔改,继续从事有害于国家、社会和他人的违法犯罪行为。对于社会影响,中性评价因子主要指暴力重刑犯罪所具有的一般性社会影响,正向评价因子是指核准追诉时不良社会影响消失或者显著减少,负向评价因子是指核准追诉时不良社会影响更大。

(二)马某龙犯罪属于"必须追诉"的范畴

以上文关于正向评价因子、中性评价因子和负向评价因子的分类为据,马某龙抢劫案无正向评价因子,负向评价因子为:携带管制刀具入户;被害人妻儿患病,生活极困难;严重影响人民群众安全感以及被害方、群众强烈要求。需要注意的是,致1人死亡不能认定为负向评价因子,因为抢劫判处死刑,致1人死亡属于常态性危害因素,即一般性暴力重刑案件的结果,不应再次给予负向评价。因此,尽管案发已经长达25年,但因属于判处无期徒刑、死刑的案件,且马某龙抢劫又属于"必须追诉"的情形,可以上报最高人民检察院核准追诉。从核准结果来看,也说明本案确实属于"必须追诉"的情形。

(三)对裁判的合法性、正当性和合理性的评判

对故意杀人、抢劫、强奸、绑架、爆炸等严重危害社会治安的犯罪,经过20年追诉期限,仍然严重影响人民群众安全感,被害方、案发地群众、基层组织等强烈要求追究犯罪嫌疑人刑事责任,不追诉可能影响社会稳定或者产生其他严重后果的,对犯罪嫌疑人应当追诉。作为指导性案例,最高人民检察院对马某龙抢劫案核准追诉,无疑是合法、正当、合理的。本案将有助于各级司法机关正确理解法律和司法解释关于核准追诉条件的有关规定,准确把握办理核准追诉案件的具体要求,提高办理此类案件的质量和水平。

五、相关法律规范

1. 1997年《刑法》第23条、第263条。
2. 1979年《刑法》第22条、第76条、第134条、第150条。

第十章
Chapter 10

危害公共安全罪

第一节 公交车行驶过程中，驾驶员同乘客的互殴行为如何定性[①]

一、案情介绍

2018年1月24日17时许，被告人张某文驾驶508路公交车从重庆市綦江区世纪花城出发，沿210国道前行，车上搭载40余名乘客。当车行驶至綦江区三江街道黄荆村路段时，张某文因避让同向行驶的车辆往左打方向盘，车上乘客被告人冯某平因感觉颠簸，与张某文发生争吵，二人对骂。后张某文将车辆停靠路边，与冯某平发生厮打，车上乘客将二人劝开。张某文继续驾驶车辆。行驶中，张某文和冯某平不顾行车安全，又开始对骂，且发生厮打，致使公交车失控，撞到横跨渝黔高速210国道线三江雷神殿大桥的护栏上，造成大桥护栏及公交车受损的事故，产生维护修复费用3000余元。事故发生后，张某文和冯某平继续厮打。后张某文打开车门让乘客下车，冯某平也离开现场。

[①] 参见中华人民共和国最高人民法院刑事审判第一、二、三、四、五庭主办：《刑事审判参考(第117期)》，第1283号案例，法律出版社2019年版。

2018年1月25日,被告人张某文、冯某平经公安机关电话通知后到案,均如实供述上述事实。二人积极赔偿了公交车撞击大桥护栏造成的损失3000余元。

二、争议焦点

公交车驾驶员在驾车行驶过程中与乘客相互厮打、危害公共安全的行为应当如何定性?

在《刑法修正案(十一)》实施前与实施后,该行为具有不同的定性空间。本案审理与判决发生在《刑法修正案(十一)》实施前,根据当时的法律,存在的争议主要集中于行为人的主观罪过形态。

第一种意见认为,被告人张某文、冯某平属于过失心理,无罪。主要理由:本案属于驾驶人员与乘客违反交通运输法律法规,致使公交车失控,撞到大桥护栏上,造成大桥护栏及公交车受损事故的情形。张某文、冯某平系过失罪过心理,行为性质属交通肇事,没有发生"致人重伤、死亡或者使公私财产遭受重大损失"的后果,依法不能认定为犯罪。

第二种意见认为,被告人张某文和冯某平构成过失以危险方法危害公共安全罪。首先,从二被告人的主观心态来看,公交车驾驶员张某文在与乘客厮打时,对于可能发生的危害后果持过于自信的主观心态。其最初同冯某平发生争吵后将车停下再厮打的事实,可以从反面证明张某文对于可能发生的危害后果持否定态度。冯某平是在驾驶员张某文先动手的情况下进行厮打,系瞬间作出的应激反应,难以认定其对危害后果的发生有追求、放任的心态,根据本案具体情况,应当认定冯某平对危害后果的发生有疏忽大意的过失。其次,张某文和冯某平的行为虽然尚未造成严重后果,但已经导致正在行驶中的公交车失控,撞击到大桥的护栏,造成大桥护栏及公交车受损的事故,危害了道路交通安全,依法应当以过失以危险方法危害公共安全罪追究二人刑事责任。

第三种意见认为,被告人张某文和冯某平主观过错为间接故意,均构成以危险方法危害公共安全罪。主要理由在于:主观上,张某文和冯某平都明知自己的行为会发生危害公共安全的后果,并对发生的危害后果持放任态度;客观上,张某文与冯某平在行驶的公交车上相互厮打,造成公交车失控,撞击到大桥的护栏,对公共安全造成了实际危害。

三、裁判结果

重庆市綦江区人民法院认为,被告人张某文、冯某平因纠纷发生矛盾,在行驶中的公交车上争吵并厮打,致使公交车撞击到大桥的护栏,发生事故,尚未造成严重后果,二人行为均已构成以危险方法危害公共安全罪。张某文、冯某平经公安机关电话通知后主动投案,如实供述自己的犯罪事实,系自首,依法可减轻处罚。张某文、冯某平自愿认罪认罚,可酌情从轻处罚。根据本案的事实和情节并结合被告人的认罪、悔罪表现,判决如下:被告人张某文犯以危险方法危害公共安全罪,判处有期徒刑2年8个月,缓刑3年;被告人冯某平犯以危险方法危害公共安全罪,判处有期徒刑1年8个月,缓刑2年。

四、案件评析

依据作出裁判时的法律规定,被告人张某文和被告人冯某平均构成以危险方法危害公共安全罪。主要理由如下:

1. 被告人张某文、冯某平的行为不构成交通肇事罪,也不构成过失以危险方法危害公共安全罪

根据《刑法》第133条的规定,交通肇事罪是指违反交通运输管理法规,因而发生重大事故,致人重伤、死亡或者使公私财产遭受重大损失的行为。根据《刑法》第115条第2款的规定,过失以危险方法危害公共安全罪是指过失以危险方法致人重伤、死亡或者使公私财产遭受重大损失的行为。

从刑法理论上分析,交通肇事罪和过失以危险方法危害公共安全罪都有两个显著特征:(1)都是过失犯罪;(2)都是结果犯。本案中,被告人张某文、冯某平的行为不符合上述特征。

首先,认为被告人张某文主观上是过于自信的过失、被告人冯某平主观上是疏忽大意的过失的观点不能成立。一方面,驾驶员在驾驶过程中与人厮打将会造成怎样的危险或者实害后果,这是符合生活常识的客观规律的作用结果,只要

是心智成熟的成年人均可预料到。张某文驾驶技术再好,也不会产生在厮打状态下依然能够安全驾驶的自信心理。冯某平亦是如此,作为具有一般智识能力的成年人,不可能对于与驾驶人员激烈厮打产生的危害后果因疏忽大意而未能预见。另一方面,二者在行驶的车辆上厮打时,均未采取任何防止和避免危害结果发生的行为,不符合认定过于自信、疏忽大意的过失的条件。其次,被告人张某文、冯某平的行为没有发生"致人重伤、死亡或者使公私财产遭受重大损失"的后果。

2. 被告人张某文、冯某平的行为均构成以危险方法危害公共安全罪

首先,主观上,被告人张某文、冯某平对于在公共汽车上相互厮打造成的危害后果持放任态度,属于刑法理论上的间接故意。如前所述,任何正常心智的成年人,都应预见到在公共汽车行驶过程中驾驶员同乘客发生相互厮打,必然会导致驾驶员注意力分散,判断、操控能力下降,难以应对复杂路况或者突发状况,稍有差池会危及公共安全。张某文和冯某平明知在行驶的公共汽车上相互厮打会造成危害公共安全的后果,却为了个人私怨置公共安全于不顾,相互厮打,造成车辆失控,危及公共安全,二者对于各自行为的后果均持间接故意的心理态度。

其次,客观上,被告人张某文、冯某平实施了以危险方法危害公共安全的行为,对公共安全造成了现实危害。从查明的事实来看,第一个现实危害是最终公交车失去控制,撞击大桥护栏,致使护栏及车辆本身受损。第二个现实危害是造成包括40余名乘客以及路面行人在内的不特定多数人的生命、健康以及包括公交车本身、道路上相遇的各类车辆、道路相关设施设备在内的重大财产都处于重大危险当中,这种危险随时都可能变为现实,最后由于偶然因素,才仅造成大桥护栏和公交车受损。故而,张某文和冯某平二人危险行为的危害后果,不仅在于实际的损失,也在于对不特定多数人的生命、健康和重大财产安全造成的现实危害。

3. 被告人张某文、冯某平的刑事责任区分

首先,从二人的客观行为来分析,乘客冯某平首先指责、谩骂驾驶员张某文,引发纠纷,负有主要责任。同时,在张某文第一次停车后,冯某平率先动手殴打

冯某平；再次上车后，冯某平仍继续对张某文进行谩骂、指手画脚，其肢体越过驾驶室栏杆进入驾驶手区域，严重影响驾驶员安全行驶，引发张某文与其互相厮打，导致车辆失控。从客观事实来看，二人对于危害后果的发生都起重要作用，承担的刑事责任大体相当。其次，从义务要求来分析，《中华人民共和国道路交通安全法》第66条规定，乘车人不得有影响驾驶人安全驾驶的行为；第22条规定，驾驶人应当按照操作规范安全驾驶、文明驾驶。被告人张某文作为经过职业培训的交通运输专业人员，负有特别的安全保障责任，也负有特别的注意义务，在客观危害行为同乘客冯某平大致相当的情况下，张某文的行为具有更重的可谴责性和更大的社会危害性，其承担的刑事责任应当相比冯某平更重。综上，重庆市綦江区人民法院根据二被告人危害公共安全造成危害后果的事实、认罪悔罪、积极赔偿损失和自首情节等，以以危险方法危害公共安全罪判处被告人张某文有期徒刑2年8个月，缓刑3年；以以危险方法危害公共安全罪判处被告人冯某平有期徒刑1年8个月，缓刑2年，定罪准确、量刑适当。

另外，《刑法修正案（十一）》于2021年3月1日起实施，其在《刑法》第133条之一后增加一条，作为第133条之二："对行驶中的公共交通工具的驾驶人员使用暴力或者抢控驾驶操纵装置，干扰公共交通工具正常行驶，危及公共安全的，处一年以下有期徒刑、拘役或者管制，并处或者单处罚金。前款规定的驾驶人员在行驶的公共交通工具上擅离职守，与他人互殴或者殴打他人，危及公共安全的，依照前款的规定处罚。有前两款行为，同时构成其他犯罪的，依照处罚较重的规定定罪处罚。"在妨害安全驾驶行为入罪后，本案中的涉案行为同时构成以危险方法危害公共安全罪与妨害安全驾驶罪，可以视情节轻重按照处罚较重的罪名进行定性处理。

五、相关法律规范

《刑法》第114条、第115条、第133条、第113条之二。

第二节　如何认定交通肇事转化为故意杀人的主观故意[①]

一、案情介绍

被告人韩某连,男,1973年8月7日出生于江苏省灌云县,初中文化,驾驶员。2005年10月26日21时许,被告人韩某连酒后驾驶一辆货车,行驶至连云港市连云区桃林社区岛山巷时,将在路边行走的妇女徐某花撞倒。韩某连发现撞伤人后,为逃避法律追究,将徐某花转移到岛山巷某栋楼的垃圾道口藏匿,致使徐某花因无法及时得到救助而死亡。当夜,韩某连又借用另一辆货车将徐某花的尸体运至连云区板桥镇,将尸体捆绑在水泥板上,沉入河中。因涉嫌故意杀人罪,韩某连于2005年12月1日被逮捕。江苏省连云港市人民检察院以被告人韩某连犯故意杀人罪向连云港市中级人民法院提起公诉。

二、争议焦点

如何认定交通肇事转化为故意杀人的主观故意,是本案的主要争议焦点。本案在处理过程中,有三种不同意见:

第一种意见认为,被告人韩某连构成故意杀人罪。理由是:被告人交通肇事撞人后,将被害人转移藏匿,致被害人大量失血休克死亡,具有放任被害人死亡的主观故意,符合《最高人民法院关于审理交通肇事刑事案件具体应用法律若干问题的解释》第6条规定的情形,应当以故意杀人罪处罚。

第二种意见认为,被告人构成交通肇事罪和过失致人死亡罪,应当数罪并罚。理由是:本案被告人交通肇事后以为被害人已经被撞死,为了隐匿罪迹将被害人隐藏,过失导致被害人死亡,主观上具有疏忽大意的过失心理态度,应认定过失致人死亡罪,与前行为的交通肇事罪进行并罚。

[①] 参见中华人民共和国最高人民法院刑事审判第一、二、三、四、五庭主办:《刑事审判参考(第56期)》,第439号案例,法律出版社2007年版。

第三种意见认为,被告人构成交通肇事罪,具有因逃逸致人死亡的加重处罚情节。理由是:被告人交通肇事后,为了隐匿罪迹而将被害人转移隐藏,客观上实施了肇事逃逸和过失致人死亡两种行为,但其主观上并不希望发生被害人死亡的后果,转移被害人是为了逃逸,符合《刑法》第133条因逃逸致人死亡的情形,应当认定为交通肇事罪,处7年以上有期徒刑。

三、裁判结果与理由

连云港市中级人民法院认为,被告人韩某连驾车撞伤人,又将被害人隐藏导致其死亡,其行为已构成故意杀人罪。依照《刑法》第232条、第56条第1款之规定,以故意杀人罪,判处被告人韩某连有期徒刑15年,剥夺政治权利5年。一审宣判后,被告人韩某连不服,以其不具有杀人故意为由,向江苏省高级人民法院提出上诉。

江苏省高级人民法院经开庭审理认为,韩某连酒后驾驶机动车辆撞伤一人后,为逃避法律制裁,将被害人拖离事故现场隐藏,导致被害人无法得到救助而死亡,其行为已构成故意杀人罪。韩某连交通肇事撞人后,本应积极施救,但他非但不抢救被害人,反而将被害人转移藏匿,致使被害人大量失血休克死亡,具有放任被害人死亡的主观故意,原审判决认定事实清楚,证据确实、充分,定性准确,量刑适当,审判程序合法,依法裁定驳回上诉、维持原判。

四、案件评析

在交通肇事转化为故意杀人罪的条件中,如何把握交通肇事转化为故意杀人罪的主观故意,是审理此类案件的难点。对于交通肇事转化为故意杀人罪的认定问题,2000年《最高人民法院关于审理交通肇事刑事案件具体应用法律若干问题的解释》第6条规定:"行为人在交通肇事后为逃避法律追究,将被害人带离事故现场后隐藏或者遗弃,致使被害人无法得到救助而死亡或者严重残疾的,应当分别依照刑法第二百三十二条、第二百三十四条第二款的规定,以故意杀人罪或者故意伤害罪定罪处罚。"

据此,交通肇事转化为故意杀人罪,应具备以下具有逻辑顺序的条件,包括实施违法(犯罪)行为、新的主观罪过产生、实施另一行为、产生危害后果四个方面:发生交通肇事(前提条件)——为了逃避法律追究(目的)——行为人将被害人带离事故现场后隐藏或者遗弃(客观行为)——行为人主观上具有希望或者放任被害人死亡的心理态度(主观罪过)——造成被害人因无法得到救助而死亡(危害结果)。

行为人由过失交通肇事的行为到故意杀人的行为,其中包含两种罪过形态,实施了两个犯罪行为。针对交通肇事造成他人伤害而言,行为人主观上系过失;在因交通肇事已经致被害人伤害结果而使其陷于死亡的现实危险状态情况下,被害人的生命安全依赖肇事行为人的及时救护,这是第一种行为状态。而行为人为了逃避法律追究,并未采取措施防止受害人死亡结果发生,而是将被害人带离事故现场后隐藏或者遗弃,致使被害人因得不到及时的救护而死亡,这是第二种行为状态。这个时候,行为人承担的刑事责任将不再是交通肇事的结果加重犯,而是因其先行行为造成他人死亡危险状态构成的不作为的刑事责任。

谈到不作为犯罪,该作为义务的根据是《道路交通事故处理办法》第7条:"发生交通事故的车辆必须立即停车,当事人必须保护现场,抢救伤者和财产"。肇事行为人负有防止死亡危险结果发生的特定义务,如果能够履行而故意不履行,造成被害人死亡结果,就构成刑法上的不作为故意杀人犯罪。这种情况下,行为人对被害人生命安全处于危险状态是明知的,此时将被害人带离事故现场后隐藏或者遗弃,行为人对于造成被害人死亡的主观心态既可能是希望被害人死亡,也可能是放任被害人死亡。

本案被告人韩某连交通肇事将被害人撞伤后,有义务送被害人去医院抢救,但为逃避法律追究,将被害人带离事故现场隐藏,主观上具有放任被害人死亡的犯罪故意,客观上导致被害人因无法得到救助而死亡的结果,其行为已构成不作为的故意杀人罪,法院对其定罪处罚是正确的。

五、相关法律规范

1. 《刑法》第232条。

2. 《最高人民法院关于审理交通肇事刑事案件具体应用法律若干问题的解释》第6条。

第十章 危害公共安全罪

第三节 醉酒后在道路上挪动车位的行为是否构成危险驾驶①

一、案情介绍

2012年10月28日晚,唐某彬和朋友赵某等人在重庆市南岸区某饭店吃饭时饮酒。当日21时许,唐某彬的女友郑某驾驶一辆越野车载唐某彬、赵某等人回家,行驶至南坪东路现代女子医院附近时,与一辆出租车发生刮擦。郑某将车开至福红路交巡警平台接受处理。郑某停车时挡住了某小区的后门车库,民警催促其挪车。因郑某驾驶技术不好,唐某彬便亲自驾车挪动位置(车上另有一人)。在此过程中,其驾驶车辆撞上停靠在路边的一辆汽车。民警立即将唐某彬抓获。经鉴定,唐某彬血液酒精含量为206.7 mg/100 ml。案发后,唐某彬赔偿汽车车主车辆维修费2600余元。检察院以唐某彬犯危险驾驶罪,向法院提起公诉。

二、争议焦点

本案在二审审理过程中,对唐某彬的行为存在较大争议,争议焦点集中于罪与非罪、是否需要进行刑事处罚层面。

第一种意见认为,唐某彬违反道路交通安全法规,醉酒后在城市道路上移动车辆,其血液酒精含量为206.7 mg/100 ml,醉酒程度特别严重,并有发生碰撞事故、搭载他人等情节,应当以危险驾驶罪从重处罚,判处实刑。

第二种意见认为,唐某彬的行为不符合危险驾驶罪的构成要件,其行为不构成犯罪。首先,综合考虑唐某彬的驾驶目的仅为挪车、驾驶距离很短、驾驶速度较慢等情节,其行为不具备危害公共安全的抽象危险。其次,唐某彬不具有危险

---

① 参见中华人民共和国最高人民法院刑事审判第一、二、三、四、五庭主办:《刑事审判参考(第94期)》,第895号案例,法律出版社2013年版。

驾驶的故意,他在饮酒后将汽车交由女友驾驶,后因女友驾驶技术不好发生刮擦事故且在交巡警平台接受调查,故决定自己挪车。唐某彬在倒车时已控制车速,他难以认识到慢速短距离的挪车行为会发生危险,故不具有该罪的主观故意。

第三种意见认为,唐某彬的行为构成危险驾驶罪,但属情节轻微,可以不起诉或者免予刑事处罚。

三、裁判结果与理由

南岸区人民法院认为,唐某彬违反道路交通安全法规,醉酒后驾驶机动车辆在道路上行驶,其行为构成危险驾驶罪。唐某彬血液酒精含量为 206.7 mg/100 ml,醉酒程度特别严重,且具有发生事故、搭载他人的酌定从重处罚情节。案发后,唐某彬如实交代犯罪事实,且积极主动赔偿,可从轻处罚。综合考虑本案具体情节,唐某彬不具备适用缓刑的相关条件,不宜适用缓刑。据此,依照《刑法》第 133 条之一第 1 款、第 52 条、第 53 条、第 67 条第 3 款之规定,法院以唐某彬犯危险驾驶罪,判处拘役 4 个月,并处罚金 2 万元。一审宣判后,唐某彬提出上诉,基于以下理由请求二审改判缓刑并降低罚金数额:(1)其撞车后没有逃跑,配合民警查处,如实供述了犯罪事实,应当认定为自首;(2)其挪车行为情节轻微,社会危害不大,且已积极赔偿被害人经济损失,取得被害人谅解;(3)原判量刑过重,罚金数额过高。其辩护人提出相同辩护意见。

重庆五中院经审理认为,原判认定事实不清、证据不足,遂依《刑事诉讼法》第 225 条第 1 款第 3 项之规定,裁定撤销重庆市南岸区人民法院(2012)南法刑初字第 1316 号刑事判决,发回重新审判。后重庆市南岸区人民检察院撤回起诉。

四、案件评析

上述第三种意见正确,涉案行为构成危险驾驶罪,但属情节轻微,可以不起诉或者免予刑事处罚。

首先,危险驾驶属于抽象危险犯。《刑法》第 133 条之一第 1 款规定,在道路上醉酒驾驶机动车的,处拘役,并处罚金。从条文可以看到,危险驾驶罪不以发生具体危害后果为构成要件,理论上属于抽象危险犯,亦即该危险不需要司法意义上的具体判断,只要行为人实施了在道路上醉酒驾驶机动车的行为,就推定其具有该类型化危险的紧迫危险,不需要判断驾驶距离较短、速度较慢是否具有危险。本案中,虽然唐某彬的驾驶目的是将车挪动到几米外的路对面停放,并慢速倒车,但从其行为最终发生与其他车辆碰撞的结果分析,其驾驶能力已受到酒精的严重影响,其醉酒后挪动车位的行为不仅具有发生危害结果的高度危险,而且已发生了实害结果,符合危险驾驶罪的客观要件。

其次,行为人具有危险驾驶的主观故意。判断行为人是否具有醉酒驾驶机动车的主观故意,认识因素方面,要求行为人完全意识到自己已经"醉酒",并且是在"驾驶""机动车";意志因素方面,要求行为人对其在道路上醉酒驾驶机动车可能发生的危险持放任态度。本案中,唐某彬饮酒后将车交给其女友驾驶,表明其明知这是一种违法行为,故采取了替代措施。但唐某彬在其女友驾车发生事故、民警要求挪动车位时,误认为其饮酒后的驾驶技术仍胜过其女友,主动上车驾驶,反映出其虽然认识到醉驾行为具有危险性,但为挪动车位而置这种危险状态于不顾,故应当认定其具有危险驾驶的主观故意。

最后,本案系危险驾驶,但属于情节轻微,且危害性可控。对于行为人出于符合情理的驾驶目的,在道路上醉酒驾驶机动车的,在定罪处罚时应当深入贯彻宽严相济刑事政策。与为了抢救他人性命而闯交通指令灯的行为类似,对于为配合交警要求进行挪车、短距离醉驾的案件而言,没有发生实际危害结果或者仅发生轻微碰、擦后果的,其主观恶性明显小于其他主动醉酒驾驶机动车的行为人,可以根据具体情节,认定犯罪情节显著轻微,适用"但书"条款,不作为犯罪处理或者作免予刑事处罚处理。故综合考虑上述情节,对唐某彬的行为不作为犯罪处理或者作不起诉处理或者定罪免刑处理均符合法律规定。

五、相关法律规范

《刑法》第13条、第133条之一。

第四节 重大劳动安全事故罪与重大责任事故罪出现竞合时如何处理[①]

一、案情介绍

2004年4月,唐山恒源实业有限公司(以下简称"恒源公司")法定代表人朱某友购买唐山市刘官屯煤矿后,任命被告人尚某国担任矿长助理,主持煤矿全面工作,行使矿长职责,被告人李某耕担任生产副矿长兼调度室主任,被告人李某新担任技术副矿长兼安全科科长,进行矿井基建。2005年4月,朱某友任命尚某国为矿长。2005年12月2日,尚某国取得矿长资格证。被告人吕某增原系唐山市刘官屯煤矿矿长,在被告人朱某友购买该矿后仍担任矿长职务,同时担任该矿党支部书记兼保卫科科长,负责保卫工作,没有行使矿长职责,2005年11月份其矿长资格证被注销。

在矿井基建过程中,该矿违规建设,私自找没有设计资质的单位修改设计,将矿井设计年生产能力30万吨改为15万吨。在《安全专篇》未经批复的情况下,擅自施工。河北煤矿安全监察局冀东监察分局于2005年7月18日向该矿下达了停止施工的通知,但该矿拒不执行,继续施工。在基建阶段,未竣工验收的情况下,1193落垛工作面进行生产,工作面已经贯通开始回柱作业,从2005年3月至11月累计出煤63300吨,存在非法生产行为。该矿"一通三防"管理混乱,采掘及通风系统布置不合理,无综合防尘系统,电气设备失爆存在重大隐患,瓦斯检查等特种作业人员严重不足;在没有形成贯穿整个采区的通风系统的情况下,在同一采区同一煤层中布置了7个掘进工作面和一个采煤工作面,造成重大安全生产隐患。劳动组织管理混乱,违法承包作业。无资质的承包队伍在井下施工,对各施工队伍没有进行统一监管。2005年12月7日8时,该矿负责人

[①] 参见中华人民共和国最高人民法院刑事审判第一、二、三、四、五庭主办:《刑事审判参考(第64期)》,第505号案例,法律出版社2008年版。

无视国家法律法规,拒不执行停工指令,继续安排井下9个工作面基建工作。176名工人下井作业后,担任调度员兼安全员的被告人周某义没有按照国家有关矿井安全规章制度下井进行安全检查,只是在井上调度室值班。负责瓦斯检测的通风科科长刘某成违反安全生产规定,安排无瓦斯检测证的李某刚、郑某华在井下检测瓦斯浓度。当日15时10分许,该矿发生特别重大瓦斯煤尘爆炸事故,造成108人死亡,29人受伤,直接经济损失4870.67万元。

经事故调查组调查报告认定,刘官屯煤矿"12·7"特别重大瓦斯煤尘爆炸事故是一起责任事故。事故的直接原因是:刘官屯煤矿工作面切眼遇到断层,煤层垮落,引起瓦斯涌出量突然增加;9号煤层总回风巷三、四联络巷间风门打开,风流短路,造成切眼瓦斯积聚;在切眼下部用绞车回柱作业时,产生摩擦火花引爆瓦斯,煤尘参与爆炸。事故的间接原因是:刘官屯煤矿违规建设,非法生产,拒不执行停工指令,采掘及通风系统布置不合理,无综合防尘系统,特种作业人员严重不足,无资质的承包队伍在井下施工。事故发生后,尚某国、李某新、吕某增等及时向有关部门进行了汇报,并积极组织抢救,朱某友积极配合、参与矿难的善后处理工作,对遇难矿工和受伤矿工的经济损失全部进行了赔偿。

二、争议焦点

本案争议焦点为:本案属于重大责任事故罪,还是重大劳动安全事故罪?二罪在行为特征与犯罪主体上均具有一定的竞合性。

从客观方面讲,重大责任事故罪的行为特征是"在生产、作业中违反有关安全管理的规定";重大劳动安全事故罪的行为特征是"安全生产设施或者安全生产条件不符合国家规定"。然而,"在安全生产设施或者安全生产条件不符合国家规定"的情况下进行生产、作业,其本身就是"在生产、作业中违反有关安全管理的规定",客观方面实际上产生竞合。

从主体上讲,重大责任事故罪的犯罪主体"包括对矿山生产、作业负有组织、指挥或者管理职责的负责人、管理人员、实际控制人、投资人等人员,以及直接从事矿山生产、作业的人员";重大劳动安全事故罪的犯罪主体是指"对矿山安全生产设施或者安全生产条件不符合国家规定负有直接责任的矿山生产经营单位负责人、管理人员、实际控制人、投资人,以及对安全生产设施或者安全生产条件负有管理、维护职责的电工、瓦斯检查工等人员"。然而,"对矿山生产、作业负有组织、指挥或者管理职责的负责人、管理人员、实际控制人、投资人等人员"对矿山安全生产设施或者安全生产条件是否符合国家规定都负有不同程度的直接责任,同时又是"对矿山安全生产设施或者安全生产条件不符合国家规定负有直接责任的矿山生产经营单位负责人、管理人员、实际控制人、投资人"。这种情况下,主体实际上也存在一定竞合。而"对安全生产设施或者安全生产条件负有管理、维护职责的电工、瓦斯检查工等人员",同时又是"直接从事矿山生产、作业的人员",也是竞合的。当客观方面和主体都出现一定竞合的情况下,如何区分重大责任事故罪与重大劳动安全事故罪,就成为司法实践中必须要解决的问题。

三、裁判结果与理由

唐山市开平区人民法院认为,唐山市刘官屯煤矿的劳动安全设施不符合国家规定,在《安全专篇》未经批复的情况下擅自施工;河北煤矿安全监察局冀东监察分局于2005年7月18日向该矿下达了停止施工的通知,但该矿拒不执行,继续施工,因而发生特别重大伤亡事故,造成108人死亡。被告人尚某国身为该矿矿长,主持该矿全面工作,被告人李某新身为技术副矿长兼安全科科长,对排除事故隐患,防止事故发生负有职责义务。上述被告人无视国家安全生产法律、法规,忽视安全生产,拒不执行停工指令,对事故的发生负有直接责任;被告人吕某增作为矿长(2004年4月至2005年11月)未履行矿长职责,在得知煤矿安全监察部门向该矿下达了停止施工的通知后,对该矿继续施工不予阻止,对事故的发生亦负有直接责任。被告人尚某国、李某新、吕某增的行为均已构成重大劳动安全事故罪。被告人朱某友作为恒源公司法定代表人、煤矿投资人,对该矿的劳动安全设施是否符合国家规定负有管理义务,对事故负有直接责任,其行为亦构成重大劳动安全事故罪。朱某友购买刘官屯煤矿后,该矿转变成民营企业,名称改为恒源公司,工商营业执照没有注册登记。被告人朱某友作为恒源公司的法定代表人及该矿的投资人,对该矿的劳动安全设施是否符合国家规定负有管理义务。但被告人朱某友对该矿疏于管理,在2005年7月18日河北煤矿安全监察局冀东监察分局向该矿下达停止施工的通知后,该矿继续施工,因而发生特别重大伤亡事故,被告人朱某友主观上具有犯罪过失,其行为符合重大劳动安全事故罪的构成要件。但被告人朱某友未直接参与刘官屯煤矿的经营管理,不了解煤矿安全监察部门向该矿下达停产通知的情况,对事故的发生其责任相对较小。

事故发生后,被告人尚某国、李某新、吕某增、刘某成、周某义、李某刚、郑某华等及时向有关部门汇报,积极组织抢救,被告人朱某友积极配合、参与矿难的善后处理工作,对遇难矿工和受伤矿工的经济损失全部进行了赔偿,故可酌情对上述被告人从轻处罚。根据各被告人犯罪的事实、犯罪的性质、情节和对于社会的危害程度,结合被告人的认罪表现,依照《刑法》第 134 条、第 135 条、第 280 条、第 72 条、第 73 条的规定,判决如下:(1)被告人尚某国犯重大劳动安全事故罪,判处有期徒刑 6 年。(2)被告人朱某友犯重大劳动安全事故罪,判处有期徒刑 3 年。(3)被告人李某新犯重大劳动安全事故罪,判处有期徒刑 5 年。(4)被告人吕某增犯重大劳动安全事故罪,判处有期徒刑 3 年。一审宣判后,各被告人未上诉,检察机关亦未抗诉,判决发生法律效力。

四、案件评析

关于劳动安全重大责任事故的犯罪,1979 年《刑法》只规定了一种犯罪,即第 114 条规定的重大责任事故罪。1997 年《刑法》修订时,在保留重大责任事故罪(第 134 条)的基础上增加了一种犯罪,即第 135 条规定的重大劳动安全事故罪。2006 年《刑法修正案(六)》将《刑法》第 134 条重大责任事故罪修改为:"在生产、作业中违反有关安全管理的规定,因而发生重大伤亡事故或者造成其他严重后果的,处三年以下有期徒刑或者拘役;情节特别恶劣的,处三年以上七年以下有期徒刑。强令他人违章冒险作业,因而发生重大伤亡事故或者造成其他严重后果的,处五年以下有期徒刑或者拘役;情节特别恶劣的,处五年以上有期徒刑";将《刑法》第 135 条重大劳动安全事故罪修改为:"安全生产设施或者安全生产条件不符合国家规定,因而发生重大伤亡事故或者造成其他严重后果的,对直接负责的主管人员和其他直接责任人员,处三年以下有期徒刑或者拘役;情节特别恶劣的,处三年以上七年以下有期徒刑。"2007 年,最高人民法院、最高人民检察院出台了《最高人民法院、最高人民检察院关于办理危害矿山生产安全刑事案件具体应用法律若干问题的解释》(以下简称《矿山司法解释》)。2020年《刑法修正案(十一)》在第134条重大责任事故罪之后增加了第134条之一,新增了违反生产、作业安全管理罪。

从《刑法修正案(六)》和《矿山司法解释》看,重大责任事故罪与重大劳动安全事故罪在罪名上的区别是明显的,但在司法实践中,在某些情况下,会出现难以区分的情况。

司法实践中,当工厂、矿山、林场、建筑企业或者其他企业、事业单位发生重大伤亡事故或者造成其他严重后果,当重大责任事故罪与重大劳动安全事故罪的客观方面和主体都出现上述竞合时,应当按照下列原则处理:

1. 在完全是由于安全生产设施或者安全生产条件不符合国家规定的情况下进行生产、作业,因而发生重大伤亡事故或者造成其他严重后果的情况下,应当以重大劳动安全事故罪定罪量刑。因为这是立法规定的典型重大劳动安全事故犯罪,即使这种行为本身也是一种违反有关安全管理规定的行为,从罪名评价的最相符合性考虑,一般不以重大责任事故罪认定。

2. 在安全生产设施或者安全生产条件不符合国家规定的情况下,在生产、作业中又违反具体的安全管理规定,因而发生重大伤亡事故或者造成其他严重后果的,应区分不同情况选择较为妥当的罪名定罪量刑。

(1)当二罪中某一罪的情节明显重于另一罪时,应按情节较重的罪名定罪量刑。(2)当二罪的情节基本相当的情况下,实际控制人、投资人对安全生产设施或者安全生产条件是否符合国家规定负有直接责任,在无法查清他们对生产、作业是否负有组织、指挥或者管理职责时,以重大劳动安全事故罪定罪量刑;如果对生产、作业同时负有组织、指挥或者管理职责时,为了司法实践的统一,一般仍以重大劳动安全事故罪定罪为宜,而将"在生产、作业中违反有关安全管理的规定"的行为作为从重处罚的情节。对于负责人、管理人员,他们既对生产、作业负有组织、指挥或者管理职责,又对安全生产设施或者安全生产条件是否符合国家规定负有直接责任。出于同样的考虑,对他们一般也以重大劳动安全事故罪定罪为宜,而将"在生产、作业中违反有关安全管理的规定"的行为作为从重处罚的情节。对于"对安全生产设施或者安全生产条件负有管理、维护职责的电工、瓦斯检查工等人员",亦参照上述原则处理。对上述情况作出处理的考虑是,在构成重大劳动安全事故罪的前提下又构成重大责任事故罪,由于二罪的法定刑是相同的,"安全生产设施或者安全生产条件不符合国家规定"和"在生产、作业中违反有关安全管理的规定"的罪责也不好区分轻重,无法重罪吸收轻罪。而审判中只能定一个罪名,因此,从维护司法统一的角度考虑提出上述原则。另外,如果以重大责任事故罪定罪就无法全面评价"安全生产设施或者安全生产条件不符合国家规定"的罪责,因为重大责任事故罪并不以"安全生产设施或者安全生产条件不符合国家规定"为前提。以重大劳动安全事故罪定罪,将"在生产、作业中违反有关安全管理的规定"的行为作为从重处罚的情节,可以做到两种罪责兼顾评价。但是,当出现法律规定的"强令他人违章冒险作业"的情况时,由于法律有特别规定且法定刑较重,应以强令他人违章冒险作业罪定罪量刑。

本案中,被告人尚某国身为该矿矿长,主持该矿全面工作,既对安全生产设施、安全生产条件是否符合国家规定负有直接责任,又对生产、作业负有组织、指挥、管理职责,其无视国家安全生产法律、法规,忽视安全生产,拒不执行有关停工指令,因而造成重大伤亡事故的行为,同时构成重大劳动安全事故罪和重大责任事故罪,其在二罪中的犯罪情节基本相当。参照上述原则,对其应以重大劳动安全事故罪定罪处罚。被告人朱某友是该矿的投资人和实际控制人,对安全生产设施、安全生产条件是否符合国家规定负有管理义务和直接责任,但其疏于管理,因而造成重大伤亡事故,鉴于其未直接参与煤矿的经营管理,对其直接以重大劳动安全事故罪定罪量刑。被告人李某新身为该矿技术副矿长兼安全科科长,其身份和行为亦符合两罪特征,但其作为技术和安全方面的主要负责人,对安全生产设施、安全生产条件是否符合国家规定,以及排除安全生产设施隐患、防止事故发生负有更重要的责任,参照上述原则,对其以重大劳动安全事故罪定罪处罚。被告人吕某增作为煤矿党支部书记兼保卫科科长,虽不直接参与生产管理,但作为该矿的负责人之一,在得知安全监察部门因该矿安全生产设施不符合国家规定而下达停工通知后,未履行职责,对该矿继续施工不予阻止,对事故的发生亦负有直接责任,故以重大劳动安全事故罪定罪处罚。以上定罪均符合我们提出的对此类案件的处理原则,既体现了罪刑相适应的原则,又达到了统一司法操作的目的,符合有关立法和司法解释的规定精神。

另外需要注意的是,《刑法修正案(十一)》在第134条后增设第134条之一,即"违反生产、作业安全管理罪"——"在生产、作业中违反有关安全管理的规定,有下列情形之一,具有发生重大伤亡事故或者其他严重后果的现实危险的,处一年以下有期徒刑、拘役或者管制:(一)关闭、破坏直接关系生产安全的监控、报警、防护、救生设备、设施,或者篡改、隐瞒、销毁其相关数据、信息的;(二)因存在重大事故隐患被依法责令停产停业、停止施工、停止使用有关设备、设施、场所或者立即采取排除危险的整改措施,而拒不执行的;(三)涉及安全生产的事项未经依法批准或者许可,擅自从事矿山开采、金属冶炼、建筑施工,以及危险物品生产、经营、储存等高度危险的生产作业活动的。"本案中,该矿在《安全专篇》未经批复的情况下,擅自施工;河北煤矿安全监察局冀东监察分局于2005年7月18日向该矿下达了停止施工的通知,但该矿拒不执行、继续施工等涉案行为,亦满足该条第2项的规定,故而其涉案行为亦触犯该项罪名。如果本案发生在《刑法修正案(十一)》实施后,则会产生三项罪名的竞合情形,建议仍然按照上述规则、原则进行处理。

五、相关法律规范

《刑法》第134条、第135条。

第五节 如何理解私藏枪支弹药罪中
"配备、配置枪支的条件消除"[①]

一、案情介绍

被告人郭某东,男,1960年7月2日出生,汉族,大学文化,被捕前系南阳市

---

① 参见中华人民共和国最高人民法院刑事审判第一、二、三、四、五庭主办:《刑事审判参考(第46期)》,第359号案例,法律出版社2005年版。

公安局刑警支队大案大队副大队长,2004年1月13日郭某东因涉嫌犯私藏弹药罪被逮捕。唐河县人民检察院以被告人郭某东犯非法拘禁、私藏弹药罪,向唐河县人民法院提起公诉。唐河县人民法院经审理查明:1980年至2001年,被告人郭某东在社旗县公安局任刑警队长和在南阳市公安局刑警支队大案大队任副大队长期间,以执行任务、打靶为名,先后在社旗县公安局和南阳市公安局多次领取"7.62"毫米军用子弹达千余发,除已用去的之外,截至2001年4月18日《公安部关于严厉打击违反爆炸物品、枪支弹药管理违法犯罪活动的通知》(以下简称《公安部通知》)下发后,仍有630发在家中藏匿,拒不交出。2001年8月2日,郭某东被南阳市人民检察院扣押。被告人郭某东辩称:自己作为刑警依法配备枪支弹药的条件没有消除,在执行任务时要带领侦查人员携带"五四"手枪或数支微型冲锋枪,使用通用的7.62口径的子弹。日常工作中不仅要备足自己使用的弹药,还要兼管其他参战人员使用子弹的分发。为了保证工作需要,他把这些常用的子弹、弹夹、枪套、手铐等装备一起存放在一个皮箱内,经常随车、随身携带。

二、争议焦点

本案争议焦点为:郭某东配备枪支弹药的条件是否消除?

一种意见认为:郭某东打靶、执行任务结束时,其配备枪支弹药的条件即属消除,应当将枪支弹药交回。另一种意见认为:南阳市公安局证明郭某东仍有任务尚未完成,故郭某东配备枪支弹药的条件尚未消除。

三、裁判结果与理由

唐河县人民法院认为:被告人郭某东身为南阳市公安局刑警支队大案大队副大队长,系依法配备枪支弹药的人员,在配备、配置枪支弹药的条件消除后,违反枪支弹药管理法律、法规的规定,私自将630发军用子弹藏匿在家中拒不交出,其行为已构成私藏弹药罪,且系情节严重,唐河县人民检察院指控被告人郭某东犯私藏弹药罪的罪名成立,予以支持。被告人郭某东虽系依法配备、配置枪支弹药的人员,其多次领取子弹的理由均系打靶、执行任务所用,但在打靶、执行任务结束后,也就是配备、配置枪支弹药的条件已经消除后,本应按规定将剩余的子弹及时上交入库。但直到《公安部通知》下发后,郭某东仍将 630 发军用子弹藏匿在家中拒不交出,其行为符合私藏弹药罪的构成要件,故被告人及其辩护人辩称被告人郭某东属于依法配备枪支弹药人员,其配备枪支弹药的条件并未消除,其行为不构成私藏弹药罪之理由不能成立,不予采纳。依照 1997 年《刑法》第 128 条第 1 款、第 72 条第 1 款、第 73 条第 2 和第 3 款之规定,判决如下:被告人郭某东犯私藏弹药罪,判处有期徒刑 3 年,缓刑 3 年。一审宣判后,被告人郭某东向河南省南阳市中级人民法院提出上诉,唐河县人民检察院亦提出抗诉。

郭某东上诉认为:(1)原判认定上诉人郭某东配置、配备枪支弹药的条件已消除的事实不清。郭某东作为一线公安干警,其配置、配备枪支弹药是公安机关依照法律规定进行的,其配置、配备枪支弹药的条件是否消除,只有为其发放、配备枪支弹药的管理机关南阳市公安局才有权认定,不应由公诉机关或审判机关行使认定。原审判决遗漏了最重要的证据——南阳市公安的证明。南阳市公安局的证明经庭审质证,公诉人明确表示予以认可,应当作为认定案件事实的依据。该证明可证明郭某东是合法配置、配备枪支弹药的人员,长期处于备勤状态,其被捕前仍负责涉黑案件的侦破工作,尚有具体任务未完成,因此其配备、配置枪支弹药的条件并未消除。另外,郭某东 20 余年没有休息、休假,经办、侦破的案件数以百计,长期案压案、案套案,原审法院认定任务结束没有任何证据支持,据此得出的结论必然是错误的。(2)原判适用法律不当。一审法院依据 2001 年 4 月 18 日的《公安部通知》作为判决依据是错误的。该通知并未说明合法持枪的军、警、安全等工作人员均须将持有的枪支弹药上缴。(3)原审法院客观归罪。原审法院仅凭上诉人郭某东的手提箱中存在弹药的客观情况就认定其构成犯罪,违背了主客观一致的定罪原则。首先,上诉人郭某东作为刑警和领导的特殊职责身份,可以随时领取弹药,没有私藏的必要。其次,客观上与该弹药放在一起的均是上诉人办案必备的物品,如对讲机、手铐等,明显证明上诉人没有私藏的故意。

唐河县人民检察院的抗诉意见是:根据《最高人民法院关于审理非法制造、

买卖、运输枪支弹药、爆炸物等案件具体应用法律若干问题的解释》,私藏军用子弹 100 发以上属于 1997 年《刑法》第 128 条第 1 款规定的情节严重,应当在 3 年以上 7 年以下量刑。《刑法》第 72 条规定,适用缓刑的条件是被判处拘役、3 年以下有期徒刑的犯罪分子,且有悔罪表现,郭某东本人自始至终不认罪,更没有悔罪表现,因此不符合宣告缓刑的条件,原审法院适用缓刑不当。

河南省南阳市中级人民法院经二审审理查明:根据郭某东同事毕永志、刘志斌、胡楠的证言证实,与郭某东一起在刑警支队大案大队工作期间,经常执行设卡堵截、抓捕重大逃犯等紧急任务,因工作需要,经常携带手枪或微型冲锋枪去执行任务。当时,微型冲锋枪及弹药都是由郭某东队长负责领取、分发使用和日常保管。郭某东自 1980 年至 2000 年一直从事公安刑警工作,故被告人郭某东不构成私藏弹药罪,抗诉机关的抗诉理由不能成立。上诉人的上诉理由及辩护人的无罪辩护意见成立,予以采纳。原判认定事实清楚,适用法律错误,处理失当,予以纠正。依照《刑事诉讼法》第 189 条第 2 项和 1997 年《刑法》第 128 条的规定,判决如下:(1) 撤销唐河县人民法院 (2004) 唐刑初字第 101 号刑事判决;(2) 被告人郭某东无罪。

四、案件评析

本案中,应当根据《中华人民共和国枪支管理法》(以下简称《枪支管理法》)等法律、法规的规定来理解并认定郭某东配备、配置枪支的条件是否消除。1996 年《枪支管理法》第 26 条第 1 款规定:"配备公务用枪的人员不再符合持枪条件时,由所在单位收回枪支和持枪证件。"1999 年 10 月公安部发布的《公安机关公务用枪管理使用规定》(以下简称《公务用枪规定》)第 17 条规定了佩带、使用枪支的人民警察应当具备的条件,第 20 条、第 21 条规定了收回持枪证件和枪支的条件。

根据上述规定,配备枪支条件的消除,应当是指出现法律、法规规定的情形,经相关部门审查,取消其配枪资格,收回其持枪证件。因此,第一种意见以执行完具体任务或工作调动时即为配备、配置枪支的条件消除的理解是不可取的。若将用后及时交回作为条件消除理解的话,那么按照枪支使用管理的规定,执行任务结束后将枪支交回,即为配备、配置枪支的条件消除,再接受任务时需要重新具备配备、配置枪支的条件,这种理解显然不符合法律、法规的规定。上述第一种意见认定郭某东配备、配置枪支的条件已消除的另一个考虑,是被告人郭某东所存放的弹药有一部分来自其调任南阳市公安局之前在社旗公安局任职期间。《公务用枪规定》第20条第1项规定,"因退休或工作调动等原因离开配备公务用枪岗位的",收回持枪证,个人保管的枪支由所在单位收回。但此项规定中并未涉及取消配备、配置枪支的条件。本案中被告人郭某东始终没有离开配备公务用枪岗位,其本人也没有《公务用枪规定》第21条规定的取消配枪资格的情形,因此认定其配备枪支的条件至逮捕前一直未消除是正确的。其间,郭某东虽有工作调动,但在被刑事拘留前,尚未脱离依法使用枪支、弹药的公安刑警岗位,其配备枪支、弹药的条件亦未消除,郭某东在需要合法使用枪支弹药的任务完成后,包括备警状态结束后,未将枪支、弹药及时入库,是一般的违反枪支管理法律、法规的行为,不属于刑法意义上的私藏枪支、弹药行为,因而其行为不符合刑法规定的私藏弹药罪的构成要件。

对于郭某东是否有私自藏匿并拒不交出弹药的行为,郭某东辩称其因工作需要(如为参战的同事发放弹药)才将子弹随身携带放在家中,其同事为其提供证明;没有任何单位和个人要求其将子弹上交,故不属于私藏弹药。至于《公安部通知》要求上交,郭某东辩称自己属于依法配备枪支弹药的人员,《公安部通知》并不是针对自己,因此不存在拒不交出的情形。藏匿是主观上不欲为人知晓,客观上将弹药藏于他人不易找到的地方。郭某东随身携带子弹的情况,其同事都是了解的,虽未必知道子弹的具体数量,但亦足以证明郭某东没有藏匿的必要。

本案中,郭某东配备枪支的条件并未消除,案中没有足够证据认定其属于私自藏匿拒不交出弹药,郭某东的行为属于违反枪支使用管理规定,不构成私藏弹药罪。二审法院依法改判郭某东无罪是正确的。

五、相关法律规范

1. 1996年《枪支管理法》第26条。
2. 1999年《公安机关公务用枪管理使用规定》[①]第17条、第20条、第21条。
3. 《刑法》第128条。

---

① 2015年5月1日该规定失效,由《公安机关公务用枪管理规定》取代。

第十一章
Chapter 11

破坏社会主义市场经济秩序罪

第一节　在食品中违规掺入添加剂行为的定性[①]

一、案情介绍

扬州亿豪食品工业有限公司(以下简称"亿豪公司")系于2001年10月设立的台资有限责任公司,许可经营项目为豆类植物馅、植物性蛋白、淀粉的生产销售等。2008年10月7日,亿豪公司对该公司产品中添加辣椒红、日落黄、双乙酸钠、二氧化钛、滑石粉等添加剂向扬州市仪征质量技术监督局备案。同年12月4日,质监部门书面通知亿豪公司,上述添加剂在《食品添加剂使用卫生标准》(GB 2760-2007)中未能查询到允许使用在豆制品(其他豆制品)上,特通知该企业在生产加工产品中不得添加上述添加剂。2009年1月至2011年8月,在亿豪公司总经理陈某焜安排下,该公司将辣椒红、日落黄、双乙酸钠、二氧化钛、滑石粉等添加剂添加到该公司所生产的苏亚系列产品中。在质监部门到该公司检

[①] 案情介绍、裁判结果与理由,参见江苏省扬州市中级人民法院(2012)扬刑二终字第0117号刑事裁定书。

查时,陈某焜多次指使工人将上述几种添加剂藏匿,以逃避检查。亿豪公司先后向河南双汇、合肥百盛食品等公司销售总计价值人民币838万余元的苏亚系列产品。

二、争议焦点

本案的争议焦点为:亿豪公司在生产、销售的食品中违规掺入添加剂的行为构成生产、销售不符合安全标准的食品罪,还是生产、销售伪劣产品罪?

认为构成生产、销售不符合安全标准的食品罪的主要理由是:亿豪公司在食品加工、销售的过程中,违反食品安全标准,超范围滥用辣椒红、日落黄等食品添加剂,存在损害人体的危险,不能完全排除发生严重食物中毒事故或者其他严重食源性疾病的可能性,应以生产、销售不符合安全标准的食品罪定罪处罚。

认为构成生产、销售伪劣产品罪的主要理由是:不合格食品不等于不符合安全标准的食品。没有证据证明亿豪公司生产的豆制品造成了消费者严重食物中毒事故或者其他严重食源性疾病,不构成生产、销售不符合安全标准的食品罪。亿豪公司在产品中掺入辣椒红、日落黄等添加剂的行为属于生产不合格产品,已达到生产、销售伪劣产品罪销售数额较大的要求。

三、裁判结果与理由

江苏省扬州市中级人民法院经审理认为,上诉人亿豪公司违反国家关于食品安全法律、法规的禁止性规定,在生产属于豆制品(其他豆制品)分类的产品中违规添加多种添加剂,销售金额达838万余元,其行为构成生产、销售伪劣产品罪;上诉人陈某焜作为被告单位直接负责的主管人员,其行为亦构成生产、销售伪劣产品罪。

四、案件评析

本案涉及的问题是在食品中违规掺入添加剂行为的定性。结合刑法规定和2013年《最高人民法院、最高人民检察院关于办理危害食品安全刑事案件适用法律若干问题的解释》,食品安全类案件可能涉及生产、销售不符合安全标准的食品罪,生产、销售有毒、有害食品罪和生产、销售伪劣产品罪。

生产、销售不符合安全标准的食品罪,指生产、销售不符合食品安全标准的食品,足以造成严重食物中毒事故或者其他严重食源性疾病的行为。该罪属于具体的危险犯,以行为足以造成严重食物中毒事故或者其他严重食源性疾病为成立条件。生产、销售有毒、有害食品罪,指违反国家食品安全管理法规,在生产、销售的食品中掺入有毒、有害的非食品原料的,或者销售明知掺有有毒、有害的非食品原料的食品的行为。该罪属于行为犯或称为抽象的危险犯,只要行为人实施了行为,无论是否发生危害结果,也无须产生具体危险,即可构成本罪;判断是否存在有毒、有害的"非食品原料"是本罪客观方面的关键内容。生产、销售伪劣产品罪,指生产者、销售者在产品中掺杂、掺假,以假充真,以次充好,或者以不合格产品冒充合格产品,销售金额较大的行为。不同于前两个罪名,生产、销售伪劣产品罪有四种行为方式,且有数额较大的要求,即销售金额达到五万元以上,才能以该罪论处。

虽然这三个罪名的成立条件差异明显,但是三者存在法条竞合的关系。具体而言,生产、销售伪劣产品罪属于生产、销售伪劣商品罪中的一般规定,不符合安全标准的食品和有毒、有害食品都属于伪劣产品,而构成生产、销售有毒、有害食品罪中的有毒、有害食品必然属于不符合安全标准的食品,生产、销售不符合安全标准的食品罪与生产、销售有毒、有害食品罪也存在一般和特殊的关系。按照《刑法》第 149 条规定的处理规则,生产、销售特定产品的犯罪行为没有达到成立特定犯罪的要求,但销售金额在五万元以上的,依照生产、销售伪劣产品罪定罪处罚;同时符合两种罪名的情况下,从一重罪处理。因此,对某一具体的生产、销售伪劣产品行为进行定性分析,在考虑特别法规定之后,也必须对照一般法规定进行判断,比较两者刑罚轻重后,才能得出定罪处罚结论。

具体到本案,首先,从分析添加剂入手,因亿豪公司未使用不能作为食品配料或是食品添加剂的物质,[①]排除其违规使用添加剂行为构成生产、销售有毒、

---

① 参见《刑法学》编写组:《刑法学(下册·各论)》,高等教育出版社 2019 年版,第 68 页。

有害食品罪。亿豪公司在豆制品中违规加入的辣椒红、日落黄、双乙酸钠、二氧化钛、滑石粉等添加剂都是列入国家目录的食品添加剂,可在部分食品生产加工中使用,只是严禁超范围、超量使用。虽然这些添加剂存在危害人体的危险,即过量添加、随意超范围添加可能成为有毒有害之物,但是在标准范围之内使用食品添加剂,没有安全问题。质监部门对苏亚系列产品进行抽检,未发现有毒、有害的成分。所以,亿豪公司不成立生产、销售有毒、有害产品罪基本没有争议。

其次,因没有产生足以造成严重的食物中毒事故或其他严重食源性疾病的具体危险,亿豪公司违规掺入添加剂的行为也不符合生产、销售不符合安全标准的食品罪。不符合安全标准也就是不符合《中华人民共和国食品安全法》(以下简称《食品安全法》)所规定的安全标准。按照《食品安全法》的规定,食品添加剂的品种、使用范围、用量是安全标准的内容,亿豪公司违规掺入添加剂的行为属于生产不符合安全标准食品的行为。但是,仅实施此行为,没有产生足以造成严重的食物中毒事故或其他严重食源性疾病的具体危险,并不构成本罪。从实际情况来看,亿豪公司违规掺入添加剂的行为并没有出现此类危险,不能按照本罪处理。

最后,亿豪公司违规掺入添加剂的行为属于以不合格产品冒充合格产品的情形,数额高达 838 万元,可以构成生产、销售伪劣产品罪。结合相关的法律规范,存在不合理危险或缺乏应有使用性能是"伪劣产品"的关键要素,而判断是否具有合理危险根据相关规范所确定的质量标准即可。[①]《食品安全法》第 34 条明确禁止生产经营超范围、超限量使用食品添加剂的食品。如此规定,正是考虑到滥用添加剂存在的危险。毫无疑问,亿豪公司违规使用添加剂的行为,是在生产不合格食品,且数额早已达到入罪标准。此外,在本案中,陈某焜作为亿豪公司直接负责的主管人员,按照刑法规定,也应以生产、销售伪劣产品罪定罪处罚。

五、相关法律规范

1.《刑法》第 140 条、第 143 条、第 144 条、第 150 条。
2.《食品安全法》第 34 条。

---

① 参见马飞:《"伪劣产品"的司法界定》,载《人民法院报》2019 年 5 月 30 日第 6 版。

第二节　在走私废物中夹藏普通货物行为的定性[①]

一、案情介绍

2010年4月,被告人应某敏、陆某为谋取非法利益而共谋采用伪报品名等方法为他人办理走私废旧电子产品中的通关和运输事宜,并按照废旧电子产品进口数量计算报酬。自同年6月起,应某敏、陆某等人按事先分工共同从事上述走私活动。2011年4月1日,上海海关缉私部门查封、扣押了20个由被告人应某敏、陆某以瓦楞纸板名义进口的装有走私物品的集装箱。经清点、理货和鉴别,上述走私货物主要为:属于危险类废物的废旧线路板、废电池等共计32290公斤;属于国家禁止进口的固体废物的废旧复印机、打印机、电脑等共计349812公斤;属于国家限制进口的可用作原料的固体废物的硅废碎料共计7270公斤;另有胶带、非家用缝纫机头、轴承等普通货物若干吨,分散在各集装箱内,涉及税额人民币70余万元。

二、争议焦点

本案的争议焦点为:应某敏等人在走私废物中夹藏普通货物的行为构成走私废物罪的同时,是否还构成走私普通货物罪?

认为构成走私普通货物罪的主要理由是:2002年《最高人民法院、最高人民检察院、海关总署关于办理走私刑事案件适用法律若干问题的意见》第6条规定:"走私犯罪嫌疑人主观上具有走私犯罪故意,但对其走私的具体对象不明确的,不影响走私犯罪构成,应当根据实际的走私对象定罪处罚……"2006年《最高人民法院关于审理走私刑事案件具体应用法律若干问题的解释(二)》(已失

[①] 案情介绍、裁判结果与理由,参见陈兴良等主编:《人民法院刑事指导案例裁判要旨通纂(上卷·第二版)》,北京大学出版社2018年版,第170—171页。

效)第 5 条规定:"对在走私的普通货物、物品或者废物中藏匿刑法第一百五十一条、第一百五十二条、第三百四十七条、第三百五十条规定的货物、物品,构成犯罪的,以实际走私的货物、物品定罪处罚;构成数罪的,实行数罪并罚。"[①]根据"以实际走私的货物、物品定罪处罚"的规则,应某敏等人违反海关法规,逃避海关监管,采用伪报品名的方式进口固体废物逾 389 吨、进口普通货物偷逃应缴税额 74 万余元,其行为已构成走私废物罪、走私普通货物罪,且情节特别严重,偷逃应缴税额特别巨大。

认为不构成走私普通货物罪的主要理由是:不能简单依据货柜中货物的客观状况分别定罪并实行数罪并罚;应某敏等人并非货源组织者,也非收货人(或者非货主),仅作为代理进口商主要负责废旧电子产品的通关业务,并不明知其所走私的废旧电子产品中还夹藏进口胶带、轴承等普通货物,故其主观上不具有走私普通货物的故意。

三、裁判结果与理由

上海市第一中级人民法院一审认为:鉴于应某敏等人并非货源组织者,也非货主、收货人,其所收取报酬与夹藏物品所获利益并不挂钩,加上本案夹藏密度大、单一物品所占体积小,且分散在各个集中箱,所占空间在整个集装箱中的比例相当小,不易察觉,二被告未及时发现夹藏物品符合常理,故依法认定二被告人不具有走私普通货物的故意。

四、案件评析

本案涉及的问题是在走私废物中夹藏普通货物行为的定性。主要涉及两个问题:第一,在走私类犯罪中,如何认定行为人对夹藏物是否有走私故意;第二,如何理解相关司法解释确定的,在走私案件中"以实际走私的货物、物品定罪处

[①] 2014 年《最高人民法院、最高人民检察院关于办理走私刑事案件适用法律若干问题的解释》第 22 条规定:"在走私的货物、物品中藏匿刑法第一百五十一条、第一百五十二条、第三百四十七条、第三百五十条规定的货物、物品,构成犯罪的,以实际走私的货物、物品定罪处罚;构成数罪的,实行数罪并罚。"删除了"废物中藏匿"的情况。

罚"的处理规则。

按照刑法规定,所有的走私犯罪均为故意犯罪。认定走私行为人的主观故意不仅关乎罪与非罪,还影响此罪与彼罪。主观故意是行为人对自己所实施的行为造成危害后果持希望或者放任的心理态度。虽然故意作为支配行为人作出犯罪行为的心理状态,属于主观内容,但是为了避免判断恣意或客观归罪,对主观故意的判断并不能完全听信行为人的叙述或者仅考虑犯罪结果,而是应综合考虑行为人的个人情况等所有的客观事实。具体到走私犯罪中,首先可以肯定的是,仅根据所查获的夹藏物直接认定行为人主观上具有走私普通货物的故意过于片面,可能会使无罪过的无辜者遭受刑法非难,有违责任主义原则。一般而言,可以根据走私行为人的陈述、走私人的地位、签订的业务合同、所藏货物的大小和位置、所获得的报酬等客观情况,综合判断行为主观上对夹藏物是否有走私故意。在本案中,应某敏等人的业务是帮助他人走私废旧电子产品并按照数量获得报酬。作为运输者,应某敏等人仅明确知晓自己在实施违反海关法规、逃避海关监管,非法运输废旧的电子产品,即具有走私废物的故意。至于夹藏在废物中的货物,由于数量不多,体积不大,在被海关查获之前,应某敏等人根本就没有认识到夹藏货物的存在,主观上也就不可能有走私这些货物的故意。

但是,按照我国相关的司法解释,在走私犯罪中,行为人有走私的故意,即使对走私对象没有明确认识,也直接按照走私对象进行定罪处罚。据此,似乎应该肯定应某敏等人可以成立走私普通货物罪。这一司法解释内容是否妥当、如何理解都值得讨论。理论上一般从概括故意的角度解释这一内容。所谓概括的故意,是一种不确定的故意,不确定性体现在犯罪故意的认识因素方面。具体到走私犯罪的概括故意,就是"行为人明知自己在实施走私行为,但对于走私的具体对象并不明确,并希望或者放任危害结果发生的心理态度。"[①]换言之,行为人对走私对象仅有模糊的认识,无论走私何物都没有超出其认识范围。很明显,这一司法解释内容是出于扩大走私犯罪范围的目的降低了走私故意的要求。但需要注意的是,根据主客观相统一原则的基本要求,如果行为人主观上确实没有故意

---

① 张永红:《概括故意研究》,载《法律科学》2008年第1期。

时,不能直接按照实际走私物进行定罪处罚。例如,如果行为人欲走私之物与实际走私之物属性相同,或行为人无所谓走私何物,由于主观上有概括的走私故意,按照实际走私之物定罪处罚,并没有问题。① 但是,如果行为人欲走私普通货物,实际走私了贵金属等特殊货物,很明显超出了行为人的认识范围,按照走私特殊货物罪论处不符合主客观相一致原则,只能按照走私普通货物罪的未遂处理,将走私特殊货物作为酌情加重的情节予以考虑,以保障处罚结果符合罪责刑相适宜原则的基本要求。在本案中,应某敏等行为人始终认为自己在走私废物,对于夹藏的货物完全没有认识,并不符合走私犯罪的概括故意的要求,不能按照实际走私之物定罪处罚。仅能在走私废物罪的量刑环节中合理考虑走私普通货物这一客观事实,酌情作出从重处罚。

五、相关法律规范

1.《刑法》第 153 条。

2.《最高人民法院、最高人民检察院、海关总署关于办理走私刑事案件适用法律若干问题的意见》第 6 条。

3.《最高人民法院关于审理走私刑事案件具体应用法律若干问题的解释(二)》(已失效)第 5 条。

第三节 非法吸收公众存款后难以偿还本息行为的定性②

一、案情介绍

2007 年 3 月,被告人张某林、叶某英夫妇成立温州民诚信用担保有限公司,经营范围为贷款担保、票据承兑担保、贸易融资担保等。2008 年上半年至 2011

---

① 参见曹坚:《以主客观相一致的视角检视走私犯罪的主观故意》,载《政治与法律》2007 年第 2 期。

② 参见方彬微:《集资诈骗罪与非法吸收公众存款罪的区分》,载《人民司法(案例)》2016 年第 29 期。

年 8 月,张某林、叶某英以投资温州民诚信用担保有限公司为幌子,以月息 2‰—3‰为诱饵,通过口口相传的方式,先后向顾某、李某红、邱某妹等 100 余名被害人非法吸收存款达 40990.9 万元,并将非法吸收的资金用于高利贷转借给他人、投资房产、企业,支付借款利息及用于个人、家庭消费等。2009 年开始,被告人张某林、叶某英将上述部分非法吸收的资金用于个人及家庭享受,其中以 180 万元购买了保时捷轿车一辆(登记于叶某英名下),以 318 万元购买了奔驰轿车一辆,并从国内外购买了名贵手表数只、黄金制品若干。2011 年 8 月,张某林、叶某英夫妇出现资金周转困难。为偿还债务,张某林、叶某英将奔驰轿车、保时捷轿车卖掉还债,并将所购置的名贵手表予以抵债、典当,其中一只以 100 万元的价格抵债给被害人顾某,另外多只以 130 余万元的价格予以典当。典当所得中的 70 万元用于还债,另 60 万元用于其子女在国外的生活费用。2013 年 1 月,张某林、叶某英夫妇因无力偿还债务而出逃越南,后被公安机关抓获。

二、争议焦点

本案的争议焦点为:张某林、叶某英非法吸收公众存款后难以偿还的行为,构成集资诈骗罪,还是非法吸收公众存款罪?

认为构成集资诈骗罪的主要理由是:张某林、叶某英将集资款用于购买高档汽车和名贵手表,从价值上看,购买的高档汽车已超出了正常的经营所需,购买的名表虽存在保值增值的可能,但主要是为了自用,可见二被告人存在肆意挥霍集资款的行为,应认定其主观上具有非法占有的目的,故构成集资诈骗罪。

认为构成非法吸收公众存款罪的主要理由是:在被告人资金实力尚可的情况下,适当的高消费不能一概被认定为肆意挥霍,何况被告人在资金链断裂后,积极地将所购买的高档汽车和名贵手表用于抵债或典当还债,可见其主观上不具有非法占有的目的,故应构成非法吸收公众存款罪。

三、裁判结果与理由

温州市中级人民法院认为,张某林、叶某英将吸存的 4 亿余元资金主要用于可获得回报的项目,将 728 万元用于高档汽车和名贵手表消费时,在未超出预期收益的情况下,不应认定为挥霍;且张某林、叶某英在资金周转出现困难后,将汽车变卖还债,将手表抵债或典当,之前用于购买汽车、手表的相应资金不应认定被其非法占有,张某林、叶某英的行为不符合集资诈骗罪的构成要件,改判为非法吸收公众存款罪。

四、案件评析

本案涉及的问题是非法吸收公众存款后难以偿还本息行为的定性。关键问题在于,如何区分非法吸收公众存款罪和集资诈骗罪。非法吸收公众存款罪指违反国家规定,非法吸收公众存款或变相吸收公众存款,扰乱金融秩序的行为。集资诈骗罪指以非法占有为目的,使用诈骗的方法非法集资,数额较大的行为。虽然两罪在客观方面都表现为非法集资,但是两罪存在本质上的区别。第一,行为人主观上是否具有非法占有目的是区分两罪的关键。集资诈骗罪中行为人是以非法占有为目的实施犯罪行为,而非法吸收公众存款罪只是想通过非法集资的方式进行间接融资盈利,并没有非法占有资金的目的。第二,两罪的客观行为存在不同。集资诈骗罪使用诈骗的方法,而非法吸收公众存款罪并没有此要求,无论使用何种手段集资,只要是违反国家规定,即可能构成本罪。第三,因为两罪主客观方面的差异,在侵害的具体法益内容方面也有所不同。集资诈骗罪作为一种特殊的诈骗犯罪,扰乱金融秩序的同时,也侵害到被害人的合法财产权利。而非法吸收公众存款罪保护单一法益,即国家的金融秩序。当然,在难以还款的情况下,非法吸收公众存款的行为也会侵害他人的财产权益,但是行为人主观上没有非法占有目的,没有值得刑法非难的主观恶性。也正是因为法益侵害性不同,两罪的法定刑差距悬殊。非法吸收公众存款罪法定最高刑为10年以下有期徒刑并处罚金,而集资诈骗罪最高可以判处无期徒刑并没收财产。因此,在司法实践中,准确区分两罪非常重要。

理论和实务中的通说认为,行为人主观上是否具有非法占有目的被认为是非法吸收公众存款罪与集资诈骗罪的本质区别,具体判断非法占有目的成为区分两罪的关键。不同于客观要件,非法占有目的作为主观要素,深藏于人的内心,并不容易把握。虽然2001年《全国法院审理金融犯罪案件工作座谈会纪要》、2010年《最高人民法院关于审理非法集资刑事案件具体应用法律若干问题的解释》及2019年《最高人民法院、最高人民检察院、公安部关于办理非法集资刑事案件若干问题的意见》(2021年修正)等司法解释，明确了应坚持主客观相一致原则认定非法占有目的，并列举了常见的可以认定为"非法占有目的"的情形。但是，司法解释关于非法占有目的的认定标准却广受学界批评，在司法实践中仍不乏争议。如本案中，张某林、叶某英将少量集资款用于购买高档汽车和名贵手表的行为能否认定其具有非法占有目的就存在较大争议。之所以如此，部分源于目前对何为非法占有目的仍未有统一的理解，因而对司法解释所规定的肆意挥霍、不用于生产经营等关键词的解释出现不同观点。①

刑法条文明确规定，集资诈骗罪以具有非法占有目的为构成要件要素。理论上一般认为，非法占有目的就是非法所有目的，"要求行为人主观上存在的是将他人的财物作为自己所有物进行利用、处分的意思或主观心态。"②根据刑法规定、司法解释等相关内容，认定集资诈骗罪非法占有目的时，应注意结合行为人在不同阶段的事实，多方面考虑：第一，行为人获得资金的手段。集资诈骗罪使用诈骗手段获得资金。如果行为人合法地获得资金，事后因各种原因不能或不想返还，只是民法上的债权债务问题，并不属于刑法的评价对象。第二，行为人使用资金的方式。行为人将集资款投入正常的生产经营活动中，而非携款潜逃、用于不合理的个人消费等，即使最后因经营不善等原因导致难以偿还，也不能认定其有非法占有目的。第三，行为人事后的态度和行为。判断行为人是否有非法占有目的，应该合理考虑事后行为，不能因为出现了难以还款的事实即肯定行为人具有非法占有目的。无非法占有目的之人，总是想方设法地通过各种途径解决还款问题，即使最终仍难以还款，也应该肯定其主观上没有非法占有目的；而有非法占有目的之人，往往采取跑路、隐匿资产、假倒闭等方式直接或间接地逃避还款。

---

① 参见贾占旭：《集资诈骗罪"非法占有目的"要件的理论修正与司法检视》，载《法学论坛》2021年第1期。

② 《如何认定集资诈骗罪中的非法占有目的》，https://www.spp.gov.cn/spp/llyj/201901/t20190125_406375.shtml，2021年4月17日访问。

具体到本案,首先,张某林夫妇以投资温州民诚信用担保有限公司为名非法吸收公众存款,该公司确实处于合法经营状态,并未使用欺骗的手段获得资金。其次,关于资金用途,虽然夫妇俩将少量集资款用于购买高档汽车和名贵手表,但是这并不符合司法解释中所说的"肆意挥霍集资款,致使集资款不能返还"。因为张某林夫妇将绝大部分的集资款用于有收益的投资,这些高消费并没有超出其可承受范围。最后,在出现资金周转困难后,张某林夫妇积极通过变卖车辆进行还款,也说明其主观上没有非法占有目的。综上所述,张某林夫妇不构成集资诈骗罪,而应以非法吸收公众存款罪处理。

五、相关法律规范

《刑法》第 176 条、第 192 条。

第四节 内幕交易、泄露内幕信息罪

一、案情介绍

2014 年下半年,因包头乙有限公司(以下简称"乙公司")预期经营业绩大幅下跌,乙公司的股东内蒙古甲集团有限公司(以下简称"甲集团")拟将旗下部分军品业务资产及某业务注入乙公司,通过资产重组方式扭转乙公司的亏损局面,并于 2014 年 8 月草拟了《关于乙公司定向增发收购甲集团第四分公司、石油机械板块并募集配套资金的报告》,形成了初步资产重组方案。乙公司董事兼董事会秘书程某罡于 2014 年 8 月 12 日收到含有该报告的电子邮件。重组事宜由程某罡负责与乙公司的实际控制人丙公司沟通。后因丙公司改革与资产管理部更换领导,重组工作暂时搁置。

2015 年 4 月 7 日,被告人程某罡接到丙公司要求其到北京汇报乙公司基本经营情况和资本运营情况的电话通知。程某罡随即向甲集团权益部索要了上述重组报告。4 月 9 日上午,程某罡在丙公司改革与资产管理部与该部主任牛某、资本运营处处长李某、副处长唐某探讨研究了乙公司重组的可能性等相关事宜。

牛某告知程某罡,乙公司是丙公司推进资产重组的重点公司之一。

4月10日下午,乙公司股票涨停。由程某罡提议,并经丙公司和甲集团同意,乙公司向上海证券交易所申请停牌。4月11日,乙公司发布《重大事项停牌公告》,公司股票于4月13日起正式停牌。4月25日,乙公司发布了《重大资产重组的停牌公告》。10月26日,乙公司发布了重组预案,主要内容为乙公司拟以发行股份和支付现金相结合的方式购买甲集团主要经营性资产及负债、山西某有限责任公司100%股权、山西某有限公司及秦皇岛某有限公司100%股权,同时拟采用询价方式向不超过10名特定投资者非公开发行股票募集配套资金。11月16日,乙公司股票复牌。

被告北京嘉瀛德兴投资有限公司(以下简称"嘉瀛德兴公司")于2013年6月20日成立,注册资本1000万元,经营范围包括项目投资、资产管理等,公司实际营业地位于北京市东城区。被告人李某忠系嘉瀛德兴公司实际控制人。

被告人程某罡在2014年8月至2015年4月10日期间,多次与被告人李某忠接触,将乙公司即将进行资产重组的内幕信息泄露给李某忠。2015年4月10日上午,程某罡来到嘉瀛德兴公司的实际营业地,随后李某忠安排其嘉瀛德兴公司员工王某、秦某操作贺某、宋某等6人的8个证券账户,卖出账户内其他股票并融资筹款,当日集中买入乙公司股票1431.1755万股,成交金额23200.495072万元,乙公司当日股价大幅上涨。从2015年11月19日起,李某忠安排王某将上述乙公司股票陆续卖出。经上海证券交易所计算,上述股票交易违法所得共计3646.897611万元。

2016年9月30日,中国证券监督管理委员会认定:乙公司2015年4月25日发布重大资产重组的停牌公告所涉重大资产重组事项属于内幕信息,内幕信息敏感期为2014年8月12日至2015年4月25日,被告人程某罡为内幕信息知情人。

2017年1月5日,被告人李某忠被公安民警抓获归案。同日,被告人程某罡经公安民警电话通知,于次日到案。被告人李某忠到案后如实供述了自己的犯罪事实。被告单位嘉瀛德兴公司退回了全部违法所得。

二、争议焦点

本案争议焦点为：(1) 被告人泄露的是否属于内幕信息？(2) 被告人的行为是否属于内幕交易行为？(3) 被告人是否属于内幕知情人员？

三、裁判结果与理由

由于指定管辖，重庆市第一中级人民法院于2018年8月9日作出一审判决：(1) 被告单位嘉瀛德兴公司犯内幕交易罪，判处罚金人民币5000万元（已缴纳2800万）。(2) 被告人李某忠犯内幕交易罪，判处有期徒刑3年，缓刑4年。（缓刑考验期从判决确定之日起计算。）(3) 被告人程某罡犯泄露内幕信息罪，判处有期徒刑5年6个月，并处罚金人民币3650万元。（刑期从判决执行之日起计算。判决执行以前先行羁押的，羁押1日折抵刑期1日，共折抵36日，即自2018年1月8日起至2023年6月1日止。）(4) 对扣押的电脑以及被告单位嘉瀛德兴公司退出的违法所得3646.897611万元予以没收，上缴国库。

主要裁判理由如下：

(1) 被告单位嘉瀛德兴公司及被告人李某忠构成内幕交易罪

被告单位嘉瀛德兴公司及其直接负责的主管人员被告人李某忠非法获取乙公司重组的内幕信息，在该内幕信息尚未公开前，买入乙公司股票，股票交易成交额共计23200.495072万元，获利3646.897611万元，情节特别严重，其行为已构成内幕交易罪。

(2) 被告人程某罡构成泄露内幕信息罪

被告人程某罡作为乙公司资产重组内幕信息知情人，在内幕信息尚未公开前，泄露该信息，情节特别严重，其行为已构成泄露内幕信息罪，依法应予处罚。公诉机关起诉指控的事实和罪名成立。被告人李某忠到案后如实供述自己的罪行，被告单位嘉瀛德兴公司及被告人李某忠案发后积极退赔违法所得，有悔罪表现，并自愿认罪认罚，可以从轻处罚并适用缓刑。对相应辩护意见，予以采纳。

关于被告人程某罡的辩护人提出证监会对本案内幕信息敏感期认定有误的辩护意见。经查，2014年甲集团即开始筹划本次重组，拟将旗下部分军品业务资产及某业务注入乙公司,通过资产重组方式扭转乙公司的亏损局面,并于2014年8月形成了初步资产重组方案。与最终确定的重组方案相比,虽然交易金额和收购的公司发生部分改变,但交易标的资产都为甲集团及其下属子公司资产,且都为甲集团的石油机械板块,标的资产类型基本未改变。甲集团在重组过程中具有主导作用,影响内幕信息的形成。根据《最高人民法院、最高人民检察院关于办理内幕交易、泄露内幕信息刑事案件具体应用法律若干问题的解释》第5条的规定,内幕信息敏感期是指内幕信息自形成至公开的期间,影响内幕信息形成的动议、筹划、决策或者执行人员,其动议、筹划、决策或者执行初始时间,应当认定为内幕信息的形成之时。故甲集团筹划重组的初始时间应认定为内幕信息的形成时间,即不晚于程某罡于2014年8月12日收到重组报告草案的邮箱显示时间。中国证券监督管理委员会对内幕信息敏感期的认定准确,该辩护意见不成立,不予采纳。

四、案件评析

(一) 被告人泄露的是否属于内幕信息

内幕交易,是利用内幕信息进行交易的行为。所谓内幕信息,即在涉及证券的发行,证券、期货交易或者其他对证券、期货交易价格有重大影响的,尚未公开的信息。

2005年修订的《中华人民共和国证券法》(以下简称《证券法》)第67条第2款和第75条规定,以下这些信息皆属内幕信息:1.可能对上市公司股票交易价格产生较大影响的重大事件。具体包括:公司的经营方针和经营范围的重大变化;公司的重大投资行为和重大的购置财产的决定;公司订立重要合同,可能对公司的资产、负债、权益和经营成果产生重要影响;公司发生重大债务和未能清偿到期重大债务的违约情况;公司发生重大亏损或者重大损失;公司生产经营的外部条件发生的重大变化;公司的董事、三分之一以上监事或者经理发生变动;持有公司百分之五以上股份的股东或者实际控制人,其持有股份或者控制公司的情况发生较大变化;公司减资、合并、分立、解散及申请破产的决定;涉及公司的重大诉讼,股东大会、董事会决议被依法撤销或者宣告无效;公司涉嫌犯罪被司法机关立案调查,公司董事、监事、高级管理人员涉嫌犯罪被司法机关采取强制措施;国务院证券监督管理机构规定的其他事项。2.公司分配股利或者增资的计划。3.公司股权结构的重大变化。4.公司债务担保的重大变更。5.公司营业用主要资产的抵押、出售或者报废一次超过该资产的百分之三十。6.公司的董事、监事、高级管理人员的行为可能依法承担重大损害赔偿责任。7.上市公司收购的有关方案。8.国务院证券监督管理机构认定的对证券交易价格有显著影响的其他重要信息。

内幕信息具有秘密性,即尚未在证券、期货市场上公开,还不为社会公众所知晓。上述涉及证券的发行,证券、期货交易或者其他对证券、期货交易价格有重大影响的信息,只有在尚未公开前,才能被称为内幕信息。2005年《证券法》第70条规定:依法必须披露的信息,应当在国务院证券监督管理机构指定的媒体发布,同时将其置备于公司住所、证券交易所,供社会公众查阅。因此,一般以是否在国务院证券监督管理机构指定的媒体发布作为该重要信息能否被认为是内幕信息的标准。

本案中的乙公司重组信息,在其尚未公开以前,属于我国证券法规定的内幕信息。因此,被告人的行为属于泄露内幕信息。

(二)被告人的行为是否属于内幕交易行为

根据2005年《证券法》第76条以及《刑法修正案(七)》的相关规定,内幕交易具体有以下几种方式:1.根据内幕信息买卖证券。在本罪中,行为人持有的内幕信息,可以是内幕人员通过其能够接触内幕信息的职务之便获得的,也可以是行为人通过盗取、骗取等非法手段所获得的。2.获悉内幕信息的人员向他人提出买卖证券的建议。3.从事与该内幕信息有关的期货交易。本案中被告人有在内幕信息尚未公开以前,买卖该证券的行为,构成内幕交易罪。

(三)被告人是否属于内幕信息知情人员

根据2005年《证券法》第74条的规定,证券交易内幕信息的知情人包括:发行人的董事、监事、高级管理人员;持有公司百分之五以上股份的股东及其董事、监事、高级管理人员,公司的实际控制人及其董事、监事、高级管理人员;发行人控股的公司及其董事、监事、高级管理人员;由于所任公司职务可以获取公司有关内幕信息的人员;证券监督管理机构工作人员以及由于法定职责对证券的发行、交易进行管理的其他人员;保荐人、承销的证券公司、证券交易所、证券登记结算机构、证券服务机构的有关人员;国务院证券监督管理机构规定的其他人。

同时,根据2012年修订的《期货交易管理条例》第82条第12项的规定,期货交易的内幕信息知情人员是指由于其管理地位、监督地位或者职业地位,或者作为雇员、专业顾问履行职务,能够接触或者获得内幕信息的人员,包括:期货交易所的管理人员以及其他由于任职可获取内幕信息的从业人员,国务院期货监督管理机构和其他有关部门的工作人员以及国务院期货监督管理机构规定的其他人员。本案中被告单位和两被告人都属于内幕信息知情人员,因此可构成本罪。

五、相关法律规范

1.《刑法》第180条。

2.《最高人民法院、最高人民检察院关于办理内幕交易、泄露内幕信息刑事案件具体应用法律若干问题的解释》第5条。

3.《证券法》第67条、第70条、第74条、第75条、第76条。

4.《期货交易管理条例》(2012年修订)第82条第12项。

第五节　虚开增值税专用发票

一、案情介绍

西宁市人民检察院起诉书指控,上诉人(原审被告人)张某、姜某犯虚开增值税专用发票罪。西宁市中级人民法院于2015年10月10日作出(2015)宁刑初字第56号刑事判决,认定被告人张某、姜某构成虚开增值税专用发票罪,后被告人张某、姜某提出上诉。原判认定,虚开增值税专用发票的事实如下:2012年4月26日,被告人张某伙同姜某在青海生物科技产业园登记注册青海茜兰药材有限责任公司,同年8月15日变更为青海茜兰药业有限责任公司,10月15日变更为青海茜兰服装有限责任公司。该公司自2012年8月1日取得增值税一般纳税人认定后,从2012年12月起至2014年4月,在大部分没有实际货物销售交易的情况下,分别从安徽、黑龙江、上海、江苏、贵州、新疆、甘肃等省市,让他人为自己虚开进项增值税专用发票共计247份,共计金额23533568.16元,共计税额3987114.40元,税价共合计27520682.56元。经西宁市东川工业园区国家税务局稽查局出具证明,证实该公司取得的共计247份进项增值税专用发票,在取得增值税专用发票当月认证抵扣。

原判认为,被告人张某、姜某违反国家税收征管和发票管理规定,为他人虚开、让他人为自己虚开增值税专用发票,用于抵扣税款,其行为均已构成虚开增值税专用发票罪。其中,被告人张某虚开的税款数额为11273509.30元,被告人姜某虚开的税款数额为6152426.06元,其虚开的税款数额巨大。

二、争议焦点

本案争议焦点为:(1) 本案被告人的行为是否属于虚开增值税专用发票的行为?(2) 虚开增值税专用发票罪的主观罪过形态如何?

三、判决结果与理由

一审法院判决被告人张某有期徒刑13年,并处罚金30万元;被告人姜某犯虚开增值税专用发票罪,判处有期徒刑6年,并处罚金10万元。二审法院维持原判。裁判理由如下:

(一) 上诉人张某、姜某有虚开增值税专用发票的行为

2012年4月至2014年7月间,上诉人张某、姜某伙同李某某(在逃),由张某出资,相继在西宁市注册成立青海茜兰药材有限公司(法定代表人为姜某)、青海盛康药材有限公司(法定代表人为李某某),后两公司变更登记为青海茜兰服装有限公司(以下简称"茜兰公司")、青海盛康服装有限公司(以下简称"盛康公司")。在取得增值税一般纳税人认定后,在没有实际货物交易的情况下,上诉人张某、姜某分别从安徽、黑龙江、上海、江苏、贵州、新疆、甘肃等省市,让他

人为茜兰公司虚开进项增值税专用发票共计 247 份，金额 25687841.67 元，税额 4353340.89 元，价税合计 30041182.56 元；为盛康公司虚开进项增值税专用发票共计 197 份，金额 18874137.46 元，税额 3208603.54 元，价税合计 22082741.00 元。上诉人张某、姜某伙同李某某以茜兰公司名义为他人虚开增值税专用发票 173 份，金额 12737128.10 元，税额 2165311.66 元，价税合计 14902439.76 元；以盛康公司名义为他人虚开增值税专用发票 113 份，金额 11167528.30 元，税额 1898479.70 元，价税合计 13066008.00 元。

（二）上诉人张某、姜某有虚开增值税专用发票的主观故意

经查：(1)茜兰公司和盛康公司两家公司无生产场地和生产能力，两家公司法定代表人来自同一地区，公司成立时间短，开票数量、金额较大，可能涉嫌虚开增值税专用发票。(2)茜兰公司、盛康公司对外开具的增值税专用发票，与两家公司生产加工的服装并没有关系，之所以生产少量服装，是为了应付税务局检查，且生产的服装大多是运回太和县销售，两家公司实际是为了虚开增值税专用发票而设立，且李某某曾告诉别人其开具的增值税专用发票按百分点向外出售。(3)张某是两家公司的实际控制人，负责联系取得增值税专用发票的单位。公安机关查获的公章均为李某某和姜某找人私刻，在公司对外签订合同和开具增值税专用发票时使用，在公安机关将相关物证扣押后，存在张某曾给李某某打电话让其将私刻的公章和公司财务账簿销毁的事实。(4)2014 年 4 月起，两家公司曾向广州、宁波、新疆等地的公司开出过增值税专用发票(总额 800 多万)，且两家公司轮换开票，总有一家是零申报；从新疆等地取得过进项增值税专用发票(总额 800 多万)，两家公司都是将进项增值税专用发票抵扣完后交账，做账时并未见过进销项合同书、出入库单、运输发票等单据资料。(5)两家公司生产场地和办公地点在一起且由同一批人管理经营。(6)有安徽、黑龙江、上海、江苏、贵州、新疆、甘肃等省市税务机关税收违法案件协查回复函、查获的增值税专用发票等在案佐证。

上诉人张某伙同上诉人姜某、李某某，由张某出资在西宁市注册成立茜兰公司、盛康公司，姜某、李某某分别担任两公司法定代表人，由张某实际控制两公司，在两公司只有少量生产经营货物销售的情况下，让他人为自己虚开增值税专

用发票;同时,张某还指使姜某、李某某以两公司的名义为他人虚开增值税专用发票。根据《刑法》第 205 条第 3 款的规定,虚开增值税专用发票或者虚开用于骗取出口退税、抵扣税款的其他发票,是指有为他人虚开、为自己虚开、让他人为自己虚开、介绍他人虚开行为之一。因此,原判认定上诉人张某、姜某构成虚开增值税专用发票罪的事实清楚,证据确实、充分。原判根据查明的事实,将两公司实际生产并销售的只有票据无其他证据印证的税额 5541683.44 元的发票予以核减后,上诉人张某虚开增值税专用发票税额 11273569.30 元,姜某虚开增值税专用发票税额 6152426.06 元,数额特别巨大。原判根据张某、姜某在共同犯罪中的地位和作用,分别判处张某有期徒刑 13 年,姜某有期徒刑 6 年,量刑适当,上诉理由不能成立。

四、案件评析

(一)关于虚开增值税专用发票罪的行为方式

关于虚开增值税专用发票罪客观方面的特征,根据《刑法》和相关司法解释的规定,主要有三种情形和四种行为方式。

1. 虚开增值税专用发票罪的三种情形

(1)没有货物购销或者没有提供或接受应税劳务而为他人、为自己、让他人为自己、介绍他人开具增值税专用发票。这种情形下,虚开增值税专用发票之"虚开"行为的实质内涵就是没有任何开具增值税专用发票的事实基础,既不存在货物购销的活动,也不存在提供劳务或者接受应税劳务的事实。本案中张某、姜某成立的两家公司,只有少量的购销活动,但是却虚开了大量的增值税专用发票,属于虚开增值税专用发票的情形。

(2)有货物购销或者提供或接受了应税劳务,但为他人、为自己、让他人为自己、介绍他人开具数量或者金额不实的增值税专用发票。这种情形下,虚开增值税专用发票之"虚开"行为的实质内涵是存在开具增值税专用发票的事实基础,但是开具的增值税专用发票的数量或者金额与事实不符合。

(3)进行了实际经营活动,但让他人为自己代开增值税专用发票。这种情形中,虚开增值税专用发票之"虚开"行为的实质内涵是有实际经营活动,开具的增值税专用发票与实际情况相符,但是,增值税专用发票是由他人代开的。

2. 虚开增值税专用发票罪的四种行为方式

(1) 为他人虚开。关于"为他人虚开",有人认为是"合法拥有增值税专用发票的单位和个人,明知对方没有货物销售或提供应税劳务,而为其开具增值税专用发票,或者对方虽销售货物或提供应税劳务,但为其开具内容不实的增值税专用发票的行为"。有人认为可以分为两种情况:"一种是行为人与受票人之间没有货物或者应税劳务的购销关系的情况下,用自己的增值税专用发票为受票人开具增值税专用发票。这是纯粹的虚开。如果行为人与受票人有货物或者应税劳务的购销关系,但行为人为受票人开具了数量和金额不符的增值税专用发票,这也是虚开的行为。另一种是行为人与受票人没有货物或者应税劳务的购销关系的情况下,但第三人同受票人有货物或者应税劳务的购销关系,行为人代第三人为受票方开具了增值税专用发票"。这两种说法的共同点在于为他人虚开增值税发票的主体是合法的单位和个人,不同点在于前者不包括"代开"的情形,而后者则包括"代开"的情形。本书认为,所谓"合法拥有增值税专用发票的单位和个人",只能是指形式上的合法性,而不是实质的合法性,也就是说,包括那些为了从税务机关拿到增值税专用发票而虚假注册成立的单位,这些单位成立的目的不是为了进行正常的经营活动,而是为了从税务机关"合法"取得增值税专用发票用于虚开。本案中,张某、姜某两被告人即存在为他人虚开的行为。

(2) 为自己虚开。关于"为自己虚开",有人认为是"行为人在没有货物或者应税劳务的购销关系的情况下,在自行填开发票时,虚构商品交易的内容或者虚增商品交易的数量、价款和销项税额。包括本企业领购的发票虚开和用非法购买、伪造的增值税专用发票虚开。"有人认为是"合法拥有增值税专用发票的单位或个人,在本身没有货物销售或没有提供应税劳务,以及虽销售货物或提供应税劳务的情况下,为自己开具或者开具内容不真实的增值税专用发票的行为"。本书认为,"为自己虚开"包括行为人为自己开具与实际情况不符合的增值税专用发票的所有情形。本案中,张某、姜某两被告人即存在互相虚开的行为。

(3) 让他人为自己虚开。关于"让他人为自己虚开",有人认为"主要指行为人没有购买货物或者接受应税劳务而让他人开具增值税专用发票。行为人让他人为自己虚开,其目的是多种多样的,但主要有三种情况,一是行为人为自己骗取出口退税或者非法抵扣税款,让发票领购人为自己虚开增值税专用发票。二是行为人为非法收购、倒卖发票从中牟利,或者为他人骗取出口退税、抵扣税款提供非法凭证,而让发票领购人为自己虚开增值税专用发票。三是行为人在没有商品交易或只有部分商品交易的情况下,让发票领购人为自己虚开增值税专用发票。"有人认为,是指"没有货物销售或者提供应税劳务的单位或者个人要求合法拥有增值税专用发票的单位或者个人,为自己开具内容不真实的增值税专用发票的行为。"本书认为,"让他人为自己虚开"包括所有让他人为自己开具内容不真实的增值税专用发票的情形。

(4) 介绍他人虚开。所谓"介绍他人虚开"的行为,是指"在增值税专用发票合法持有人与要求虚开增值税专用发票的单位和个人间牵线搭桥、撮合沟通的行为。"至于"介绍他人虚开"的行为人是否从中获利,并不影响该行为的定性。但是,"介绍他人虚开"的行为人必须明知受票人是为了让他人虚开增值税专用发票,出票人具有虚开增值税专用发票的可能性,从而为两者的沟通建立联系。

上述四种行为中,行为人只要实施其中一种行为,即可构成本罪。本案中,张某、姜某伙同李某某在取得增值税一般纳税人认定后,在没有实际货物交易的情况下,分别从安徽、黑龙江、上海、江苏、贵州、新疆、甘肃等省市,让他人为茜兰公司和盛康公司虚开进项增值税专用发票,同时,以茜兰公司和盛康公司名义为他人虚开增值税专用发票,属于虚开增值税专用发票行为。

(二) 虚开增值税专用发票罪的主观罪过形态

虚开增值税专用发票罪是故意犯,主观方面表现为故意,这点没有异议。值得进一步探讨的问题是本罪主观方面是否包括间接故意。

关于本罪是否包括间接故意,有否定说和肯定说。否定说认为,本罪的主观方面表现为直接故意,指行为人不但明知自己在虚开增值税专用发票,而且还明知这种虚开行为可能导致国家税款的减少、流失。肯定说认为,本罪的主观方面包括直接故意和间接故意。如有的学者指出,实践中存在两种情况,"一种是为了抵扣税款或骗取出口退税款而虚开增值税专用发票的,尤其是对于为自己虚开和让他人为自己虚开者,其故意内容显然属于直接故意,即明知不得虚开而虚开并积极追求偷骗税款结果的发生;另一种是出于牟利动机,为了获取所谓'开票费''好处费''介绍费'或其他利益而虚开的,尤其是对于为他人虚开或介绍他人虚开者,一般只有虚开或介绍行为而并不实施持票进行税款抵扣或骗取出口退税的行为,其故意内容则既包括直接故意也包括间接故意,即行为人对于这种虚开增值税专用发票的行为可能造成国家税款损失的后果(虚开的发票被他人用来抵扣税款或骗取出口退税)是明知的,对于这种结果的心理既可以是希望,也可以是放任。"本书认为,否定间接故意的直接故意说一方面认为本罪的主观方面是直接故意,一方面仅仅指出意识方面的因素,即"明知自己在虚开增值税专用发票,而且还明知这种虚开行为可能导致国家税款的减少、流失",回避了意志方面的因素,是不妥当的。本书赞成本罪的主观方面包括直接故意和间接故意的观点。本案中,被告人不但利用多家公司,在没有实际货物销售的情况下,虚开增值税专用发票,而且次数多,数额大,其主观上是直接故意,因此,足以认定被告人的行为构成虚开增值税专用发票罪。

五、相关法律规范

《刑法》第 205 条。

第六节 串通投标罪

一、案情介绍

江苏省宿迁市宿豫区人民法院审理江苏省宿迁市宿豫区人民检察院起诉指控原审被告人王某犯串通投标罪。2018 年 12 月至 2019 年 3 月,被告人王某在工程项目招投标过程中,为了增加中标概率,与房某忠(另案处理)串通投标,并安排其公司员工利用其个人控制的南京润景丰创信息技术有限公司、江苏洛希丁信息科技有限公司以及借用江苏誉淇建设工程有限公司对江苏省公安厅援建的青海省海南藏族自治州公安特警室内靶场建设项目工程采取"围标"的手段进行串通投标,后被告人王某控制的南京润景丰创信息技术有限公司以 273.974

万元中标。

原审法院另查明,被告人王某归案后如实供述自己的犯罪事实。

二、争议焦点

根据《刑法》第223条的规定,串通投标罪是指投标人相互串通投标报价,损害招标人或者其他投标人利益,情节严重的行为,或者投标人与招标人串通投标,损害国家、集体、公民的合法利益的行为。

本案争议焦点为:(1)行为人是否有串通投标的行为?(2)是否属于情节严重?

三、裁判结果与理由

江苏省宿迁市宿豫区人民法院认为,被告人王某与他人相互串通投标报价,损害招标人或者其他投标人利益,情节严重,其行为已构成串通投标罪。公诉机关指控的罪名成立,法院予以支持。本案系二人以上共同故意犯罪,是共同犯罪。被告人王某归案后如实供述自己的罪行,依法可以从轻处罚。据此,依照《刑法》第223条第1款、第67条第3款之规定,以串通投标罪判处被告人王某拘役3个月,并处罚金5万元。

江苏省宿迁市中级人民法院认为,原审判决认定本案的基本事实清楚,证据确实、充分,定罪准确,量刑适当,审判程序合法。二审出庭履行职务的检察员发表的出庭意见正确,予以采纳。据此,依照《刑事诉讼法》第236条第1款第1项的规定,裁定驳回上诉,维持原判。裁判理由如下:

(一)被告人王某有串通投标之行为

被告人王某庭前多次稳定地供述了串通投标的犯罪事实,其供述串通投标的时间、地点、手段等情节与未到庭证人赵某、王某等人证言证实的相关情节相互印证。另有以下证据:招投标文件,证实招标单位的招标情况;中标通知书,证实招标单位对投标人发出中标通知书;保证金列表,证实被告人王某为串通投标的公司缴纳保证金的事实;开标一览表,证实被告人王某控制的南京润景丰创信息技术有限公司、江苏洛希丁信息科技有限公司以及借用江苏誉淇建设工程有限公司参与投标的情况。

（二）被告人王某串通投标金额属于情节严重

被告人王某串通投标，符合"涉案中标项目金额在二百万元以上的"的刑案立案追诉标准，属情节严重情形，其行为构成串通投标罪，应承担相应的刑事责任。

四、案件评析

串通投标行为，具体可分为以下两种情形：

1. 投标人互相串通投标报价，损害招标人或者其他投标人利益，情节严重的

（1）投标人相互串通投标报价。投标人相互串通投标报价，是指投标者之间相互串通，以抬高或压低标价的行为。表现为投标人之间相互通气、形成一致意见，即参加投标的当事人彼此之间通过口头或书面协议、约定，就投标报价互相通报信息，以避免相互竞争，而意图谋利。其表现形式有：① 串通标价。招标投标中，投标人相互串通标价，一致哄抬投标价或者故意压低投标报价，损害其他投标人和招标人的利益。一致哄抬投标价一般会损害投标人的利益；一致压低投价，一般会排挤其他投标人，损害其他投标人的利益。② 串通中标。投标人之间相互约定投标价格，在类似项目中轮流以高价位或低价位中标。这种串通一般多发生在分段招标或者多次招标中，如果公平竞争，可能一个或几个有实力的投标人会以低价多次中标，招标人既保证质量又节约资金。但是如果投标人之间互相约定，在类似的招标项目中轮流以高价位中标，使投标人无论实力如何都能中标，而招标人无法从投标人中选出最优，还不得不为质量参差不齐的中标者支付高额标价。③ 串通弃标。投标人之间相互串通，约定给没有中标或弃标的其他投标人以"弃标补偿费"。正所谓"堤内损失堤外补"，投标人之间私下确定中标人，然后再参加投标，约定中标人以高价中标后，给予未中标的其他投标人以"弃标补偿费"。串通弃标行为使投标者之间已经不存在竞争，竞标只是一种形式，并且损害招标人的利益。

投标人串通标价、串通中标、串通弃标的行为，不但使招标行为流于形式，失

去良性竞争,使招标投标的原有功效丧失殆尽,而且还会对招标人或者其他投标人的利益造成损失。本案中,被告人王某在工程项目招投标过程中,为了提高中标概率,与房某忠串通投标,并安排其公司员工利用其个人控制及借用的3家公司对江苏省公安厅援建的青海省海南藏族自治州公安特警室内靶场建设项目工程采取"围标"的手段进行串通投标。

(2) 情节严重。所谓"情节严重",是指投标人串通投标,给招标人或者其他投标人造成严重损失;造成了恶劣的社会影响或者国际影响等。主要包括:采用卑劣手段实施串通投标行为;多次实施串通投标行为;串通投标的标的巨大;给招标人或者其他投标人造成严重经济损失;给国家、集体和公民个人造成重大损失;严重扰乱公正、平等的竞标秩序;以及造成恶劣的社会影响甚至国际影响等等。被告人王某串通投标,符合涉案中标项目金额在200万元以上的刑事立案追诉标准,属情节严重情形。

2. 投标人与招标人串通投标,损害国家、集体、公民的合法利益

被告人王某与招标单位有关人员串通,利用其个人控制的南京润景丰创信息技术有限公司、江苏洛希丁信息科技有限公司,且借用江苏誉淇建设工程有限公司对江苏省公安厅援建的青海省海南藏族自治州公安特警室内靶场建设项目工程进行"围标",后南京润景丰创信息技术有限公司以273.974万元中标该工程。根据原判已查明的事实及相关法律规定,足以认定上诉人王某实施了与他人相互串通投标报价,损害了招标人或者其他投标人利益。根据相关法律规定,串通投标犯罪行为既侵犯其他投标人或国家、集体的合法权益,又侵犯社会主义市场经济的自由交易和公平竞争的秩序。本案上诉人王某的行为构成串通投标罪。

五、相关法律规范

1. 《刑法》第67条、第223条。
2. 《刑事诉讼法》第236条。

第七节　收取医保卡并划卡套取药品进行销售的行为定性[①]

一、案情介绍

被告人韩某甲、韩某乙经与刘某杰(另案处理)合谋贩卖药物非法牟利,在没有《药品经营许可证》的情况下,于2011年1月至2012年1月,以"医保卡兑现"为名,按照65%—70%的返现比例,对外大量收取社保卡,并由被告人韩某乙及刘某杰至无锡东林大药房、恩华药店划卡套取各种药品。2012年1月,被告人韩某甲、韩某乙等人通过上述方式购得药品,支付了返现款后先将药品集中放置于无锡市某小区的房间内并进行整理封包。后由被告人韩某甲分四次将所购药物通过位于无锡市崇安区广瑞路附近的南京双飞物流(集团)有限公司,将药品以邮寄的方式销售给王某明(另案处理),销售款达人民币20余万元。其中被告人韩某乙参与帮助被告人韩某甲发货一次。

2012年1月18日,被告人韩某甲在接到公安机关电话后,主动至其位于无锡市新区的中介所接受处理;同日,被告人韩某乙被民警抓获。

公诉机关认为:被告人韩某甲、韩某乙的行为违反了《刑法》第225条第1项、第25条第1款的规定,均应当以非法经营罪追究其刑事责任,且二人系共同犯罪。被告人韩某甲在共同犯罪中起主要作用,根据《刑法》第26条的规定,系主犯。被告人韩某乙在共同犯罪中起次要作用,根据《刑法》第27条的规定,系从犯,应当从轻处罚。被告人韩某甲案发后自动投案,并如实供述自己的罪行,根据《刑法》第67条第1款的规定,系自首,可以从轻处罚。被告人韩某乙被公安机关抓获后如实供述自己的罪行,根据《刑法》第67条第3款的规定,系坦白,可以从轻处罚。

[①] 案情介绍、判决结果与理由,参见《＊＊＊等收取医保卡后划卡套取药品进行销售构成非法经营罪案》,https://www.pkulaw.com/pfnl/a25051f3312b07f32507b0432cc3f00fced08735b687ba03bdfb.html?keyword=%E9%9D%9E%E6%B3%95%E7%BB%8F%E8%90%A5%E7%BD%AA%20,2021年4月15日访问。

上述事实,被告人韩某甲及其辩护人在开庭审理过程中均无异议,并有当庭宣读并出示的公安机关提供的被告人韩某甲和韩某乙的身份证明、刑事案件侦破经过、南京双飞物流(集团)有限公司货运单、涉案银行卡对账单、存款凭条、药店发票存根联、无锡市食品药品监督管理局出具的证明和证人的证言笔录等证据在卷中予以证实,被告人韩某甲、韩某乙亦当庭对上述事实作出供述,足以认定。此外,在本案审理过程中,被告人韩某甲的亲属代其退还违法所得人民币2万元。

二、争议焦点

非法经营罪,是指未经许可经营专营、专卖物品或其他限制买卖的物品,买卖进出口许可证、进出口原产地证明以及其他法律、行政法规规定的经营许可证或者批准文件,以及从事其他非法经营活动,扰乱市场秩序,情节严重的行为。成立非法经营罪的前提是违反国家规定,即违反全国人民代表大会及其常务委员会制定的法律和决定,国务院制定的行政法规、规定的行政措施、发布的决定和命令。若没有违反国家规定,即使在某种意义上属于非法经营,也不得认定为本罪。①

本案中,被告人韩某甲、韩某乙以"医保卡兑现"为名,以一定返现比例大量收取社保卡,并通过收取的社保卡购置大量药品,销售款达人民币20余万元,属于《刑法》第225条第1项"未经许可经营法律、行政法规规定的专营、专卖物品或者其他限制买卖的物品",违反国家药品监督管理规定,扰乱市场秩序且情节严重的情形,已构成非法经营罪。

具体理由如下:(1)非法经营罪的主体为一般主体,在主观方面由故意构成,并且具有谋取非法利润的目的。从主体和主观方面来看,被告人韩某甲、韩某乙系具有刑事责任能力的自然人,主观上具有非法牟利的故意。(2)非法经营罪侵犯的客体是国家限制买卖物品和经营许可证的市场管理制度,在客观方面表现为未经许可经营专营、专卖物品或者其他限制买卖的物品,买卖进出口许

---

① 参见张明楷:《刑法学(下)》(第五版),法律出版社2016年版,第839页。

可证、进出口原产地证明以及其他法律、行政法规规定的经营许可证或者批准文件,以及从事其他非法经营活动,扰乱市场秩序,情节严重的行为。为了保障市场秩序,我国对一些有关国计民生、人民生命健康安全以及公共利益的物资实行限制经营买卖。只有经过批准,获取经营许可证后才能对之从事诸如收购、储存、运输、加工、批发、销售等经营活动。没有经过批准而擅自予以经营的,就属非法经营。(3)药品管理法明确规定,药品经营者必须凭药品经营许可证到工商行政管理部门办理登记注册,无药品经营许可证的,不得经营药品。二被告人在客观方面实施了未取得药品经营许可证的情况下,违反国家药品监督管理规定,非法经营药品的行为,侵犯了国家限制买卖物品和经营许可证的市场管理制度。

三、裁判结果与理由

无锡高新技术产业开发区人民法院经审理认为:被告人韩某甲、韩某乙等人在无经营许可的情况下,于2011年1月至2012年1月长达一年的时间里,以"医保卡兑现"为名,大量对外收购社保卡,并至药店划卡套现各种药品达上百次,后销售给他人,犯罪时间长,涉案数额达20余万元,情节严重,严重扰乱了市场秩序,并损害了社保基金的安全,主观恶性及社会危害性大,应予严惩。被告人韩某甲、韩某乙伙同他人违反国家药品监督管理规定的行为均已构成非法经营罪,且系共同犯罪。被告人韩某甲在共同犯罪中起主要作用,系主犯,应当按照其所参与的全部犯罪处罚。被告人韩某乙在共同犯罪中起次要作用,系从犯,依法予以从轻处罚。被告人韩某甲案发后自动投案,并如实供述自己的罪行,系自首,依法予以从轻处罚。被告人韩某乙被公安机关抓获后如实供述自己的罪行,自愿认罪,依法予以从轻处罚。被告人韩某甲的亲属代其退还违法所得人民币2万元,可视为被告人韩某甲悔罪表现较好,酌情予以从轻处罚。

无锡高新技术产业开发区人民法院依照《刑法》第225条第1项、第25条第1款、第26条第1款和第4款、第27条、第67条第1款和第3款、第64条及《最高人民法院关于处理自首和立功具体应用法律若干问题的解释》第1条之规定,作出如下判决:(1)被告人韩某甲犯非法经营罪,判处有期徒刑1年6个月,并处罚金人民币 8 万元。(2) 被告人韩某乙犯非法经营罪,判处有期徒刑 1 年,并处罚金人民币 4 万元。(3) 被告人韩某甲退缴在案的违法所得人民币 2 万元,予以没收,上缴国库。

一审宣判后,二被告人未在法定上诉期内提出上诉,公诉机关亦未抗诉,判决发生法律效力。

四、案件评析

非法经营罪属情节犯,非法经营行为必须情节严重才能构成犯罪,如果只有非法经营行为,情节并不严重,则不构成犯罪;情节特别严重是加重情节。鉴于非法经营行为涉及的物品门类较多且非法经营手段多种多样,目前公布实施的法律文件中,立法部门按照不同的物品行业进行了列举式的规定。因此,在确定非法经营罪的情节问题时应考虑非法经营数额、生产数额、销售数额、违法所得数额、经营规模、经营区域、经营时间、损害后果、是否累犯、行政处罚的认定标准、受行政处罚的次数等因素进行综合评价。①

本案中,被告人韩某甲、韩某乙等人在无经营许可的情况下,于 2011 年 1 月至 2012 年 1 月长达一年的时间里,以医保卡兑现为名,大量对外收购医保卡,并至药店划卡套现各种药品达上百次,之后销售给他人,犯罪时间长,非法经营数额达 20 余万元,严重扰乱了市场秩序,并损害了社保基金的安全,应当认定为情节严重。这是因为,医保卡被套用会导致宝贵的医保基金流失,进而影响医保改革的平稳运行。此外,大量"回炉"药品重新流向市场,这些药品由于运输储存条件不符合标准,会导致药品质量出现问题,进而影响人民群众的用药安全。对于部分激素类药物而言,若被利用医保卡套取后销售给一些保健食品生产企业进行非法添加,则会严重危害消费者的身体健康。最后,部分利用医保卡套取的药品流入"黑诊所",导致无证行医现象更加猖獗,扰乱医疗市场正常秩序。②

---

① 参见黄惠芳、黄思佳:《收取医保卡套取药品进行销售构成非法经营罪》,载《人民司法(案例)》2013 年第 2 期。

② 参见胡杰豪:《医保卡套取药品非法经营现象应引起重视》,载《中国医药报》2012 年 10 月 29 日第 3 版。

五、相关法律规范

1.《刑法》第 25 条、第 26 条、第 27 条、第 64 条、第 67 条、第 225 条。

2.《最高人民法院关于处理自首和立功具体应用法律若干问题的解释》第 1 条。

第八节　离职员工利用原公司经营信息造成其重大损失的行为认定①

一、案情介绍

被告人余某宏、罗某和、肖某娟、李某红原系珠海赛纳公司员工,4 人在日常工作中能够接触并掌握珠海赛纳公司的品牌区、南美区、亚太区的客户资料以及 2010 年的销售量、销售金额及珠海赛纳公司产品的成本价、警戒价、销售价等经营信息,并负有保守珠海赛纳公司商业秘密的义务。2011 年初,余某宏与他人成立江西亿铂公司,生产打印机用硒鼓等耗材产品,并成立中山沃德公司及香港 Aster 公司、美国 Aster 公司、欧洲 Aster 公司销售江西亿铂公司产品。余某宏、罗某和、肖某娟、李某红等人将各自因工作关系掌握的珠海赛纳公司的客户采购产品情况、销售价格体系、产品成本等信息私自带入江西亿铂公司、中山沃德公司,以此制定了该二公司部分产品的美国价格体系、欧洲价格体系,并以低于珠海赛纳公司的价格向原属于珠海赛纳公司的部分客户销售相同型号的产品。经对江西亿铂公司、中山沃德公司的财务资料和出口报关单审计,二公司共向原珠海赛纳公司的 11 个客户销售与珠海塞纳公司相同型号的产品金额共计 7659235.72 美元;按照珠海赛纳公司相同型号产品的平均销售毛利润率计算,

---

① 案情介绍、判决结果与理由,参见《最高法公布十大创新性知识产权案例之十:＊＊＊、＊＊＊、＊＊＊、＊＊＊侵犯商业秘密罪案》,https://www.pkulaw.com/pfnl/a25051f3312b07f30cc3c16d6d63ca7b96240a29d96a3519bdfb.html? keyword=%E4%BE%B5%E7%8A%AF%E5%95%86%E4%B8%9A%E7%A7%98%E5%AF%86%E7%BD%AA,2021 年 4 月 15 日访问。

给珠海赛纳公司造成的经济损失共计人民币22705737.03元(2011年5月至12月的经济损失计人民币11319749.58元;2012年1月至4月的经济损失计人民币11385987.45元)。

二、争议焦点

本案争议焦点为:公司员工在离职后设立新的企业,利用在工作期间掌握的原公司经营信息,以低价向原公司的客户销售产品导致原公司经营发生重大损失的,新公司与员工的行为是否构成侵犯商业秘密罪?

商业秘密是指不为公众所知悉,能为权利人带来经济利益,具有实用性并经权利人采取保密措施的技术信息和经营信息。商业秘密具体有以下特征:(1)商业秘密是一种技术信息与经营信息。技术信息与经营信息,既可能以文字、图像为载体,也可能以实物为载体,还可能存在于人的大脑或操作方式中,包括设计、程序、产品配方、制作工艺、制作方法、管理诀窍、客户名单、货源情报、产销策略、招投标中的标底及标书内容等信息。(2)商业秘密是不为公众所知悉,仅限于一定范围内的人知悉的事项。(3)商业秘密能为权利人带来经济效益。此处的权利人指的是商业秘密的所有人和经商业秘密所有人许可的商业秘密使用人。(4)商业秘密具有实用性,即具有直接的、现实的使用价值,权利人能够将商业秘密直接运用于生产、经营活动。(5)商业秘密经权利人采取了保密措施。另外,商业秘密还具有使用权可以转让、没有固定的保护期限、内容广泛等特点。[①]

本案中,被告人余某宏、罗某和、肖某娟、李某红将原雇主单位珠海赛纳公司的品牌区、南美区、亚太区的客户资料以及2010年的销售量、销售金额及珠海赛纳公司产品的成本价、警戒价、销售价等经营信息,擅自使用于他们离职后成立的中山沃德公司及香港Aster公司、美国Aster公司、欧洲Aster公司销售江西亿铂公司产品的经营活动中,并以低于珠海赛纳公司的价格向原属于珠海赛纳公司的部分客户销售相同型号的产品,给珠海赛纳公司造成经济损失共计人民

---

① 参见张明楷:《刑法学(下)》(第五版),法律出版社2016年版,第827页。

币 22705737.03 元。被告人余某宏、罗某和、肖某娟、李某红的行为属于违反权利人有关保守商业秘密的要求使用其所掌握的商业秘密,并给商业秘密的权利人珠海赛纳公司造成了重大损失,构成侵犯商业秘密罪。

三、裁判结果与理由

广东省珠海市中级人民法院二审认为,江西亿铂公司、中山沃德公司、余某宏、罗某和、肖某娟、李某红的行为构成侵犯商业秘密罪,判处江西亿铂公司罚金人民币 2140 万元;判处中山沃德公司罚金人民币 1420 万元;判处余某宏有期徒刑 6 年,并处罚金人民币 100 万元;判处罗某和有期徒刑 3 年,并处罚金人民币 20 万元;判处李某红有期徒刑 2 年,缓刑 3 年,并处罚金人民币 10 万元;判处肖某娟有期徒刑 2 年,缓刑 3 年,并处罚金人民币 10 万元。

四、案件评析

侵犯商业秘密罪,是指以盗窃等不正当手段获取商业秘密,或者非法披露、使用或允许他人使用其所掌握的商业秘密,给权利人造成重大损失的行为。根据《最高人民法院、最高人民检察院关于办理侵犯知识产权刑事案件具体应用法律若干问题的解释》第 7 条的规定,给商业秘密的权利人造成损失数额在 50 万元以上的,为造成重大损失的行为。因此,公司员工在离职后设立新的企业,利用在工作期间掌握的原公司经营信息,以低价向原公司的客户销售产品导致原公司经营发生重大损失的,由于员工属于非法披露和允许他人使用商业秘密,新公司属于在明知的情况下故意使用他人商业秘密,故两者均构成侵犯商业秘密罪。

《刑法》第 219 条第 1 款具体列举了三种侵犯商业秘密的行为:(1)以盗窃、贿赂、欺诈、胁迫、电子侵入或者其他不正当手段获取权利人的商业秘密。实施这一行为的人,一般是享有商业秘密的权利人的竞争对手。"其他不正当手段",包括以高薪聘请挖人才,以重金收买知悉秘密的人等。这里"挖人才"的目的是获取他人的商业秘密,不是单纯地高薪聘请人才。"权利人",是指商业秘密的所有人和经商业秘密所有人许可的商业秘密使用人。(2)披露、使用或者允许他人使用以前项手段获取的权利人的商业秘密。"披露",是指向他人透露行为人以盗窃、贿赂、欺诈、胁迫、电子侵入或者其他不正当手段获取他人商业秘密的行为。(3) 违反保密义务或者违反权利人有关保守商业秘密的要求,披露、使用或者允许他人使用其所掌握的商业秘密。主要是指行为人所掌握的商业秘密是合法获取的,但是违反了保密义务或者违反了权利人有关保守商业秘密的要求,向第三人违约披露、使用或者允许第三人使用其所获取的商业秘密。实施这一行为的,有可能是与拥有商业秘密的企业订立许可使用合同的一方当事人,也可以是本企业技术人员,因工作关系获得商业秘密,但擅自告诉他人或自己使用、允许他人使用。① 此外,在计算财产损失时,要考虑权利人取得商业秘密的成本(包括采取保密措施的成本),权利人的商业秘密被侵犯前后的利润差额,侵权人在侵权期间"因侵权"所获得的利润等。商业秘密本身的价值原则上不能作为被害人的损失数额,但若侵犯商业秘密的行为导致被害人丧失了使用商业秘密可能性的,则可以将商业秘密本身的价值作为损失数额。②

本案系全国最大一宗侵犯经营信息类商业秘密刑事犯罪案件,人民法院判处的罚金总额高达 3700 万元。本案也是广东省法院系统实行知识产权审判"三合一"模式审理知识产权刑事案件的成功范例,突出了司法保护知识产权的整体性和有效性,充分体现了司法保护知识产权的主导作用。本案裁判无论是在罚金数额的计算还是自然人刑事责任的承担方面,都体现了严厉制裁侵犯知识产权犯罪行为的导向。

五、相关法律规范

1.《刑法》第 219 条、第 220 条。

2.《最高人民法院、最高人民检察院关于办理侵犯知识产权刑事案件具体应用法律若干问题的解释》第 7 条。

---

① 参见法律出版社法规中心编:《中华人民共和国刑法注释本》,法律出版社 2017 年版,第 186 页。

② 参见张明楷:《刑法学(下)》(第五版),法律出版社 2016 年版,第 828 页。

第九节　信用卡诈骗罪中的冒用行为认定[①]

一、案情介绍

2014年6月19日17时许,在广东省佛山市顺德区伦教街道伦教工业大道公交站附近,被告人陈某权、牟某、郑某翠以"拾钱平分"的方式诈骗被害人李某山财物。被告人陈某权先将用冥币伪造的一捆百元大钞丢在路边,接着被告人牟某在被告人郑某翠和被害人李某山的面前拾起这些钱,并提议平分。再由被告人陈某权假扮失主返回,以检查是否拾到钱款为由,伙同被告人牟某、郑某翠,骗取被害人李某山交出现金300元,并以通过手机银行核实受害人半小时内银行入账记录,证实受害人没有把钱打到银行卡为由,要求受害人交出银行卡及告知密码。之后,三名被告人各自找了借口并携带受害人钱物、银行卡离开。得手后,被告人陈某权使用骗取到的受害人银行卡和密码,通过ATM机从该银行卡内提取了现金2万元,被告人陈某权分得现金6600元,被告人牟某分得现金6000多元。

二、争议焦点

本案争议的焦点在于被告人冒用行为的界定。第一种观点为,《最高人民法院、最高人民检察院关于办理妨害信用卡管理刑事案件具体应用法律若干问题的解释》第5条第2款第2项规定,骗取他人信用卡并使用的,属于冒用他人信用卡的情形。本案被告人的行为完全契合司法解释的规定,应定性为信用卡诈骗罪。第二种观点为,银行卡和密码的作用包括查询账户信息、查询余额和交易记录、提取存款等多种作用,而本案中被害人将银行卡交给被告人并告知密码只

[①] 案情介绍、判决结果与理由,参见《＊＊＊等信用卡诈骗案——信用卡诈骗罪中冒用行为的判断》,https://www.pkulaw.com/pfnl/a25051f3312b07f3f90336ee95fecda095129f9da2e6edb2bdfb.html?keyword=％E4％BF％A1％E7％94％A8％E5％8D％A1％E8％AF％88％E9％AA％97％E7％BD％AA,2021年4月15日访问。

是让被告人查询银行卡交易记录,并没有授权其提取银行卡账户内存款。因此,被告人取款权的来源仍然是基于其持有银行卡和密码使得银行误以为其具备取款权限的欺骗银行行为,因此被告人的行为应构成信用卡诈骗罪。

根据《刑法》第196条的规定,信用卡诈骗罪包含以下四种情形:(1)使用伪造的信用卡,或者使用以虚假的身份证明骗领的信用卡;(2)使用作废的信用卡;(3)冒用他人信用卡;(4)恶意透支。《最高人民法院、最高人民检察院关于办理妨害信用卡管理刑事案件具体应用法律若干问题的解释》还进一步规定,冒用他人信用卡包含四种情形:(1)拾得他人信用卡并使用;(2)骗取他人信用卡并使用;(3)窃取、收买、骗取或者以其他非法方式获取他人信用卡信息资料,并通过互联网、通讯终端等使用;(4)其他冒用他人信用卡的情形。按照有关规定,信用卡只限于合法持卡人自己使用,冒充合法持卡人使用他人信用卡进行诈骗活动,就是信用卡诈骗。[①]

结合本案,冒用他人信用卡的行为并不能简单机械地按照法条词语的文义进行套用,认为只要是使用人非真实持卡人或者在获得信用卡的过程中利用了欺诈手段,都一律认定为冒用他人信用卡,而应该结合一般诈骗罪的犯罪构成和信用卡诈骗罪特殊的法益保护、行为手段进行具体分析才能得出正确的结论。冒用他人信用卡的信用卡诈骗罪犯罪行为,可以理解为在行为人没有得到授权利用信用卡账户内资金的情况下,银行作为持卡人资金的管控者,被行为人持有信用卡和密码的外观形式欺骗,交付了信用卡账户内的资金。

根据信用卡的使用规则,凭借卡和密码可以实现对信用卡对应账户的管理性功能和金融支付性功能。其中,管理性功能包括对账户资金的查询、密码的修改、挂失等,而金融支付性功能是信用卡的核心功能,包括支付、结算、消费等功能。在这两项功能之中,只有金融支付性功能的使用才能产生侵犯他人财产权益的结果。因此,持卡人向行为人交付信用卡和密码并不一定意味着同意行为人使用其中的金融支付性功能。本案中,被告人通过欺骗手段获得了被害人的银行卡和密码,但被告人是以核实被害人银行卡半小时内的入账记录为借口要

[①] 参见法律出版社法规中心编:《中华人民共和国刑法注释本》,法律出版社2017年版,第169页。

求被害人交出银行卡及告知密码的,因此被害人向被告人交付银行卡和密码只是同意让被告人利用银行卡和密码去查询账户交易明细,而对于银行卡的金融支付性功能,被害人并没有同意被告人使用的意思表示。综上,本案被告人在没有得到被害人授权使用银行卡对应账户内资金的情况下,通过持有银行卡及密码的外观欺骗银行,使银行误以为其具有使用银行卡对应账户内资金的权限而向其交付资金,其行为符合信用卡诈骗罪的犯罪构成,应构成信用卡诈骗罪。[①]

三、裁判结果与理由

广东省佛山市顺德区人民法院经审理认为,被告人陈某权、郑某翠、牟某无视国家法律,以非法占有为目的,骗取他人信用卡并支取 2 万元,数额较大,其行为均已构成信用卡诈骗罪。根据法律及司法解释的规定,骗取他人信用卡并使用的属冒用他人信用卡进行诈骗,构成信用卡诈骗罪,故佛山市顺德区人民检察院指控被告人陈某权、郑某翠、牟某犯诈骗罪,定性不当,应予以纠正。被告人陈某权归案后如实供述自己的犯罪事实,依法可以从轻处罚。被告人郑某翠、牟某当庭自愿认罪,可酌情从轻处罚。

广东省佛山市顺德区人民法院一审判决:被告人陈某权、郑某翠、牟某犯信用卡诈骗罪,分别判处有期徒刑 1 年 3 个月至 1 年 6 个月不等,并各处罚金 2 万元。

一审宣判后,三被告人未提出上诉,公诉机关未提出抗诉,判决生效。

四、案件评析

信用卡诈骗罪,是指以非法占有为目的,违反信用卡管理法规,利用信用卡虚构事实或者隐瞒事实,骗取财物,数额较大的行为。从该概念可以看出,信用卡诈骗罪侵犯的法益包括信用卡管理秩序和他人财物。本罪中的"信用卡"并非狭义的信用卡,而是指由商业银行或者其他金融机构发行的具有消费支付、信用贷款、转账结算、存取现金等全部功能或者部分功能的电子支付卡。

[①] 参见涂远鹏、廖亮:《信用卡诈骗罪中冒用行为的判断》,载《人民司法(案例)》2016 年第 35 期。

尽管关于信用卡诈骗罪侵犯的法益曾存在争议，有观点认为是他人财物，有观点认为是信用卡管理秩序，但当前的实务和理论中，以复杂的法益论（即信用卡侵犯的法益包括信用卡管理秩序和他人财物）为通说。此外，"冒用"在语义上意为假冒他人名义使用，因此无论任何情况、基于何种目的，行为人利用他人信用卡的行为均可以认定为冒用他人信用卡。

《刑法》第196条第1款列举的构成该罪的情形是四种信用卡使用行为，犯罪是侵犯法益的行为，因此该四种行为必然侵犯了信用卡诈骗罪所保护的法益，即该四种行为侵犯了信用卡管理秩序和他人财产权益。具言之，信用卡诈骗罪的行为内容可以划分为两个部分：（1）行为人使用信用卡的行为侵犯了信用卡的管理秩序。刑法规制侵犯信用卡管理秩序犯罪行为的罪名包括妨害信用卡管理罪和信用卡诈骗罪两种。妨害信用卡管理罪对信用卡管理秩序的侵犯在于行为人对信用卡的非法持有、运输等对信用卡外在形态的控制。而信用卡诈骗罪规制的是违法使用信用卡行为，即行为人通过使用信用卡内含的支付、结算、消费等金融交易功能实现对信用卡管理秩序的破坏，这种破坏必须通过对银行使用信用卡才能得以实现。因此，没有通过欺骗银行实现信用卡内含的支付、结算、消费等金融交易功能的犯罪行为不构成信用卡诈骗罪，如行为人使用伪造的他人信用卡质押担保骗取他人财物，宜按照合同诈骗罪（诈骗罪）定罪处罚。（2）行为人是通过使用信用卡的行为获得银行授权而侵犯他人财产权益。从侵犯财产罪的角度出发，单纯的骗取、骗领信用卡行为不构成刑法意义上的财产型犯罪，因此使用信用卡的行为要构成诈骗型犯罪，该使用行为必须符合一般诈骗罪的性质，使他人陷入错误认识而交付财物。在信用卡诈骗罪中，行为人通过使用信用卡的行为使银行误以为其具有使用（包括占有、支付、结算等）信用卡账户内资金的权限而向其交付。概言之，如果没有使用信用卡的行为，行为人不会获得使用账户内资金的权限。①

信用卡诈骗罪中使用他人信用卡的行为不仅侵犯信用卡管理秩序，还侵犯他人财产权益，因此，如果行为人使用信用卡账户内资金得到了持卡人的同意，

---

① 参见涂远鹏、廖亮：《信用卡诈骗罪中冒用行为的判断》，载《人民司法（案例）》2016年第35期。

则其使用行为并不产生侵犯他人财产权益的结果。如当前社会中普遍存在的子女使用父母信用卡、妻子使用丈夫信用卡,即使违反了信用卡管理规定,但并不产生侵犯他人财产权益的结果,不按照信用卡诈骗罪处罚。当这种信用卡账户内资金的使用权限是行为人通过欺骗持卡人而获得时,产生侵犯他人财产权结果的行为是行为人欺骗持卡人的结果,并不是对银行使用信用卡行为产生的结果。该情形的整个犯罪过程可描述为:行为人欺骗持卡人,令持卡人同意行为人利用其信用卡账户内资金——向行为人交付信用卡和密码——行为人使用信用卡。从整个犯罪过程可以看出,行为人使用信用卡之前已经获得了持卡人关于利用信用卡账户内资金的授权,因此就该使用行为而言,虽有冒用信用卡欺骗银行的性质,但并无诈骗罪中侵犯他人财产的违法性,属于违反信用卡管理制度行为,对其整个行为的评价应按照其侵犯他人财产的欺骗持卡人行为进行定性,即按照诈骗罪定罪处罚。这正如行为人通过欺骗手段让被害人向其交付电视机,但被害人因无法回家取出电视机交付而将钥匙交给行为人,让行为人到被害人家里自行提取的情形,行为人的行为属于诈骗罪,而其提取电视机的行为因得到被害人的授权,因此并不违背被害人的意志,不应再评价为盗窃罪。①

此外,还需要注意以下几种情形:(1)行为人向被害人发送虚假的银行网站二维码链接,骗取被害人输入银行卡账号、密码等信息登录,在后台获得上述信息后登录真实银行网站转走被害人卡内款项的行为,也符合《最高人民法院、最高人民检察院关于办理妨害信用卡管理刑事案件具体应用法律若干问题的解释》第5条规定的"窃取、收买、骗取或者以其他非法方式获取他人信用卡信息资料,并通过互联网、通讯终端等使用的"情形,属于《刑法》第196条第1款第3项规定的"冒用他人信用卡"行为,构成信用卡诈骗罪。(2)拾得、骗取、抢夺、勒索他人信用卡后,并不使用的,不成立信用卡诈骗罪,但可能成立妨害信用卡管理罪。这是因为,侵犯财产的行为是使用行为,必须根据使用行为的性质确定罪

---

① 参见涂远鹏、廖亮:《信用卡诈骗罪中冒用行为的判断》,载《人民司法(案例)》2016年第35期。

名,而不能根据并不侵犯他人财产的取得信用卡的行为方式确定罪名。①

五、相关法律规范

1.《刑法》第 196 条。

2.《最高人民法院、最高人民检察院关于办理妨害信用卡管理刑事案件具体应用法律若干问题的解释》第 5 条。

---

① 参见张明楷:《刑法学(下)》(第五版),法律出版社 2016 年版,第 806 页。

第十二章
Chapter 12

侵犯公民人身权利、民主权利罪

第一节 为逃避债务而杀害债权人行为性质的认定

一、案情介绍

被告人李某林,男,1973 年 3 月 9 日出生,初中文化,无业,1994 年因犯抢劫罪被判处有期徒刑 7 年,1999 年 8 月刑满释放。因涉嫌犯故意杀人罪,于 2001 年 2 月 28 日被逮捕。

北京市第二中级人民法院经公开审理查明:2000 年 9 月,被告人李某林到被害人刘某军承包经营的速递公司打工,并与刘某军共同租住在北京市东城区一处住宅内。同年 11 月,刘某军以人民币 2 万元将速递公司的经营权转包给李某林。因刘某军多次向李某林催要转包费,李无钱支付,遂起意杀死刘某军。2001 年 1 月 21 日早上 6 时许,被告人李某林趁刘某军熟睡之际,持斧头猛砍刘的头部和颈部,将刘的颈右侧动脉及静脉切断,致刘因失血性休克合并颅脑损伤而死亡。后又将死者身上的 1800 元人民币和旅行包内的工商银行活期存折连同灵通卡(存有人民币 1 万元)及其密码纸、西门子移动电话、充电器等款物拿走。李某林用灵通卡分 3 次从自动取款机上将存折内 1 万元人民币取出后,购买了电视机、移动电话、毛毯等物。2001年2月3日,公安机关在被告人李某林家中将其抓获。①

二、争议焦点

本案争议焦点为:为逃避债务而杀害债权人的行为,应当认定为抢劫罪,还是故意杀人罪?

三、裁判结果与理由

北京市第二中级人民法院认为:被告人李某林为图私利竟故意非法剥夺他人生命,致人死亡,并窃取他人财物,数额巨大,其行为已分别构成故意杀人罪和盗窃罪。所犯故意杀人罪,性质恶劣,情节、后果特别严重,社会危害性极大,应依法惩处;所犯盗窃罪,情节严重,亦应依法惩处。北京市人民检察院第二分院指控被告人李某林犯有故意杀人罪、盗窃罪的事实清楚,证据确凿。虽然被告人李某林认罪态度好,但不足以对其从轻处罚,故其辩护人要求从轻处罚的辩护意见不予采纳。依照《刑法》第232条、第264条、第57条第1款、第65条第1款、第69条、第64条的规定,于2001年8月6日判决如下:

被告人李某林犯故意杀人罪,判处死刑,剥夺政治权利终身;犯盗窃罪,判处有期徒刑6年,并处罚金人民币6000元。决定执行死刑,剥夺政治权利终身,并处罚金人民币6000元。一审判决宣判后,在法定上诉、抗诉期限内,被告人李某林没有上诉,检察机关没有抗诉。北京市第二中级人民法院依法将本案报送北京市高级人民法院核准。

北京市高级人民法院经复核认为:被告人李某林为图私利故意非法剥夺他人生命,并窃取他人财物,数额巨大,其行为已分别构成故意杀人罪和盗窃罪。所犯故意杀人罪,杀死1人,罪行极其严重;所犯盗窃罪,盗窃数额巨大,依法应对李某林所犯故意杀人罪、盗窃罪实行数罪并罚。另外,李某林系刑满释放后5年内又犯罪的累犯,依法应从重处罚。北京市第二中级人民法院根据李某林犯

---

① 参见陈兴良等主编:《人民法院刑事指导案例裁判要旨通纂(上卷·第二版)》,北京大学出版社2018年版,第617页。

罪的事实、犯罪的性质、情节和对于社会的危害程度所作的判决,定罪及适用法律正确,量刑适当,审判程序合法,应予核准。①

四、案件评析

本案中,被告人李某林为逃避债务故意杀害刘某军的行为,是构成故意杀人罪,还是构成抢劫罪?根据故意杀人罪和抢劫罪之间构成要件之比较,应当以故意杀人罪定罪处罚更为合理。具体理由为:②

第一,在抢劫过程中故意杀人以抢劫罪定罪处罚的行为,必须是当场使用暴力故意杀人并当场劫取被害人财物的行为。其中,故意杀人是劫取财物的手段行为,劫取财物是行为人杀人的目的,符合刑法理论上的牵连犯,因此,《最高人民法院关于抢劫过程中故意杀人案件如何定罪问题的批复》明确规定:"行为人为劫取财物而预谋故意杀人,或者在劫取财物过程中,为制伏被害人反抗而故意杀人的,以抢劫罪定罪处罚。"而在本案中,被害人刘某军转让的是速递公司的承包经营权,即使李某林将刘某军杀害,李也不能当场占有该公司。至于速递公司的承包经营权,由于李某林已通过合法方式取得,显然无须杀害刘某军。只是由于李某林仍欠刘某军2万元的转包费,李某林为逃避支付而将刘某军杀害,其故意杀人的动机是为了逃避债务。虽然李某林将债权人杀害是为了逃避债务,目的是非法占有债权人的2万元转包费,但这种占有方式并不是刑法意义上的当场劫取财物,因此不符合构成抢劫罪只能是当场劫取财物的客观特征。

第二,《刑法》第263条明确规定抢劫罪的犯罪对象是"公私财物"。从当场劫取财物这一抢劫犯罪的客观特征来看,这里的"财物"须具有即时取得、可转移的特点,当场不能取得、不能转移的财物一般不能成为抢劫罪的犯罪对象。以逃避债务为目的故意杀人,仅可以使原有的债权债务关系归于消灭,本案被告人并没有"当场"取得实际已由被告人行使的承包经营权,即缺少抢劫罪的犯罪对象。

第三,从犯罪的主观故意来看,在抢劫罪中,应是先产生非法占有的目的,后

---

① 参见陈兴良等主编:《人民法院刑事指导案例裁判要旨通纂(上卷·第二版)》,北京大学出版社2018年版,第617—618页。

② 同上书,第618页。

发生非法占有的行为,即行为人非法占有目的应产生于行为人实际占有他人财物之前。而在以逃避债务为目的的故意杀人行为中,行为人在产生非法占有他人财物的主观犯意之前,已实际占有了债权项下的财物,不需要通过故意杀人去劫取。

另外,通过体系解释也应当将为了逃避债务而杀害债权人的行为认定为故意杀人罪。我国《刑法》第234条之一关于组织出卖人体器官罪中有规定:"未经本人同意摘取其器官,或者摘取不满十八周岁的人的器官,或者强迫、欺骗他人捐献器官的,依照本法第二百三十四条、二百三十二条的规定定罪处罚。"也即认定为故意伤害罪和故意杀人罪。也就是说,为了一个非法目的而不顾他人的死活的行为,可以认定为故意杀人罪。那么,为了一个非法目的而杀害他人的行为则更应当认定为故意杀人罪。

五、相关法律规范

《刑法》第232条、第263条。

第二节 被害人过错的认定

一、案情介绍

被告人李某琴与被害人张某柱离婚后同住北京市海淀区某小区住宅内。张某柱因不满法院对房屋产权的判决结果,多次在该住处对被告人李某琴和李某某(系李某琴的姐姐)等人滋事,并曾因涉嫌放火烧该住处于2002年被北京市海淀区分局采取强制措施。李某琴因此不得不经常性地拨打"110"报警寻求警方保护。案发前她一共报过22次警,曾经有一天更是报警3次。2004年1月21日凌晨2时许,张某柱持木柄铁锤击打睡在客厅的李某某的儿子孟某宝,孟被击伤(经鉴定为轻伤)。在北屋睡觉的李某某、李某琴及李某琴之子张某(男,15岁)听见孟某宝的叫喊声后,冲出门与张某柱搏斗,抢下铁锤。后李某某看见张某柱手中握有打火机且地上有汽油流淌,遂将打火机打掉在地,三人合力将张某柱按倒在地上。李某某见儿子孟某宝头部大量流血,情急之下持木柄铁锤击打仍在地上挣扎的张某柱后脑一下,并随后与张某一同送孟某宝去医院。此时张某柱躺在地上已经一动不动。被告人李某琴持木柄铁锤继续击打张某柱的腿部、膝盖、胳膊、手部、肩部等部位。后李某琴报警,警察来到现场,将张某柱送往医院,并将李某琴抓获归案。被害人张某柱因失血性休克合并闭合性脑损伤,于2004年1月21日上午抢救无效死亡。当日,被告人李某某在北京市清河急救中心被抓获归案。①

二、争议焦点

本案争议焦点为:在家庭暴力引起的故意伤害致死案件中,被害人过错对于被告人的量刑是否有影响?

三、裁判结果与理由

北京市海淀区人民法院经审理认为:被告人李某某为了使本人和他人的人身、财产权利免受被害人张某柱正在进行的不法侵害,而与被告人李某琴等人合力反抗,并使用铁锤击打张某柱头部,此行为与李某琴的后期继续击打行为,合并造成张某柱死亡后果,其行为虽有正当防卫之性质,但明显超过必要限度,已构成故意伤害罪,应予惩罚。被告人李某琴在张某柱已经失去侵害能力的情况下,继续持械殴打,并与李某某的前期击打行为合并造成张某柱死亡后果,其行为已构成故意伤害罪,应予惩罚。北京市海淀区人民法院指控被告人李某某、李某琴犯故意伤害罪的事实清楚,证据确实、充分,指控罪名成立。被告人李某某持铁锤击打张某柱的时间,系在其与李某琴等人已经将张某柱按倒在地之时,此时张某柱虽有继续侵害的能力,但其危险性已经不足以严重危及他人人身安全。辩护人以李某某的行为系"无限防卫权类型"的正当防卫行为之辩解,夸大了张某柱被按倒在地后实施继续侵害行为的危险性,对其相应辩护意见不应采纳。被告人李某某正当防卫明显超过必要限度,结合其在归案后及在庭审过程中认

---

① 参见陈兴良等主编:《人民法院刑事指导案例裁判要旨通纂(上卷·第二版)》,北京大学出版社2018年版,第699页。

罪、悔罪态度较好等具体情节,依法应当减轻处罚,并依法宣告缓刑。被告人李某琴犯罪以后自动投案,如实供述自己的犯罪事实,属于自首,结合本案被害人侵害行为在先,并具有较大过错等具体情节,依法可减轻处罚,并依法宣告缓刑,其辩护人的相关辩护意见,法院予以采纳。对被告人李某某依照《刑法》第234条第2款、第20条第1款和第2款、第72条第1款、第73条第2款和第3款,对被告人李某琴依照《刑法》第234条第2款、第67条、第72条第1款、第73条第2款和第3款之规定,判决被告人李某某犯故意伤害罪,判处有期徒刑1年,缓刑1年,被告人李某琴犯故意伤害罪,判处有期徒刑3年,缓刑3年。①

四、案件评析

被害人对犯罪行为的发生存在过错以及过错程度的大小,直接反映了犯罪人的主观恶性和人身危险性的大小,并在一定程度上影响行为因果关系的进程,进而影响到加害人的刑事责任的有无及大小。这是因为,犯罪行为的社会危害性是主客观的统一,包括犯罪行为造成的客观危害和行为人本身体现出的主观恶性。那么,量刑就应与犯罪的社会危害性相适应,刑罚裁量既要与行为造成的客观危害相适应,也要与行为人的人身危险性相适应。或者说,"犯罪人有义务不为刑法所规定的犯罪行为,刑事责任以法律规定的刑事义务为前提;被害人也有义务保护自身的利益,避免自身的被害,刑法领域中的被害人责任的前提同样是法律对于被害人的法定义务。"②因此,世界上很多国家或地区在刑法中都对此进行了相关规定。比如,德国《刑法》第213条规定:"非行为人的责任,而是因为被害人对其个人或家属进行虐待或重大侮辱,致行为人当场义愤杀人,或具有其他减轻情节的,处1年以上10年以下自由刑。"芬兰《刑法典》在"减轻处罚的事由"中规定:"感情冲动或者是特别的或突然的引诱导致实施犯罪,被害方特别重大的原因或者相应的情况导致了犯罪人守法能力的降低。"我国澳门地区《刑

---

① 参见陈兴良等主编:《人民法院刑事指导案例裁判要旨通纂(上卷·第二版)》,北京大学出版社2018年版,第699页。
② 王佳明:《互动之中的犯罪与被害——刑法领域中的被害人责任研究》,北京大学出版社2007年版,第67页。

法典》在"侵犯名誉罪"中也有规定:"如该侵犯系被害人之不法或可斥责之行为而引起者,法院亦得免除刑罚。""如被害人对侵犯即时以一侵犯予以还击,法院得依情节免除行为人双方或其中一方之刑罚。"本案中,两名犯罪人的犯罪行为,实属因被害人的长期迫害和案发当日的恶意侵害引发。这一点,从整个案情及二人在犯罪过程中的具体表现也可以看出。因此,被害人张某柱对案件具有引发和促进作用,故其具有重大过错,这也说明李某琴、李某某二被告人的主观恶性不大,人身危险性较小。最终法院对二被告人适用缓刑是适当的。

五、相关法律规范

1.《刑法》第 234 条。
2.《全国法院维护农村稳定刑事审判工作座谈会纪要》。

第三节　强迫被害人同意与他人发生性关系行为性质的认定

一、案情介绍

2009 年 4 月初的一天中午,因卓某成要找女孩陪睡,周某联系范某(未满 14 岁,未追究刑事责任)帮助物色。在福建省建阳市某中学门口,范某将初二女学生被害人黄某(时年 13 岁)强行带走。周某、钱某、范某将黄某带到建阳花园酒店内,在房间门口威胁黄某陪卓某成睡觉。黄某不从,范某遂殴打黄某,与周某一起强行将黄某拉进房间。因黄某不配合,卓某成走出房间责备周某等人。范某又进入房内卫生间威胁、殴打黄某,黄某被迫与卓某成发生了性关系。事后卓某成付给周某现金 700 元。

数日后,卓某成又要周某等人帮其找女孩陪睡。2009 年 4 月的一天下午,在建阳市华荣金座公交站,钱某、周某与范某强行将女学生被害人陈某(时年 16 岁)带到建阳花园酒店内,要陈某陪卓某成睡觉。陈某不从,范某、钱志、周某便殴打、威胁陈某,强迫其同意。范某将陈某带入卓某成的房间后,与周某等人守在门口,陈某被迫与卓某成发生了性关系。事后,卓某成付给周某现金 600 元。

十几天后，钱某应卓某成要求，再次要陈某陪卓某成睡觉。陈某不从，钱某遂言语威胁，迫使陈某到建阳花园酒店房间内与卓某成发生了性关系。事后卓某成付给钱某现金300元。

2010年1月7日下午，卓某成又要周某找女孩陪睡。周某便与陈某玲（未满14岁，未追究刑事责任）到建阳某中学，将站在教室门口的女学生被害人刘某（时年13岁）强行带到建阳花园酒店进行恐吓，又按卓某成要求把刘某带到建阳华荣金座大厅，卓某成看后表示满意。周某遂威胁刘某与卓某成发生性关系。回到花园酒店后，刘某被迫到卓某成开的房间。卓某成亲吻、抚摸刘某，且双方性器官有接触。事后卓某成付给周某现金700元，周某分给陈某玲100元。之后，周某、陈某玲又将刘某带至建阳朝晖宾馆，周某强行与刘某发生了性关系。①

二、争议焦点

本案争议焦点为：中间人使用暴力胁迫手段迫使被害人同意与他人发生性关系的行为构成强奸罪，还是强迫卖淫罪？

三、裁判结果与理由

建阳市法院认为，卓某成为满足个人淫欲，多次要求周某、钱某寻找女孩与其发生性关系，周某、钱某等人为获取卓某成给予的好处费，违背他人意志，先后以暴力、胁迫手段迫使被害人黄某、陈某、刘某与卓某成发生性关系，周某强行与刘某发生性关系，三被告人的行为均构成强奸罪。公诉机关指控的罪名成立。卓某成、周某强奸妇女、奸淫幼女三人四次，均属强奸妇女、奸淫幼女多人，钱某强奸妇女、奸淫幼女二人三次。卓某成、周某、钱某在共同犯罪中均系主犯，均应按照其所实施的全部犯罪处罚。卓某成系累犯，依法应当从重处罚。周某曾因犯寻衅滋事罪被判刑，释放后仍不思悔改，依法可以酌情从重处罚；周某在强迫黄某、陈某与卓某成发生性关系时未满18周岁，依法应当从轻或者减轻处罚；周某归案后如实供述罪行，且自愿认罪，依法可以从轻处罚。钱某归案后如实供述

---

① 参见陈兴良等主编：《人民法院刑事指导案例裁判要旨通纂（上卷·第二版）》，北京大学出版社2018年版，第815页。

罪行,自愿认罪,且在共同犯罪中的作用相对较小,依法可以从轻处罚。据此,依照《刑法》第 236 条第 1 款、第 2 款、第 3 款第 2 项、第 25 条第 1 款、第 17 条第 1 款、第 3 款、第 65 条第 1 款、第 67 条第 3 款之规定,判决如下:(1)被告人卓某成犯强奸罪,判处有期徒刑 13 年。(2)被告人周某犯强奸罪,判处有期徒刑 10 年。(3)被告人钱某犯强奸罪,判处有期徒刑 5 年。

一审宣判后,三被告均不服,向南平中院提起上诉。卓某成的上诉理由是未与被害人黄某、陈某发生过性关系,不知被害人刘某是幼女,也无法知道刘某是非自愿的。周某的上诉理由是其没有实施暴力、威胁被害人的行为,是在刘某同意的情况下与刘某发生性关系的。钱某的上诉理由是没有殴打、威胁黄某,也没有威胁陈某。

二审法院认为,三被告基于共同的犯罪认识,违背妇女意志,迫使本案三名未成年被害人与卓某成发生性关系,周某亦强行与其中一名被害人发生性关系,其行为均构成强奸罪。原判认定事实清楚,证据确实、充分,定罪准确,量刑适当,审判程序合法。据此,依照 1996 年《刑事诉讼法》第 189 条第 1 项之规定,裁定驳回上诉,维持原判。①

四、案件评析

强迫卖淫罪与强奸罪共犯(即帮助犯)易发生混淆。强迫卖淫罪是迫使他人向不特定人员提供性服务以牟利的行为,行为对象不限于妇女(幼女),还包括男子;强奸罪的帮助犯是帮助实行犯排除妨碍或者不利条件,便于实行犯完成奸淫妇女(幼女)行为。两者的主要区别在于:

首先,在强迫妇女卖淫的情况下,嫖客与强迫妇女卖淫者之间没有犯意联络,嫖客主观上是通过支付金钱财物换取性服务,没有强行与他人发生性关系的犯罪意图,客观上没有强行实施性行为;而强迫者一般具有通过被控制妇女的卖淫行为营利的目的,客观上对妇女实施暴力、胁迫是为了迫使妇女答应从事卖淫活动,嫖客与强迫者的主观故意内容和实施的行为相对独立,不构成共同犯罪。

---

① 参见陈兴良等主编:《人民法院刑事指导案例裁判要旨通纂(上卷·第二版)》,北京大学出版社 2018 年版,第 815—816 页。

多数情况下,被迫卖淫的妇女与他人发生性行为时具有表面"同意"的特征,且被迫卖淫的对象具有人数多、不特定的特征,卖淫行为具有持续性。

其次,在帮助实行犯强奸的情况下,实行犯主观上具有强行与妇女发生性关系,或者明知被害人是幼女而与其发生性关系的犯罪意图,帮助犯对此情况亦知晓,但仍对被害妇女施以强制,或者对被害幼女施以介绍、引诱、欺骗等行为,目的在于为实行犯实现奸淫行为扫除障碍或者提供便利,帮助犯与实行犯之间有犯意联络,客观上促成了奸淫行为的实施,故属于共同强奸犯罪。在帮助实行犯强奸的场合,帮助犯的帮助对象是特定的,一般是威逼利诱妇女、幼女与特定对象发生性关系,即使实行犯给予帮助犯一定金钱财物作为"酬劳",但收取金钱财物并非必要条件,有别于强迫卖淫中迫使被害人与不特定人员发生性关系必然存在金钱财物对价,且强迫卖淫者通常以此作为相对稳定的牟利手段。

本案中,被告人卓某成为满足淫欲,以提供金钱财物为诱饵指使周某、钱某等人为其物色未成年少女特别是处女。其中,明知周某等人殴打、威胁被害人黄某、陈某与其发生性关系,明知被害人刘某系幼女,仍然先后对三被害人实施奸淫,其行为构成强奸罪。黄某、陈某、刘某均为在校女中学生,与卓某成发生性关系系被迫,并不是为了以此换取金钱财物。卓某成主观上也并非出于"嫖宿"目的,故虽然其事后给予周某、钱某等人一定钱款,但不能认定为"嫖资",其行为也不属于"嫖宿"。周某、钱某为牟取物质利益,根据卓某成的授意和要求,积极为卓某成物色在校少女供卓某成奸淫,并在三被害人不同意的情况下,以言语威胁、实施暴力等强制手段为卓某成的奸淫行为扫清障碍,使得强奸行为最终都得以顺利进行。故周某、钱某的行为完全符合强奸共犯的特征,均构成强奸罪。周某、钱某并非强迫三被害人与不特定的人发生性关系以牟取利益,故不构成强迫卖淫罪。周某另有一起单独强奸刘某的事实。因此,法院依法以强奸罪追究三被告人的刑事责任,定性是准确的。[①]

[①] 参见陈兴良等主编:《人民法院刑事指导案例裁判要旨通纂(上卷·第二版)》,北京大学出版社2018年版,第816—817页。

五、相关法律规范

《刑法》第 236 条、第 358 条。

第四节　索取怀疑之债而非法拘禁他人行为性质的认定

一、案情介绍

2014 年 1 月 3 日 19 时许,被告人罗某伟因怀疑王某祥、陈某兵、潘某根在管理其经营的石渣生意期间,在账目上造假侵吞款项,遂与被告人蒋某、"阿三"等人将王某祥、陈某兵、潘某根三人从浙江省台州市路桥区螺洋街道某村带至黄岩区沙埠镇佛岭水库洋山庙边上,质询账目收支情况,并使用拳脚及持棍殴打王某祥、陈某兵等人,致王某祥构成轻伤二级。后罗某伟与王某祥达成协议,将罗某伟怀疑的账目上被侵吞的 3 万余元与其欠王某祥的 3 万余元抵销。整个过程持续 4 个小时左右。案发后,被害人王某祥提起刑事附带民事诉讼。后经和解,罗某伟、蒋某赔偿了王某祥的医药费等各项经济损失并取得了被害人的谅解,王某祥撤回了刑事附带民事诉讼。①

二、争议焦点

本案争议焦点为:出于索取怀疑之债的目的而非法拘禁他人是否构成非法拘禁罪?

三、裁判结果与理由

台州市黄岩区法院认为,罗某伟、蒋某为索取债务,非法限制他人人身自由并进行殴打,致人轻伤,其行为均构成非法拘禁罪。罗某伟曾因吸毒被行政处

---

① 参见陈兴良等主编:《人民法院刑事指导案例裁判要旨通纂(上卷·第二版)》,北京大学出版社 2018 年版,第 856 页。

罚,蒋某曾因吸毒被行政处罚及强制戒毒,酌情均可以从重处罚。罗某伟的辩护人所提对罗某伟从轻处罚的相关辩护意见,与本案查明的事实及相关的法律规定相符,应予采纳。蒋某归案后如实供述犯罪事实,认罪态度较好,并赔偿了被害人的经济损失且取得了谅解,酌情可以从轻处罚。据此,依照《刑法》第238条第1款、第3款、第25条第1款、第67条第3款以及《刑事诉讼法》第279条之规定,台州市黄岩区法院以被告人罗某伟犯非法拘禁罪,判处有期徒刑9个月;以被告人蒋某犯非法拘禁罪,判处有期徒刑9个月。一审宣判后,被告人罗某伟、蒋某均未提起上诉,检察机关亦未抗诉,该判决发生法律效力。①

四、案件评析

我国《刑法》第238条第3款规定,"为索取债务非法扣押、拘禁他人的",构成非法拘禁罪。根据司法解释,所索取的债务并不局限于合法债务,也就是说,既包括受法律保护的债务,也包括不受法律保护的债务,当然也可以是无法用证据证明的债务。言下之意,无论债务是否真实存在,行为人主观上只要是出于"索债"的目的而实施对他人的扣押、拘禁行为的,其没有产生其他诸如勒索、抢劫犯罪中非法占有他人财物的故意,就符合非法拘禁罪的主观要件。在司法实践中,索债型非法拘禁行为涉及的债务主要有以下几种:

1. 合法债务。被告人与被害人存在合法的民事法律关系上的债权债务关系,被告人实施扣押、拘禁他人行为的目的是为了追讨自己的债务,但在进行私力救济、解决问题的过程中,采用了非法途径,具备了相应的犯罪构成,而转化为刑事案件。对于此类行为,应当认定行为人构成非法拘禁罪,同时确认其主观上的索债目的。

2. 非法债务。被告人与被害人间存在债务,但该债务系赌债、高利贷或者嫖资等法律不予保护的非法债务,行为人为索取此类非法债务而实施扣押、拘禁他人的行为,系"事出有因"。只要债务是客观存在的,应当以非法拘禁罪定罪处罚,同时也应确认行为人主观上的索债目的。对此,《最高人民法院关于对为

---

① 参见陈兴良等主编:《人民法院刑事指导案例裁判要旨通纂(上卷·第二版)》,北京大学出版社2018年版,第856页。

索取法律不予保护的债务非法拘禁他人行为如何定罪问题的解释》已作了专门明确。

3. 数额超过实际债务。被告人与被害人间存在合法或者非法债务,行为人为索取债务对被害人实施了扣押、拘禁行为,但行为人在追索债务的过程中,索取的债务数额大于实际存在的债务。此种情况下,应当从被告人的真实主观犯意出发进行分析判断。如果被告人的主观目的是为了索取债务,而不是为了非法占有他人财物,其之所以超额索取,可能是在对债务范围、数目的理解、认定上存在误解、异议,其主观恶性并没有实质性的改变,那么仍然应当认定其行为构成非法拘禁罪,同时确认其主观上的索债目的。反之,如果被告人以索取"债务"为名,实施绑架、殴打、拘禁他人的行为,以实现其非法占有他人财物的目的的,则应按照其行为相应的后果,以绑架罪、抢劫罪等予以定罪处罚。

4. 债权债务关系不明确的债务。被告人与被害人之间的债权债务关系缺乏足够的证据予以查清,从民事法律关系角度出发,债权债务关系因被告人举证不能而不存在;或者被告人的利益确实受到了损失,但该损失与被害人的言行并无明确的因果关系,双方之间并不存在实际的债权债务关系;或者被告人与被害人之间实际上没有债权债务关系,行为人误认为被害人与之有债权债务关系。

本案中,罗某伟因为怀疑王某祥、陈某兵、潘某根在管理其经营的石渣生意期间,在账目上造假侵吞款项,认为王某祥侵吞了3万余元货款。于是,为了索取其内心确认的债务,也即属于上述第4种债务,与蒋某等人一起限制王某祥等人的人身自由4个小时左右。而在此过程中,罗某伟等人对王某祥进行了殴打,并与王某祥达成口头协议,将其欠王某祥的3万余元款项与其怀疑的数目相当的债务数额予以抵销。该抵销行为可视为罗某伟索回了自己的债务,而非为勒索王某祥的财物,其内心没有非法占有的故意,且该债务能否查清并不影响行为人主观上的索债目的。综合上述案情分析,罗某伟、蒋某的行为在犯罪主观、客观方面均符合索债型非法拘禁罪的特征,应当以非法拘禁罪论处。

五、相关法律规范

1. 《刑法》第238条。

2.《最高人民法院关于对为索取法律不予保护的债务非法拘禁他人行为如何定罪问题的解释》。

第五节　以恢复恋爱关系为目的而劫持他人行为性质的认定

一、案情介绍

被告人蔡某峰2004年8月结识并开始追求女青年叶某春(19岁,厦门市第三医院见习护士),并与其建立恋爱关系,后叶某春提出与被告人蔡某峰断绝恋爱关系。被告人蔡某峰对此心存不甘,多次前往叶家找叶某春,要求恢复恋爱关系,但均遭到叶某春的拒绝。被告人蔡某峰仍不罢休,继续纠缠。2004年11月13日上午8时许,被告人蔡某峰携带一把水果刀,窜至厦门市第三医院住院部找叶某春,欲再次纠缠,并达到恢复恋爱关系的目的。当被告人蔡某峰看到叶某春前来上班时,即上前要求叶某春与其一同到医院外面交谈。叶某春谎称须上楼向科室领导请假并走上三楼,被告人蔡某峰即尾随叶某春到该院住院部三楼妇产科办公室等候。叶某春为躲避被告人蔡某峰的纠缠,上三楼后即躲进办公室内的更衣室并打电话告诉家人。被告人蔡某峰见叶某春一直未出来,即窜入更衣室后将门反锁,并质问叶某春为何打电话告诉其家人,同时掏出事先藏于身上的一把水果刀朝叶某春的左手臂上划了一刀,踢了叶某春一脚,尔后将叶某春挟为人质,与接到报警后赶到现场解救叶某春的民警形成对峙。为保护人质即叶某春的人身安全,现场民警对被告人蔡某峰展开规劝工作,并组织其亲属对被告人蔡某峰进行劝说。被告人蔡某峰仍拒绝缴械和释放人质,同时威胁要将叶某春杀害后自杀。直至当日下午2时30分,公安民警被迫强行撞门进入办公室,将被告人蔡某峰制服,解救出人质叶某春,同时缴获作案工具水果刀一把。①

---

① 参见陈兴良等主编:《人民法院刑事指导案例裁判要旨通纂(上卷·第二版)》,北京大学出版社2018年版,第858页。

二、争议焦点

本案争议焦点为：以恢复恋爱关系为目的，采取暴力手段劫持他人的，应当如何定罪？

三、裁判结果与理由

厦门市同安区人民法院经公开审理认为，被告人蔡某峰为达到恢复恋爱的目的，采用暴力、胁迫的方法，挟持他人为人质，其行为已构成绑架罪，公诉机关指控的罪名成立。被告人蔡某峰及其辩护人提出的公诉机关指控被告人蔡某峰犯绑架罪的定性不当的辩解辩护意见，理由依据不足，不予采纳。被告人蔡某峰归案后能如实交代犯罪事实，认罪态度较好，可酌情从轻处罚。据此，厦门市同安区人民法院依照《刑法》第239条、第56条、第64条之规定，于2005年3月17日作出刑事判决如下：（1）被告人蔡某峰犯绑架罪，判处有期徒刑10年，附加剥夺政治权利2年并处罚金人民币1000元。（2）随案移送的作案工具水果刀一把予以没收。

宣判后，被告人蔡某峰不服提出上诉。厦门市中级人民法院经审理后驳回被告人蔡某峰的上诉，维持原判。[①]

四、案件评析

绑架罪是目的犯。"在目的犯场合，刑法将具有特定目的的行为规定为犯罪，是因为行为与特定目的相结合，既表现出了行为之严重社会危害性，又预示着在特定目的引导下有造成更大社会危害的可能性，当行为作为常量，特定目的作为变量时，特定目的表现的主观恶性越大，整个行为的社会危害性就越大，特定目的表现的主观恶性越小，整个行为的社会危害性就越小。"[②]我国《刑法》中规定的绑架罪构成是必须"以勒索财物为目的绑架他人"和"绑架他人作为人质"，而

[①] 参见陈兴良等主编：《人民法院刑事指导案例裁判要旨通纂（上卷·第二版）》，北京大学出版社2018年版，第859页。

[②] 李希慧、王彦：《目的犯的犯罪形态研究》，载《现代法学》2000年第6期。

它们之间是一种从属关系,即"以勒索财物为目的绑架他人"也属于"绑架他人作为人质",只是"以勒索财物为目的绑架他人"是"绑架他人作为人质"的主要情形。勒索财物是一种目的自不待言,而"绑架他人作为人质"中除了勒索财物的目的之外,还存在着其他不法目的,比如达到一定的政治目的等,当然也可以是要求恢复恋爱关系的目的。本案中,被告人蔡某峰为达到与被害人叶某春恢复恋爱的目的,持械并采用暴力手段,强行将被害人叶某春挟持在护士办公室的更衣室内,并持水果刀划伤被害人,在医护人员、叶某春亲属以及公安人员的规劝下,被告人蔡某峰仍拒绝缴械及释放被害人,并威胁要杀害被害人。被告人蔡某峰的行为侵犯的客体是被害人的人身权利,客观上实施了绑架他人作为人质的行为,符合绑架罪的犯罪特征。不过,在此需要将绑架罪与非法拘禁罪予以区分。虽然绑架的过程中具有非法拘禁的行为,但非法拘禁罪仅要求具有剥夺他人人身自由的目的,而不要求具有勒索财物或者满足行为人其他不法要求的目的,故此案中以恢复恋爱关系为目的而采取暴力手段劫持被害人的行为,不能以非法拘禁罪定罪处罚。

五、相关法律规范

《刑法》第 239 条。

第六节 出卖亲生子女行为性质的认定

一、案情介绍

被告人关某倩于 2009 年 2 月 8 日产下一男婴,后因孩子经常生病、家庭生活困难,被告人武某军、关某倩夫妻二人决定将孩子送人。同年 6 月初,武某军、关某倩找到山西省临汾市先平红十字医院的护士乔某,让其帮忙联系"买家"。第二天,乔某将此事告知张某珍,张某珍又让段某寸(同案被告人,已判刑)询问情况。段某寸与关某倩电话联系后约定付给关某倩 26000 元。后段某寸将此情况告知景某菊(同案被告人,已判刑),景某菊经与赵某珍(同案被告人,已判刑)

联系看过孩子后,赵某珍又通过郭某萍(同案被告人,已判刑)介绍买家。同年6月13日,在赵某珍家中,武某军、关某倩将出生仅4个月的孩子以26000元的价格卖给蔡某光(在逃)。赵某珍、景某菊、段某寸、郭某萍分别获利1400元、600元、500元、1500元。赵某珍、郭某萍、王某生(同案被告人,已判刑)与蔡某光一同将婴儿送至山东省枣庄市台儿庄区。后因武某军的父亲向公安机关报警称孙子被武某军夫妇卖掉而案发。同年7月17日,公安机关将被拐卖的婴儿成功解救。①

二、争议焦点

本案争议焦点为:出卖亲生子女的行为是否构成拐卖儿童罪?

三、裁判结果与理由

法院认为,被告人武某军、关某倩将出生仅4个月的男婴,以26000元的价格出卖给他人,其行为均已构成拐卖儿童罪。对于武某军、关某倩辩解其行为属于私自送养,不构成犯罪的意见,经查,武某军、关某倩在不了解对方基本条件的情况下,不考虑对方是否有抚养目的及有无抚养能力等事实,为收取明显不属于营养费的巨额钱财,将孩子送给他人,可以认定属于出卖亲生儿子,应当以拐卖儿童罪论处,其辩解不能成立。武某军、关某倩由于家庭生活困难,将孩子出卖给他人,后孩子被公安机关成功解救,没有造成严重的社会危害后果,主观恶性较小,犯罪情节较轻,依法以拐卖儿童罪分别判处被告人武某军、关某倩有期徒刑3年,缓刑5年,并处罚金人民币3万元。②

四、案件评析

从《刑法》中对拐卖妇女、儿童罪的规定来看,其对象中的"儿童"并没有限制,也即出卖的对象包括亲生子女。但是,现实生活中出卖亲生子女的情形较为复杂,且社会危害性相较于拐卖他人子女为轻。所以,对于出卖亲生子女的行为

---

① 参见陈兴良等主编:《人民法院刑事指导案例裁判要旨通纂(上卷·第二版)》,北京大学出版社2018年版,第872—873页。
② 同上书,第873页。

应当综合考虑主客观的情形以及传统习惯来认定是否构成拐卖儿童罪,即使构成该罪在量刑时也应当减轻。为此,我国出台了多个规范性文件,对于出卖亲生子女的行为构成犯罪(拐卖儿童罪或遗弃罪),要求从主观上具有营利或牟利的目的,客观上确属情节恶劣的情形。同时,还特别提出借送养之名出卖亲生子女与民间送养行为的界限。即不是出于非法获利目的,而是迫于生活困难,或者受重男轻女思想影响,私自将没有独立生活能力的子女送给他人抚养,包括收取少量"营养费""感谢费"的,属于民间送养行为,不能以拐卖妇女、儿童罪论处。当然,"这种行为之所以不成立拐卖妇女、儿童罪,是因为其本身就不是出卖行为。"① 本案中,被告人武某军、关某倩因孩子经常生病,家庭生活困难,遂决定将孩子送人,并通过中间人介绍,将孩子以 26000 元的"价格"卖给他人。之后,孩子的爷爷报警,公安机关将其成功解救,没有造成严重的社会危害后果,且婴儿幼小,迫切需要得到亲生父母的哺育照料。所以,原审法院适用《刑法》第 63 条,在法定刑以下判处刑罚,最高人民法院依法复核,裁定予以核准,同时还适用了缓刑,都是恰当的量刑。

五、相关法律规范

1.《刑法》第 63 条、第 72 条、第 240 条。

2.《最高人民法院、最高人民检察院、公安部、民政部、司法部、全国妇联关于打击拐卖妇女儿童犯罪有关问题的通知》。

3.《司法部关于依法惩治拐卖妇女儿童犯罪的意见》第 16 条、第 17 条。

第七节 非法获取公民个人信息中"其他方法"的认定

一、案情介绍

被告人沈某系南通市全通房产信息咨询网络有限公司职员。2012 年 10 月

---

① 张明楷:《刑法学(下)》(第五版),法律出版社 2016 年版,第 894 页。

至2013年12月,被告单位安莱公司的法定代表人余某映为拓展公司业务,经介绍认识被告人沈某,沈某利用帮助南通市房产管理局信息中心维护房产销售系统的便利,私自导出该系统中的公民个人房产信息,并以电子邮件的方式向余某映非法提供上述信息22993条。2013年3月至2013年12月,被告人薛某煜利用其安莱公司工作人员的身份,通过在余某映电脑上安装"灰鸽子"软件,窃取该电脑中存储的公民个人房产信息26460条。2013年3月至2013年8月,被告单位天弘公司的合伙人蔡某峰、徐某辉为拓展公司业务,共向被告人薛天煌购买上述公民个人房产信息17900条,被告薛某煜牟利1万元。①

二、争议焦点

本案争议焦点为:本案中"购买、收受、获赠"等行为是否属于非法获取公民个人信息罪中以"其他方法"非法获取的行为?

三、裁判结果与理由

南通市崇川区人民法院经审理认为:被告人沈某利用帮助南通市房产管理局信息中心维护房产销售系统的便利,私自导出该系统中的公民个人房产信息,非法提供给他人,情节严重,其行为已构成非法提供公民个人信息罪;被告单位安莱公司、天弘公司及被告人薛某煜分别通过收受、购买、窃取等手段非法获取公民个人信息,情节严重,其行为均已构成非法获取公民个人信息罪;被告人余某映是被告单位安莱公司直接负责的主管人员,被告人蔡某峰是被告单位天弘公司直接负责的主管人员,被告人徐某辉是被告单位天弘公司的直接责任人员,非法获取公民个人信息,情节严重,其行为均已构成非法获取公民个人信息罪。②

---

① "沈某等人侵犯公民个人信息案"(江苏省南通市崇川区人民法院(2015)崇刑初字第0058号)。参见汪东升:《个人信息的刑法保护》,法律出版社2019年版,第175页。

② 参见汪东升:《个人信息的刑法保护》,法律出版社2019年版,第175页。

四、案件评析

我国首次将公民个人信息纳入刑法保护范围的是 2009 年的《刑法修正案（七）》，其中设立了出售、非法提供公民个人信息罪和非法获取公民个人信息罪。之后，2015 年的《刑法修正案（九）》对其进行了修改完善，且将之前的两个罪整合为侵犯公民个人信息罪。但是，它们在获取公民个人信息的行为方式上都只是规定为"窃取或者以其他方法非法获取"，从而为窃取行为之外的"其他方法"留出了解释的空间。"窃取"行为的特征在于利用权利人不知，秘密占为己有。"其他方法"法律无法穷尽，但应当与窃取具有相当的社会危害性。上述判例将"购买、收受、获赠"等行为方式纳入"其他方法"的范畴，是应当得到肯定的。该案审结于 2013 年，当时并没有司法解释对"其他方法"进行列举和解释。为了尽量减少对"其他方法"认定中的出入，最高人民法院、最高人民检察院于 2017 年发布了《最高人民法院、最高人民检察院关于办理侵犯公民个人信息刑事案件适用法律若干问题的解释》，其中第 4 条规定："违反国家有关规定，通过购买、收受、交换等方式获取公民个人信息，或者在履行职责、提供服务过程中收集公民个人信息的，属于刑法第二百五十三条之一第三款规定的'以其他方法非法获取公民个人信息'。"当然，除了窃取、购买、收受、交换等行为方式之外，只要是获取公民个人信息的行为认定为"非法"，都应当属于以"其他方法"非法获取，如骗取、夺取、获赠、租用、借用等等。不过，在行为手段"非法"的认定上，应当把握好三个方面：一是获取公民个人信息违背了信息所有人的意愿或真实意思表示；二是信息获取者无权了解、接触相关公民个人信息；三是信息获取的手段违反了法律禁止性规定或社会公序良俗。

五、相关法律规范

1.《刑法》第 253 条之一。

2.《最高人民法院、最高人民检察院关于办理侵犯公民个人信息刑事案件适用法律若干问题的解释》第 4 条。

第十三章

侵犯财产罪

第一节 驾驶机动车"碰瓷"行为的定性[①]

一、案情介绍

2009年5月12日21时许,刘某与吴某刚、任某滨、王某共同预谋以制造交通事故的方式讹诈途经天津市的外地货运汽车司机钱财。刘某乘坐吴某刚驾驶的夏利轿车,到天津市北辰区津保桥至外环线匝道处伺机作案,任某滨与王某驾驶另一辆夏利轿车在附近望风。当日23时许,被害人李某堂(殁年46岁)驾驶的蓝色货运汽车经津保桥西端右转进入匝道入口,准备倒车经匝道驶入外环线,吴某刚发现后即驾驶夏利轿车与货运汽车尾部相撞。刘某与吴某刚遂下车以修车为名向李某堂讹诈钱财,李某堂让另一司机徐某玺(被害人,时年37岁)下车并报警。吴某刚从车里取出一把西瓜刀对李某堂进行威胁,索要钱财。此时,徐

---

① 案情介绍、裁判结果与理由参见中华人民共和国最高人民法院刑事审判第一、二、三、四、五庭主办:《中国刑事审判指导案例(4):侵犯财产罪》,法律出版社2012年版,第182页。

某玺下车从背后抱住吴某刚,与李某堂一起将吴某刚拽到护栏边,刘某见状即从车里取出一根镐把,先后朝着李某堂的头部、背部、腿部和徐某玺的头部、面部等部位击打,将二人打倒在地,致李某堂重型颅脑损伤,经抢救无效死亡,致徐某玺轻伤。后刘某与吴某刚逃离现场。

二、争议焦点

本案争议焦点为:刘某驾驶机动车"碰瓷"行为构成以危险方法危害公共安全罪、抢劫罪,还是故意杀人罪?

构成以危险方法危害公共安全罪的主要理由是:刘某伙同他人驾驶机动车在公路上随意碰撞他人车辆制造交通事故的行为危害到不特定多数人的生命、财产安全,应以危害公共安全类犯罪进行规制。

构成抢劫罪的主要理由是:虽然刘某等人原想通过制造交通事故讹诈他人,但得知被害人要报警后,直接持械进行威胁,随后发生肢体冲突,属于直接使用暴力夺取财物的行为。

构成故意杀人罪的主要理由是:在吴某刚与被害人等发生肢体冲突后,刘某持械加入打斗,击打被害人要害导致其死亡,主客观均符合故意杀人罪的要求。

三、裁判结果与理由

天津市第一中级人民法院认为,被告人刘某因聚众斗殴犯罪被判刑,在缓刑考验期内不思悔改,伙同他人利用故意制造交通事故的方式讹诈钱财,并持械当场使用暴力,致一人死亡、一人轻伤。刘某的行为构成抢劫罪,且犯罪情节、后果均特别严重,又系缓刑考验期内再犯罪,应当撤销缓刑,连同前罪所判刑罚,实行数罪并罚。

四、案件评析

本案涉及的问题是驾驶机动车"碰瓷"行为的定性。2020年9月22日,最高人民法院、最高人民检察院、公安部联合出台了《关于依法办理"碰瓷"违法犯罪案件的指导意见》,对何为"碰瓷"、如何处理各类"碰瓷"行为给出了较为明确的解释:"所谓'碰瓷',是指行为人通过故意制造或者编造其被害假象,采取诈骗、敲诈勒索等方式非法索取财物的行为。"驾驶机动车"碰瓷"行为就是通过驾驶机动车故意碰撞他人汽车等方式制造交通事故,向被害人索要钱财。一般情况下,"碰瓷"行为可分为两个部分:故意制造事故或编造被害假象的手段行为;非法获利的目的行为。可见,"碰瓷"是行为人企图非法侵害他人财产利益的行为,行为的定性首先考虑是否构成特定的财产犯罪。分析非法获利的具体手段就成为准确定性的一个关键。尽管如此,"碰瓷"的手段行为各式各样,为了充分评价该类行为的法益侵害性,还必须考虑是否可能触犯财产犯罪之外的犯罪。

在司法实践中,驾驶机动车"碰瓷"根据手段行为的不同可能成立不同的犯罪:(1)驾车故意制造交通事故后,以不报警等相胁迫要求被害人给付赔偿,可能符合敲诈勒索罪。虽然行为人遭受了人身或财产损害,但因其故意制造事故,根据自我负责原则,不能将危害后果归责于他人。在被害人没有任何过错的情况下,行为人无任何合法依据,采取不赔偿就扣押车辆,抓住被害人车辆为无牌车等问题、正规手续烦琐害怕耽误时间等心理要挟、胁迫索要钱财,①可能符合敲诈勒索罪的构成要件。(2)驾车故意制造交通事故后,以不报警等相胁迫要求被害人给付赔偿,但被害人识破后,直接使用暴力或以暴力相威胁索要钱财,可能成立抢劫罪。行为人虽着手实施了敲诈勒索行为,但因意志以外的原因(被害人未产生恐惧心理)导致该行为未遂,行为人为能够实现非法占有目的继续采取暴力手段或以实施暴力相威胁,触犯抢劫罪。(3)驾车故意制造交通事故后,被害人误认为自己肇事,主动向行为人支付赔偿款,可能构成诈骗罪。具体而言,行为人故意制造交通事故,隐瞒此真相,被害人误认为自己为肇事者,基于此错误认识"自愿"处分财物,行为人非法获利,被害人遭受财产损失。(4)行为人驾车故意制造交通事故"碰瓷",一般不会危及公共安全。虽然驾车碰撞他人制造交通事故有一定的危险性,但行为人实施"碰瓷"的目的是非法获取财物,定会事前选好时间、路段、选准目标,采取对自身损害最小的方式制造事故,因而不会以过快的速度驾驶,危害到不特定多数人生命和财产安全的可能性较小。

---

① 参见中华人民共和国最高人民法院刑事审判第一、二、三、四、五庭主办:《中国刑事审判指导案例(4):侵犯财产罪》,法律出版社 2012 年版,第 184 页。

(5) 行为人驾车故意制造交通事故后,因各种原因,未实施下一步的索财行为,即被迫停止,若毁坏他人车辆或者侵害他人人身安全,可能构成故意毁损财物罪或故意伤害罪等侵害人身权益的行为。

在处理这类案件的定性问题时,如何区分勒索式抢劫和敲诈勒索行为也是值得讨论的问题。从定义来看,抢劫罪的手段包括胁迫,敲诈勒索罪的手段是威胁或要挟,①侵害他人意志自由是两者的本质。但这两种手段的内容和程度存在明显差异。抢劫罪是最严重的侵财犯罪,其胁迫的内容是以当场实施暴力相威胁并当场索要财物,暴力已达到被害人不敢反抗的程度。而敲诈勒索罪中,要挟或威胁虽能够引起被害人的心理恐惧,但还未达到不能反抗的程度,且不限于当场取得财物。过去常常以"两个当场"理论,即抢劫罪的特征是当场实施暴力或以暴力相威胁、当场取得财物,作为区别抢劫罪与其他财产犯罪的标准。但是,对比两种犯罪的行为构造,可以发现"两个当场"只是形式要件,是成立抢劫罪的充分非必要条件,区分抢劫罪和敲诈勒索罪的关键要看暴力行为是否足以使被害人不能反抗,是否违反被害人的意志取得财物。因此,一般认为在驾驶机动车"碰瓷"中,以对人实施暴力相威胁取得财产可能成立抢劫罪,而以对物实施暴力相威胁取得财产只可能成立敲诈勒索罪,有如此区别正是考虑到两种行为的暴力程度不同。

具体到本案,刘某等人虽然刚开始想通过制造交通事故讹诈被害人,但是被害人选择报警后,吴某刚从车里取出一把西瓜刀对被害人进行威胁,索要钱财,此时的暴力威胁已达到足以压制被害人反抗的程度,且以当场实施暴力索要钱财,属于抢劫行为。此后暴力威胁升级为直接暴力仍能被抢劫行为所涵盖,不需单独进行刑法评价。最初的敲诈勒索行为因意志以外的原因未能得逞,也不必单独定罪,在抢劫罪的量刑中合理考虑即可。虽然刘某只在最后的暴力行为中出手,但是从开始预谋"碰瓷"到以实施暴力相威胁索要钱财,再到实施暴力索要钱财,刘某始终参与其中,至少提供了精神支持,无疑都是共同犯罪中的一员。根据部分行为全部责任的共犯处理原则,刘某也应按照抢劫罪定罪处罚。应该

---

① 参见《刑法学》编写组:《刑法学(下册·各论)》,高等教育出版社 2019 年版,第 150、176 页。

肯定法院判决结论的正确性,但具体判断理由过于简单,并未充分说明行为成立抢劫罪而非其他罪名的具体理由。

五、相关法律规范

《刑法》第 114 条、第 263 条、第 266 条、第 274 条。

第二节 以盗骗交织的手段非法占有他人财物行为的定性①

一、案情介绍

2007 年 11 月 1 日上午 11 时许,朱某伙同李某云到山东省威海市环翠区羊亭镇港头村王某香家,以驱鬼为由,诱骗王某香拿出人民币 430 元及价值人民币 1840 元的黄金首饰作为道具,交给被告人"施法驱鬼"。朱某将上述财物用纸包好后,在"施法"过程中,乘被害人王某香不备,用事先准备好的相同纸包调换装有财物的纸包,待"施法"完毕,将该假纸包交还被害人,并嘱咐 3 日后才能打开,随后将被害人的上述财物带离现场。同年 11 月,朱某伙同李某云又先后到威海经济技术开发区城子村丛某芬家中、南曲阜村于某芳家中,采用上述相同手段,骗窃丛某芬人民币 1500 元,骗窃于某芳人民币 4300 元及价值人民币 3220 元的黄金饰品。

二、争议焦点

本案争议焦点为:朱某等人以盗骗交织的手段非法占有他人财物的行为构成诈骗罪,还是盗窃罪?

认为构成诈骗罪的主要理由是:朱某等人以虚构事实的方式骗取他人拿出财物进而获得该财产,符合诈骗罪的构成要件。

---

① 案情介绍、判决结果与理由,参见陈兴良等主编:《人民法院刑事指导案例裁判要旨通纂(下卷·第二版)》,北京大学出版社 2018 年版,第 1096 页。

认为构成盗窃罪的主要理由是:朱某虽然以诱骗的方式让被害人拿出钱财,但是被害人并没有基于认识错误作出交付财物行为,不符合诈骗罪的构成要件,乘人不备的"调包"行为才是使其获得钱财的手段,完全符合盗窃罪秘密窃取的要求,应该成立盗窃罪。

三、裁判结果与理由

山东省威海市环翠区人民法院认为,朱某伙同他人以非法占有为目的,采用秘密手段窃取他人财物,数额巨大,其行为已构成盗窃罪。朱某与他人共同犯罪过程中,先采用虚构事实的方法欺骗他人拿出财物,后又乘机采用调包的手段窃取该财物,欺骗行为与盗窃行为联结,但其非法取得财物的主要方式是秘密窃取,蒙蔽他人的行为并不直接导致获得所要非法占有的财物,只是为实现盗窃创造条件,故其行为不应认定为诈骗罪。

四、案件评析

本案涉及的问题是,以盗骗交织的手段非法获得他人财产如何定性。在刑法理论上,盗窃罪和诈骗罪都被归类为取得类财产犯罪,但两罪的行为方式差异明显,前者属于夺取类犯罪,而后者属于交付类犯罪,单一的盗窃或诈骗行为作为独立的行为,一般情况下并不会产生混淆。简单来说,盗窃罪是以非法占有为目的,通过平和的方式非法取得他人财物的行为;而诈骗罪是以非法占有为目的,通过虚构事实或隐瞒真相的方式欺骗他人交付财物的行为。一般认为,存在基于错误认识处分财产的行为是诈骗罪作为"自损"型犯罪区别于其他财产犯罪的重要特征。此处的处分行为即受骗人基于自己的意思(有瑕疵)将有处分权的财产利益让与行为人,外观看来受骗人完全"自愿"交付财产,受骗人也意识到将自己占有的财物或享有的财产性利益转移给对方占有或享有。[1] 而盗窃罪中行为人通过平和(秘密窃取)的方式取得财物,[2] 即使财物经过被害人或他人之手,

---

[1] 参见柏浪涛:《论诈骗罪中的"处分意识"》,载《东方法学》2017年第2期。

[2] 关于盗窃罪的客观行为特征是秘密窃取还是平和手段存在一定争议,但在处理具体问题时两种观点并没有太大的差异。

但被害人并非在处分财产,因为其根本不知道自己在将财物移交他人这一事实,否则就不符合盗窃罪属于"他害"型犯罪的特征。

但是,在盗骗交织行为中,由于既存在欺骗行为,又存在秘密窃取行为,因而产生了定性争议。司法实务往往采取所谓的"决定性作用的手段说"或"最直接的手段说"进行解决,即判断行为人取得财产时起决定性作用的手段或直接获得财产的手段作为行为定性的关键。但是,正如学者所言,这种分析方法并不围绕着财产占有转移展开,存在混淆预备行为和实行行为之嫌。[①] 反观学界,多数学者是通过分析实行行为,即非法获得财产行为的方式解决盗骗交织行为的定性问题。刑法分则个罪的实行行为是具有法益侵害危险的行为,明确实行行为的概念不仅具有划分犯罪类型、判断犯罪既未遂、限定因果关系起点行为的机能,还起到区分罪与非罪的作用。[②] 实行行为的不同才是盗窃罪和诈骗罪的区别关键。在盗骗交织类案件中,关键是分析行为人通过何种手段真正取得财产,产生了侵害财产法益的后果。根据上文内容可知,是否存在处分行为是盗窃罪和诈骗罪的重要区别。因此,在盗骗交织类案件中,关键是分析是否存在成立诈骗罪的处分行为。

具体有两种情况:(1) 行为人通过诈骗使得被骗人产生认识错误"自愿"地交付财产则符合诈骗罪的构成要件。(2) 行为人虽然实施了欺骗行为,但以秘密窃取的方式真正获得财产,这是符合财产犯罪的实行行为,此处的欺骗行为只是在为实施盗窃创造条件,即为盗窃罪的预备行为。例如,行为人通过欺骗的方式将店主支开后再窃取店内财物的行为;行为人欺骗废品收购者自己是某工地管理人员,指示其将工地的建筑废料拖走,非法获利,无疑都成立盗窃罪。需要注意的是,在某些情况中,行为人实施诈骗行为后被害人也会作出转移财产的行为,如行为人到超市中将相机装进方便面箱子后到前台结账,以100元买到了价值1万元的相机,但很明显相应主体缺乏处分意识,对转移财产的内容根本没有认识,并不符合诈骗罪交付行为的要求。这类案件中,行为人实际上是将被害人

---

① 参见姜涛:《网络型诈骗罪的拟制处分行为》,载《中外法学》2019 年第 3 期。
② 参见陈洪兵:《刑法分则个罪实行行为的厘定》,载《国家检察官学院学报》2018 年第 3 期。

作为自己实施盗窃的工具,属于盗窃罪的间接正犯,应当以盗窃罪定罪处罚。

具体到本案,朱某等人非法占有被害人财物的整个过程可以分为两个阶段:第一个阶段,欺骗被害人拿出财物进行"施法驱鬼",此时被害人交出财物并非诈骗罪中的交付行为,因为被害人只是将财物暂时交由朱某施法,并没有将财物永久转移占有的意思,这些财物仍在被害人的支配范围内。第二个阶段,朱某乘被害人不注意将财物"调包",控制了财物,被害人的财产利益才真正受到侵害。更详细地说,第一个阶段中朱某通过欺骗暂时保管被害人的财物,是为实施第二个阶段的行为创造条件,即盗窃的预备行为,其真正着手实施具有侵害财产法益紧迫危险的犯罪行为发生在"调包"环节,即通过被害人难以察觉的方式转移财物,实现了非法占有他人财物的目的,符合盗窃罪的构成要件。此结论与法院的判决一致。法院判决中指出,蒙蔽他人的行为只是为实现盗窃创造条件,朱某等人主要是通过秘密窃取的方式获得财产,所以成立盗窃罪,即明确了欺骗行为为盗窃犯罪的预备行为,后者的秘密窃取才是实行行为,因而最终按照盗窃罪处理。

五、相关法律规范

《刑法》第 264 条、第 266 条。

第三节　秘密转移第三方支付平台资金行为的定性[①]

一、案情介绍

2015 年 3 月 11 日晚,被告人徐某芳使用单位配发的手机登录支付宝时,发现可以直接登录原同事被害人马某的支付宝账户,该账户内显示有 5 万余元。次日下午 1 时许,在浙江省宁波市海曙区柳汀新村某理发店,徐某芳利用其工作时获取的马某支付宝密码,使用上述手机分两次从该账户转账 1.5 万元到刘某的中国银行账户,后刘某从银行取现 1.5 万元交给徐某芳。案发后,涉案赃款已

[①] 案情介绍、裁判结果与理由,参见(2015)浙甬刑二终字第 497 号刑事判决书。

全部追还给被害人。

二、争议焦点

本案的争议焦点是:徐某芳利用马某支付密码进入马某支付宝账户内转移资金的行为成立盗窃罪、诈骗罪,还是信用卡诈骗罪?

认为构成盗窃罪的主要理由是:本案中,支付宝没有产生错误认识的可能性,也没有财产处分权,徐某芳的行为不可能构成诈骗罪;①徐某芳以非法占有为目的,趁被害人马某不备,将马某的财物秘密窃为己有,构成盗窃罪。

支持成立诈骗罪的主要理由是:被告人输入他人支付宝用户名和密码时,已实施了虚构其为支付宝用户本人或得到用户授权的事实,从而让支付宝公司误以为转账行为是用户的意思表示,基于此错误认识处分了被害人账户内资金,使得行为人非法获利,成立诈骗罪。②

认为构成信用卡诈骗罪的主要理由是:支付宝等第三方支付平台在功能和使用方式上与信用卡相同,是一种新型的信用卡支付方式,徐某芳冒用他人名义进入平台转移资金符合信用卡诈骗罪中"冒用"的行为方式。③

三、裁判结果与理由

宁波市海曙区人民法院经审理认为:支付宝(中国)网络技术有限公司作为第三方支付平台,为用户提供代管、转账等服务,被害人马某在支付宝账户内的款项由支付宝公司代管。徐某芳利用偶然获取的支付宝密码操作马某的支付宝账户转账,使支付宝公司陷入错误认识,误以为该操作系受用户马某的委托,从而支付款项,徐某芳的行为符合诈骗罪的构成要件。公诉机关指控徐某芳犯盗窃罪不成立,法院不予支持。

---

① 参见赵运锋:《转移他人支付宝钱款行为定性分析》,载《华东政法大学学报》2017 年第 3 期。

② 参见石坚强、王彦波:《将他人支付宝账户内资金私自转出构成诈骗罪》,载《人民司法(案例)》2016 年第 11 期。

③ 参见刘宪权:《论新型支付方式下网络侵财犯罪的定性》,载《法学评论》2017 年第 5 期。

四、案件评析

本案涉及的问题是,秘密转移第三方支付平台资金如何定性。秘密转移第三方支付平台资金一般是指行为人通过各种途径获得他人账户和密码,擅自进入第三方平台转移他人账户内的资金,导致他人遭受财产损失的行为。该类行为有着"似盗非盗,似骗非骗"的特征,一方面利用被害人不知情取得资金,另一方面冒用被害人名义欺骗平台获得资金。[①] 虽然也是一种盗骗交织的行为,但是因该类行为发生在网络空间中,有第三方支付平台介入,有着不同于线下盗骗交织类财产犯罪的问题。

第一个问题是"机器能否被骗"。支持机器能被骗的观点认为,秘密转移第三方支付平台资金构成诈骗罪或信用卡诈骗罪;否定机器能被骗的观点则倾向于按照盗窃罪处理该行为。我国《刑法》条文对"机器能否被骗"并没有明确规定,但 2008 年《最高人民检察院关于拾得他人信用卡并在自动柜员机(ATM 机)上使用的行为如何定性问题的批复》明确这一行为属于"冒用他人信用卡",成立信用卡诈骗罪。有学者以此作为 ATM 机、支付宝等机器能够成为被骗对象的依据,并主张支付宝等新兴支付平台是"人们通过电脑编程赋予其部分人脑功能且能替代人脑开展相关业务的机器"[②],代表人的意志,因而有可能被骗产生错误认识。当然也有学者认为,这只是司法解释在信用卡领域中的特别规定,并不符合只有具有意志表示的主体才可能成为诈骗对象的基本原理。支付宝这类第三方支付平台只要账户、密码正确就会提供相应服务,并不会识别是谁操作,不存在所谓的受骗者。[③] 还有学者进一步指出,此处被骗的不是机器,而是机器背后的操作人员。[④]

---

① 参见唐祥、金朝榜:《第三方支付方式中侵财犯罪的定性困境与出路》,载《中国检察官》2020 年第 10 期下。
② 刘宪权:《论新型支付方式下网络侵财犯罪的定性》,载《法学评论》2017 年第 5 期。
③ 参见赵运锋:《转移他人支付宝钱款行为定性分析》,载《华东政法大学学报》2017 年第 3 期;王鹏飞、刘泽宇:《关于将他人支付宝账户内资金私自转出构成盗窃罪的探讨》,载《中共山西省直机关党校学报》2016 年第 4 期。
④ 参见姜涛:《网络型诈骗罪的拟制处分行为》,载《中外法学》2019 年第 3 期。

的确,严格按照诈骗的原理,是否产生认识错误是受骗的关键。排除未来世界中超强人工智能主体具有独立的意志之外,其他机器所运行的程序都代表着人的意志,在特定方面作为人的代言主体,承认这些机器能够受骗,根本上考虑的是站在机器背后的人。行为人冒用他人的名义进入机器程序内非法获利,看似机器在执行正确的指令,但实际上已经违背了程序运行的前提,即人、账户、密码相对应的要求,属于错误的行为。换言之,行为人明确知晓 ATM 机、第三方支付平台这类代替人进行身份识别的机器只根据输入的账户和密码进行识别,故意进行冒用,意在让机器背后的审核人产生认识错误(此时的审核人已将具体审核活动通过程序设计全权由机器进行),发出错误的指令,实现自己的非法获利的目的。

第二个问题是第三方支付平台是否可以解释为信用卡。虽然支付宝等第三方支付平台"有消费支付、信用贷款、转账结算、存取现金等全部功能或者部分功能",但是跳过形式直接从实质的角度进行解释,可能得出有违罪刑法定原则的解释结论。按照 2004 年《全国人民代表大会常务委员会关于〈中华人民共和国刑法〉有关信用卡规定的解释》,信用卡的发行主体只能是商业银行或者其他金融机构。目前所有的第三方支付平台都不满足这一要求,因而并非刑法所承认的信用卡,应该排除成立信用卡诈骗罪的可能。

第三个问题是第三方支付平台是否具有处分权。虽然第三方支付平台因代替人进行身份识别,有可能成为被骗的对象,但是没有处分权的受骗人转移他人财物,可以视为他人实施盗窃犯罪的间接正犯,秘密转移第三方支付平台资金的行为以盗窃罪定罪处罚。接下来必须分析第三方支付平台是否具有处分权。支付宝等第三方支付平台是提供支付、转账、理财等功能的网络工具。当使用者通过实名方式在第三方支付平台上注册成功,同意服务协议后,即与平台建立起这样的关系:用户将资金存入账户,以正确的账户、密码进入已注册账户内可以自由操作;平台代为保管资金,接到正确的账户、密码就必须服从相应的指令。由此可见,基于事前的约定,平台有保管资金、按照指令处分账户内资金的义务,即享有特殊的处分权。线下诈骗犯罪多为两人模式,线上诈骗犯罪因有第三方平台介入,基本属于"三角诈骗"的情形。在秘密转移第三方支付平台资金的行为中,虽然第三方支付平台具有处分权,是被骗人,但真正遭受财产损失的受害人却是用户自己。

需要注意的是,理论上一般根据资金来源,将秘密转移第三方支付平台资金的行为分为:秘密转移第三方支付平台账户内资金、秘密转移第三方支付平台账户绑定的银行卡内资金。按照上文的论述,前一种类型可能成立诈骗罪。但是,后一种类型因银行这类金融机构介入,与前者的法益侵害性有所不同。具体而言,第三方支付平台的用户绑定银行卡后,银行与第三方支付平台签订协议,向其提供免密支付或者密码支付服务。行为人冒名进入他人的第三方支付平台账户内,直接通过免密服务或者输入银行卡密码转移他人银行卡内资金,属于未经持卡人同意擅自以持卡人名义使用其信用卡的行为,侵害了他人财产利益,也妨害了银行的金融管理秩序,应该成立信用卡诈骗罪。

具体到本案,徐某芳使用他人的账户和密码进入他人支付宝账户内,导致代表审核人员的支付宝系统出现审核错误,执行了不该执行的指令,转拨账户内资金,使得被害人马某遭受损失,徐某芳非法获利。这完全符合诈骗罪的构成要件:行为人虚构事实或隐瞒真相—被骗人产生错误认识—基于错误认识处分财产—行为人获得财产。应该肯定法院的判决结果。不过,法院在判决理由中指出支付宝公司为受骗人值得商榷。虽然法律上拟制公司等组织体有其独立的意志,但是按照诈骗的原理,公司本身并不会产生错误认识,不能成为直接受骗的对象。如上文所述,支付宝等第三方支付平台具有代替审核人员进行审核的功能,针对平台的欺诈行为,实质上应视为对背后审核人员的欺诈,而非平台所属公司。

五、相关法律规范

《刑法》第 196 条、第 264 条、第 266 条。

第四节　为维护自身合法利益采取胁迫方式
　　　索取高额赔偿款行为的定性[①]

一、案情介绍

2006年10月,陈某光发现自己的手机经常收到一些短信,点击或按提示拨打电话后就会产生话费。经查阅相关规定:电信增值业务商(以下简称"SP商")通过移动公司等网络经营商向手机用户发送一些诱惑及不健康的短信,并在用户点击后扣除用户话费的行为,是国家信息产业部及信息产业法所禁止的。信息产业部将以投诉率为指标考核各级网络经营商,SP商也可能因此被网络经营商停止双方的合作业务。于是,陈某光通过10086进行投诉。发送该类短信的SP商主动打电话给陈某光协商解决投诉事宜。随后,陈某光又以自己的手机卡号、经他人授权的手机卡号及自己向他人购买的手机卡号进行投诉,并先后与7家SP商协商。在协商过程中,陈某光以如果SP商没有诚意,将不断向移动公司及信息产业部投诉的意思表示向SP商施压。之后,7家SP商均与陈某光达成以给付高于所扣话费双倍以上的赔偿金的方式,来解决陈某光对它们的投诉。陈某光共得赔偿款9900元。

二、争议焦点

本案的争议焦点为:陈某光为维护自身合法利益采取胁迫方式索取高额赔偿款的行为,是否构成敲诈勒索罪?

肯定说的主要理由是:陈某光以将不断向移动公司及信息产业部投诉施压属于威胁、要挟的手段,据此索取财物属于强索行为;陈某光索取的赔偿超出合理范围,表明其主观上有非法占有他人财产的目的。

[①] 案情介绍、判决结果与理由,参见陈兴良等主编:《人民法院刑事指导案例裁判要旨通纂(下卷·第二版)》,北京大学出版社2018年版,第1309—1310页。

否定说的主要理由是:陈某光是为维护自身合法利益索要赔偿,没有非法占有目的;投诉不属于敲诈勒索罪中的"胁迫、要挟"手段,而且赔偿款是双方协商的结果。

三、裁判结果与理由

湖南省永州市中级人民法院于 2010 年 10 月 9 日作出(2010)永法刑再终字第 14 号刑事判决:陈某光的行为属于维权过度,不构成犯罪。

裁判理由如下:(1)原审被告人陈某光发现自己或亲友所使用的手机话费过高,主观上具有超倍索赔故意。(2)原审被告人陈某光在客观上采取了超倍索赔的行为,其行为虽带有要挟意向,但与敲诈勒索罪中的"胁迫"有本质区别。陈某光自 2006 年 10 月至 2007 年 8 月期间,以 SP 商开展短信服务侵害了其利益为由,采取投诉和升级投诉行为,除用其本人手机卡号投诉外,还搜集或协助他人手机卡号投诉。SP 商为不受影响或不被终止经营,主动与陈某光协商赔偿。陈某光先后向 7 家 SP 商超倍索赔 9900 元事实存在,予以认定,但其行为应当确认为维权过度行为,尚不构成犯罪,遂作出无罪判决。

四、案件评析

本案涉及过度维权行为的刑法评价问题,即刑法理论所讨论的"权利行使与敲诈勒索罪"的问题。具体指的是,"行为人在法律上有从他人那里取得财产或财产上利益的权利,为实现这种权利而采用胁迫手段取得其财产或财产上利益,是否构成敲诈勒索罪"的问题。[①] 具体而言,过度维权行为一般是行为人因为遭受某一侵权行为享有索赔权,采取胁迫等过度的手段索赔,且常常出现索赔金额过高的情形。不同于常见的非法取财行为,过度维权行为中存在维权这一权利因素,在财产犯罪判断中如何考虑这一因素直接影响到行为的定性结论。一种观点是,权利因素不影响对财产犯罪的判断,过度维权行为仍可以构成敲诈勒索罪;而另一种观点则是,权利因素可能从主观或客观方面影响到对财产犯罪的判

---

① 参见刘明祥:《财产罪比较研究》,中国政法大学出版社 2001 年版,第 301 页。

断,过度维权行为因缺乏非法占有目的或不符合敲诈勒索罪的客观行为不成立敲诈勒索罪。可见,如何解释敲诈勒索罪的构成要件很是关键。

敲诈勒索罪是指以非法占有为目的,以威胁或要挟方法,强索公私财物,数额较大或多次敲诈勒索的行为。① 一般认为敲诈勒索罪的构成要件如下:客观方面,行为人实施了勒索行为,让他人受到恐吓而心生畏惧,进而处分财产,产生财产损失;② 主观方面,行为人有敲诈勒索的故意及非法占有目的。

具体说来,抢劫罪和敲诈勒索罪中都存在胁迫行为,但两者的胁迫程度不同,前者的胁迫足以剥夺被害人的意志自由,而后者的胁迫只具有压制被害人意志自由的效果,因而敲诈勒索罪被视为利用被害人意志瑕疵的取财行为。判断敲诈勒索罪客观行为的关键点为对胁迫性的判断。这个需要根据社会生活常识、被害人的个人情况等进行综合的判断。在过度维权行为中,要判断维权者采取的胁迫方式是否达到敲诈勒索罪的客观要求,就必须具体考察其胁迫内容。一般认为,维权者以实施暴力为胁迫内容,如"不给我钱就烧了你的店或杀你全家",行为的胁迫性肯定达到敲诈勒索罪的客观要求;但是维权者采取以实施曝光、投诉等合法的行为为胁迫内容,其胁迫性就难以达到要求。就后者而言,在实际生活中,经营者等主体应该对自己的风险有所预见,尤其是当其在实施违规或违法行为时,当然能想到将面临各式各样的索赔,因此维权者以实施合法行为施压能影响到侵权者的判断,但难以达到压制其意志自由的程度。

另外,除去犯罪故意外,行为人主观具有非法占有目的被认为是成立敲诈勒索罪等取得类财产犯罪必备的主观要件(不成文的构成要件要素)。③ 某一行为客观上符合财产犯罪要求,主观上缺乏非法占有目的,也不构成财产犯罪。从字面上看,非法占有目的的基本含义就是意图将他人之物非法占为己有。虽然非法占有目的属于主观要素,但是应该结合客观事实加以判断。一般情况下,行为

---

① 参见《刑法学》编写组:《刑法学(下册·各论)》,高等教育出版社 2019 年版,第 176 页。
② 参见林山竹:《刑法学各罪论(上册)》(修订五版),北京大学出版社 2005 年版,第 350 页。
③ 参见徐凌波:《论财产犯的主观目的》,载《中外法学》2016 年第 3 期。

人通过法律禁止的方式取得与自己缺乏合法关联的财产,即意味着其主观上具有非法占有目的,体现出侵害他人合法财产的主观恶性。如何判断行为人与所获财产之间的合法关联,则需要结合具体案件事实进行具体的判断。在过度维权行为中,维权者因遭受侵害享有合法的索赔权,基于此向侵权者索要赔偿,即使手段不适当,但其主观上是为了维护自己的财产性利益,并没有侵害他人合法财产的意图,很难认定其主观上具有非法占有目的。此外,还有一个问题需要思考:维权者提出高额(天价)的赔偿是否意味着其主观上有非法占有目的?很多情况下应该是否定的结论。因为出于保护弱者的初衷,法律往往只会规定赔偿下限,高于法律标准进行赔偿,只要是双方协商的结果,就是维权者应得的合法利益,其主观目的无非法性可言。

需要注意的是,通过上述内容可知,过度维权行为可能不成立敲诈勒索罪,考虑到刑法没有专门罪名针对胁迫行为本身,因而这类行为不受刑法规制,最终得出无罪的结论。

具体到本案,陈某光在客观上因为 SP 商实施的违法行为受到侵害,因而享有获得赔偿的权利。在实现该索赔权时,陈某光以投诉等合法方式向 SP 商施压,看似压制到其意志自由,但是这仍然处于经营者正常的经营风险中,该压力并没有超出经营者的可承受范围。因此,陈某光的胁迫行为没有达到敲诈勒索罪的要求。至于陈某光得到的超倍赔偿,也是与 SP 商协商的结果,并非法律所禁止的利益,基于此难以肯定其主观上具有非法占有目的。综上所述,陈某光的行为在客观方面和主观方面都不符合敲诈勒索罪,其胁迫手段本身也不构成其他犯罪,应该作无罪处理。这与法院的无罪判决相一致。虽然法院指出陈某光的胁迫行为"与敲诈勒索罪中的'胁迫'有本质区别",但是并没有具体说明有何本质区别,即对维权过度行为为何不成立犯罪缺乏具体论述。

五、相关法律规范

《刑法》第 274 条。

第十三章 侵犯财产罪

第五节　抢夺由他人合法保管的本人财物的行为定性[①]

一、案情介绍

2008年1月29日23时许,在广州市越秀区文园停车场(以下简称"文园停车场"),被告人李某波乘停车场保管员不备,将其向广东邦润典当有限责任公司(以下简称"邦润公司")借款人民币65000元而提供的担保物——起亚牌小轿车(经鉴定,价值为106276元)一辆,从停车场强行开走。之后,李某波携车逃匿,且未向邦润公司清偿上述借款。2009年2月6日,被害单位文园停车场向邦润公司赔偿经济损失及支付相关诉讼费用共计90206元。另查明,李某波归案后申请将扣押于广州市公安局越秀分局的上述退赔款65000元发还被害单位文园停车场。李某波还直接向被害单位文园停车场退赔了经济损失25206元。被害单位对李某波表示谅解,请求法院对其从轻处罚。

二、争议焦点

本案的争议焦点在于,他人合法管理的本人财物,是否属于抢夺罪的行为对象?

质押是债务人或第三人向债权人转移某项财产的占有权,并由后者掌握该项财产,以作为前者履行某种支付金钱或履约责任的担保。不动产被质押后,其所有权不因质押而改变,但质物的占有权已由出质人转至质权人。在这种情况下,质权人又将其合法取得的占有权转委托第三人代为行使,如委托第三人代为保管该质物。出质人在质押关系消灭前,不能侵犯质权人、第三人的占有权,即不能强行改变占有状态,否则即便其取得质物之占有,也不能以享有对质物的所有权而否定这种占有的非法性。

[①] 案情介绍、判决结果与理由,参见陈兴良等主编:《人民法院刑事指导案例裁判要旨通纂(下卷·第二版)》,北京大学出版社2018年版,第1239—1240页。

抢夺罪是指以非法占有为目的，当场直接夺取他人紧密占有的数额较大的公私财物，或者多次抢夺的行为。① 该罪构成要件的内容为当场直接夺取他人紧密占有的数额较大的财物。本案中，被告人李某波虽然享有对涉案质物——起亚牌小汽车的所有权，但该汽车的占有权经过质权人邦润公司，已转移至文园停车场，因而由文园停车场取得对小汽车的合法占有权。因而，本案被告人李某波虽公然夺取的是由其本人所有的小汽车，但该车辆的质权人已经由邦润公司转移至文园停车场，也即文园停车场合法享有对质押物小轿车的占有权。本案中小汽车的合法占有权不因其被李某波所有而消灭，事实上，无论是质权人自己占有该小汽车，还是委托第三人占有该小汽车，都应当受到法律保护。当被告人李某波强行改变占有关系，使质权人或第三人遭受经济损失，此种非法占有行为在法律上就应当予以制止，对于社会危害性较大的，应当纳入刑法规制范围。

三、裁判结果与理由

广州市越秀区人民法院经审理认为，被告人李某波无视国家法律，以非法占有为目的，公然夺取他人财物，数额特别巨大，其行为构成抢夺罪。李某波在案发后能主动投案并如实供述犯罪事实，属于自首，依法可以从轻或者减轻处罚。鉴于其归案后能主动交出涉案车辆和退赔被害单位的经济损失，认罪、悔罪表现良好，且获得被害单位的谅解，依法可以酌情从轻处罚。综合考虑上述情节，被告人李某波符合缓刑适用条件，依法可以对其减轻处罚并宣告适用缓刑。

据此，根据《刑法》第267条第1款、第67条第1款、第72条第1款和第3款、第73条第2款和第3款、第53条、第64条，《最高人民法院、最高人民检察院、司法部关于适用普通程序审理"被告人认罪案件"的若干意见（试行）》第9条以及《最高人民法院关于适用财产刑若干问题的规定》第2条第1款之规定，广州市越秀区人民法院判决如下：

1. 被告人李某波犯抢夺罪，判处有期徒刑3年，缓刑5年，并处罚金人民币2万元。

---

① 参见张明楷：《刑法学（下）》（第五版），法律出版社2016年版，第994页。

2. 扣押在案的退赔款人民币 65000 元发还被害单位文园停车场。

四、案件评析

现代社会刑事立法的发展趋势,体现了对社会生活中复杂犯罪现象的广泛涵摄,以便于司法机关能根据罪行之特点,准确认定犯罪并给予恰当的处罚。[①] 本案涉及抢夺本人财物的行为定性和被害人(方)的准确认定问题。在财产犯罪案件中,有无被害人通常被作为认定犯罪是否成立的重要要件,特别是三角债关系中,被害人的确定往往在行为定性上发挥决定性作用。侵犯财产犯罪中,因行为人非法改变占有关系而实际遭受人身和经济损失的一方系被害人(方)。具体到本案中,被告人李某波乘人不备,强行将已合法质押的小汽车开走,在未造成人身损害的情况下,实际遭受经济损失的一方便成为被害人(方)。文园停车场受质权人的委托,合法取得小轿车的保管权,根据相关规定,其在保管质押财产期间,应当对质押财产的毁损、灭失承担赔偿责任。另外,本案的证据同样显示,文园停车场基于保管合同向质权人支付了 65000 元的赔偿款,并支付了 25206 元的诉讼费用,合计 90206 元,此即为文园停车场作为质押物保管者的经济损失。本案中李某波的行为,在行为的社会危害性上,与抢夺他人所有之财物的行为无异,均会导致他人遭受财产损害,而且都有可能导致人身伤害后果。对于达到数额要求或抢夺次数要求的,应通过刑法加以规制。

抢夺罪与抢劫罪的关系也是司法实践中需要特别注意的问题。《刑法》第 267 条第 2 款规定,携带凶器抢夺的,依照本法第 263 条的规定定罪处罚。此处的"携带凶器抢夺"指的是行为人随身携带枪支、爆炸物、管制刀具等国家禁止个人携带的器械进行抢夺,或者为了实施犯罪而携带其他器械进行抢夺的行为。值得注意的是,此处的"携带凶器抢夺"并不以行为人使用暴力、胁迫或其他方法为必要,即只要行为人携带凶器抢夺,就以抢劫罪论处,属于典型的法律拟制条款。"携带"是持有的一种表现形式,具有随时可能使用或当场能够及时使用的特点,既包含"行为人事前准备好"之意,又具有"在抢夺现场或附近获得(如捡

---

① 参见刘明祥:《论抢夺行为》,载《人民检察》2019 年第 21 期。

拾)"之意。但适用《刑法》第 267 条第 2 款规定,不要求行为人显示或外露凶器,也不要求其向被害人暗示自己携带着凶器。由此延伸可知,"携带"更不要求行为人使用凶器。从构成要件上来看,抢夺行为指的是直接对物使用暴力,并不以直接对被害人行使足以压制反抗的暴力为前提。这是因为在通常情况下,当行为人实施抢夺行为,被害人一般来不及抗拒,因此并不必然出现因受暴力或胁迫压制而不能或不敢抗拒之情形。如果行为人使用所携带的凶器强取他人财物,则直接适用《刑法》第 263 条之规定。只有行为人在携带凶器而又没有使用凶器的情况下抢夺他人财物的,才符合第 267 条第 2 款的规定。此处的"没有使用"包含"没有针对被害人使用凶器实施暴力"和"没有使用凶器胁迫"两层含义。若行为人携带凶器抢夺,为窝藏赃物、抗拒抓捕或者毁灭罪证,而当场使用凶器致人重伤、死亡的,既可能仅评价为一个加重的事后抢劫(携带凶器抢夺也可以仅评价为抢夺),也可能评价为抢劫罪(携带凶器抢夺的普通抢劫)与故意杀人罪或故意伤害罪。①

五、相关法律规范

1.《刑法》第 267 条第 1 款。②

2.《最高人民法院、最高人民检察院关于办理抢夺刑事案件适用法律若干问题的解释》。

第六节　代为保管他人财物的占有关系定性③

一、案情介绍

被告人杨某的父亲杨某新系从事袜子加工业务的个体工商户,主要采取夫

---

① 参见张明楷:《刑法学(下)》(第五版),法律出版社 2016 年版,第 997 页。
② 本条款中的"多次抢夺"情形,系 2015 年 8 月 29 日全国人大常委会表决通过的《刑法修正案(九)》第 20 条增设之内容。
③ 案情介绍、判决结果与理由,参见陈兴良等主编:《人民法院刑事指导案例裁判要旨通纂(下卷·第二版)》,北京大学出版社 2018 年版,第 1241—1242 页。

妇二人共同参与的家庭经营模式。2007年上半年起,自诉人赵某良将部分袜子委托杨某新加工定型。其间,杨某将赵某良委托加工定型的袜子盗卖给他人。经公安机关追回的袜子共计62包,每包300至500双不等,均已发还自诉人。浙江省诸暨市人民法院认为,自诉人赵某良将袜子委托给被告人杨某之父杨某新加工定型,尽管该加工厂属于家庭经营,但实际上系由杨某新夫妇共同经营,二人并未将自诉人委托加工的袜子交由杨某保管,杨某对这批袜子未形成事实上的占有,故其盗卖袜子的行为不符合侵占罪的构成特征。浙江省诸暨市人民法院据此一审判决被告人杨某无罪。一审宣判后,自诉人赵某良向浙江省绍兴市中级人民法院提出上诉。二审法院认为,原审被告人杨某对上诉人赵某良委托杨某新加工定型的袜子,并未形成事实上的占有。据此,二审法院驳回上诉,维持原判。

二、争议焦点

本案的争议焦点在于:被告人杨某是否对自诉人赵某良的财物构成事实上的占有关系?

《刑法》第270条第1款规定,将代为保管的他人的财物非法占为己有,数额较大,拒不退还的,是侵占罪。根据该条款,构成侵占罪应符合三个条件:(1)行为人因代为保管他人财物而将他人财物非法占有。此处的"保管",主要指基于委托合同关系或根据事实上的管理,以及因习惯而成立的委托、信任关系所拥有的对他人财物的持有、管理的权利。这种保管必须是合法的,如果不是合法的保管,而是使用盗窃、抢夺、诈骗、敲诈勒索等手段占有他人财物,则可能构成其他犯罪。行为人基于委托合同关系,或者根据事实上的管理,以及因习惯而成立的委托、信任关系而拥有的对他人财物的持有和管理权,是构成本罪的前提条件。(2)行为人主观上以非法占为己有为目的。如果行为人不是意图非法占为己有,而是由于对某一合同或者事实认识上的错误,或者因为过失而将其保管的他人财物占为己有,不能构成本罪。(3)行为人实施了将他人财物非法占为己有,拒不退还的行为,且非法占为己有的财物数额达到较大以上。[①] 据此可知,代为

[①] 参见法律出版社法规中心编:《中华人民共和国刑法注释本》,法律出版社2017年版,第237页。

保管他人财物并拒不退还,是构成侵占罪的两个重要条件。具体而言,首先,构成侵占罪要求行为人对他人的财物存在代为保管的事实。如不具有这种主体身份特征,则缺乏构成侵占罪的基本条件。典型意义上的代为保管关系多产生于保管合同,此外,如加工承揽合同、委托合同、租赁合同、使用借贷合同、担保合同等众多合同关系中,均可能存在代为保管关系。

本案中的代为保管关系产生于自诉人赵某良与被告人杨某的父亲杨某新之间订立的加工承揽合同,即承揽人杨某新按照定作人赵某良的要求,完成袜子加工定型的工作并交付成果,定作人赵某良给付报酬的合同。一般情况下,承揽合同有两种情形,一种是加工的原材料由承揽人自己选用;另一种是加工的原材料由定作人提供。在第一种情况下,定作人不负责原材料的提供,承揽人先行支付购买材料的费用,对自己选用的材料享有所有权,对于利用该材料加工完成的工作成果,若承揽人不将其交付给定作人,不构成侵占罪,只构成民事上的违约,须承担违约责任。第二种情况则由定作人提供原材料,原材料交付给承揽人之后并未发生所有权的转移,承揽人只是暂时地享有占有、支配、按照合同目的使用原材料的权利。在履行合同时,承揽人负有返还利用原材料加工完毕的工作成果的义务,此时原材料就处于代为保管状态,若拒不返还则属于侵占。本案中,杨某新与赵某良所订立之承揽合同属于上述第二种。杨某新的袜子加工厂系家庭经营模式,杨某虽然是家庭成员之一,但由于杨某新的袜子加工厂的实际经营者是杨某新夫妇,杨某因未参与到经营活动中,对家庭经营活动所涉及的财物没有控制管理的权利,故事实上并不占有这些财物。而侵占罪中的代为保管关系要求被告人对他的财物存在事实上的占有关系,故对于自诉人赵某良委托加工的袜子,只有从事经营并实际占有这些袜子的杨某新夫妇才有可能构成侵占罪的主体,被告人杨某不具有构成侵占罪的主体资格,其行为不符合侵占罪中代为保管他人财物的主体特征。

三、裁判结果与理由

一审法院浙江省诸暨市人民法院认为,被告人杨某对涉案袜子未形成事实上的占有,故杨某将这些袜子予以盗卖的行为不符合侵占罪的构成特征。据此,依据《刑法》第 270 条第 1 款、1996 年《刑事诉讼法》第 162 条第 2 项、1998 年《最高人民法院关于执行〈中华人民共和国刑事诉讼法〉若干问题的解释》第 205 条之规定,判决被告人杨某无罪。

一审宣判后,自诉人赵某良向浙江省绍兴市中级人民法院提出上诉。二审法院绍兴市中级人民法院认为,原判认定事实清楚,适用法律正确,审判程序合法。依照 1996 年《刑事诉讼法》第 189 条第 1 项之规定,裁定驳回上诉,维持原判。

四、案件评析

前文提到了本案争议之焦点,即被告人杨某是否对自诉人赵某良的财物构成事实上的占有关系,经讨论已确定被告人杨某不具有构成侵占罪的主体资格。除此之外,被告人杨某也不具有拒不退还的情节。认定行为人拒不退还,要求行为人主观上不想退还,且客观上以实际行动表明不退还的意思。如果行为人以出卖、赠与、使用等形式实际处分代为保管的他人财物后,表示愿意赔偿财物所有人的经济损失的,一般不能认定为拒不返还。因为多数情况下,财物的价值可以通过货币来体现,当原物不能退还时,行为人愿意用货币或者种类物来赔偿的,表明其不具有非法占有的意思,不应认定为侵占罪。

本案中,公安机关在自诉人报案后,即根据被告人杨某的交代,从该批袜子的收购处将袜子追回并已退还给自诉人,没有发生自诉人要求杨某或者其父杨某新返还袜子而他们拒不返还的情况。相反,案件发生后,被告人及其家属从一开始就表示愿意进行等价赔偿,但遭到自诉人拒绝。由于袜子是种类物,自诉人委托杨某新加工袜子的目的就是为了出售谋利,被告人以货币形式完全可以赔偿自诉人的经济损失,故自诉人虽拒绝接受赔偿,但不能由此否定被告人具有赔偿意愿和赔偿能力。据此,被告人杨某的行为也不符合侵占罪所要求的拒不退还的要件,其行为不构成侵占罪。

除了将代为保管的他人财物非法占为己有的情形,《刑法》第 270 条第 2 款还规定了将他人的遗忘物或者埋藏物非法占为己有的犯罪的规定。此类情形成立犯罪须符合三个条件:(1) 行为人主观上必须是故意,且以非法占有为目的。

这里所说的非法占有的目的,是指行为人在没有法律根据的情况下,具有排除权利人的利益,自行侵吞、占有、使用、处分公私财产,以在经济上取得与财产所有人同等权利的主观心理态度。(2)行为人实施了将他人的遗忘物或者埋藏物非法占为己有,数额较大,且拒不交出的行为。"遗忘物"是指由于财产所有人、占有人的疏忽,遗忘在某处的物品,其所有权属于遗忘该财物的公民个人或者单位。"埋藏物"是指所有权不明的埋藏于地下的财物、物品,其所有权依法属于国家所有。侵犯方式多种多样,如留作自用、擅自处理、隐瞒不报等。(3)行为人所侵占的埋藏物或者他人的遗忘物必须达到数额较大,否则不能构成犯罪。①

五、相关法律规范

《刑法》第 270 条。

第七节　不具有非法占有目的的毁坏公私财物行为定性②

一、案情介绍

2001 年 9 月,孙某应聘至江苏省无锡海浪乳品工业有限公司(以下简称"海浪乳品公司")南京分公司担任业务员。出于为该公司经理孙某华创造经营业绩的动机,孙某于 2002 年 10 月 8 日起向该公司虚构了南京市三江学院需要供奶的事实,并于 2002 年 12 月 1 日利用伪造的"南京市三江学院"行政章和"石国东、陈宝全、蔡斌"三人印章,与该公司签订了"供货合同",从 2002 年 10 月 8 日起至 2003 年 1 月 4 日止,被告人孙某将该公司钙铁锌奶 321500 份(每份 200 毫升)送至其家中,并要求其母亲每天将牛奶全部销毁。经鉴定,上述牛奶按 0.95

---

① 参见法律出版社法规中心编:《中华人民共和国刑法注释本》,法律出版社 2017 年版,第 237—238 页。
② 案情介绍、判决结果与理由,参见陈兴良等主编:《人民法院刑事指导案例裁判要旨通纂(下卷·第二版)》,北京大学出版社 2018 年版,第 1315—1316 页。

元/份计算,共价值人民币 305425 元。2003 年 12 月 24 日,被告人孙某以三江学院名义交给海浪乳品公司南京分公司奶款 7380 元,其余奶款以假便条、假还款协议等借口和理由至案发一直未付给该公司。案发后,南京市雨花台区人民检察院以职务侵占罪对孙某提起公诉。南京市雨花台区人民法院认为定性不当,不予采纳,并对孙某辩护人提出的被告人孙某行为构成故意毁坏财物罪的辩护意见予以采纳。据此,江苏省南京市雨花台区人民法院判决被告人孙某犯故意毁坏公私财物罪,判处有期徒刑 4 年。

二、争议焦点

本案的争议焦点在于对销毁牛奶行为的理解,即不具有占有目的的毁坏公私财物行为的定性。故意毁坏财物罪,是指故意毁坏公私财物,数额较大或者有其他严重情节的行为,行为对象为国家、单位或者他人所有的财物,包括动产与不动产,包括狭义财物(如动物)与财产性利益。[①] 行为人是否占有该财物,不影响本罪的成立,但毁坏自己所有的财物,不成立该罪。

构成故意毁坏财物罪,必须符合下列条件:(1)故意毁坏财物罪主观上必须是故意,包括直接故意和间接故意,同时,犯罪目的只是毁坏公私财物,不具有非法占有目的,这也是本罪与其他侵犯财产罪的本质区别。过失毁坏公私财物,不构成本罪。(2)行为人客观上实施了故意毁坏公私财物数额较大或者有其他严重情节的行为。所采取的方式主要是毁灭和损坏。如果使用放火、爆炸等危险方法毁坏公私财物,而且足以危及公共安全的,则应以放火罪、爆炸罪等危害公共安全罪论处。同时,故意毁坏公私财物必须达到数额较大或者其他严重情节的程度。如果情节轻微或者数额较小,则不构成犯罪。(3)本罪侵犯的客体是公私财物所有权,侵犯的对象是各种公私财物。但是,破坏某些特定的公私财物,侵犯了其他客体,则不能以毁坏财物罪论处。例如,故意毁坏使用中的交通设备、交通工具、电力煤气易燃易爆设备,危害公共安全的,以危害公共安全罪中的有关犯罪论处;故意毁坏机器设备、残害耕畜,破坏生产经营的,以破坏生产经

---

① 参见张明楷:《刑法学(下)》(第五版),法律出版社 2016 年版,第 1025 页。

营罪论处。另外,故意破坏正在使用中的公用电信设施尚未危害公共安全,或者故意毁坏尚未投入使用的公用电信设施,造成财产损失,构成犯罪的,以故意毁坏财物罪定罪处罚。

三、裁判结果与理由

本案中,被告人孙某主观上没有非法占有公司牛奶或将牛奶变卖后占有货款的故意,其犯罪目的主观上是为了讨好公司经理孙某华,出于为其创造业绩的考虑;同时,被告人孙某在客观上亦没有非法占有公司牛奶的行为,当牛奶送至被告人孙某家中后,被告人随即让其母亲随意处置,其本身不具有实际占有行为。而职务侵占罪是指公司、企业或者其他单位人员,利用职务上的便利,将本单位财物非法占为己有,数额较大的行为。由此法律规定可以看出,职务侵占罪主观上必须具有非法占有之故意,客观上必须具有非法占有之行为。所谓"非法占有"不应是仅对财物本身的物理意义上的占有,而应理解为占有人遵从财物的经济用途,具有将自己作为财物所有人进行处分的意图,通常表现为取得相应的利益。

综观本案,被告人孙某作为业务员,明知鲜牛奶的保质期只有1天,却对牛奶持一种放任其毁坏变质的态度,其主观上并没有遵从牛奶的经济用途加以适当处分的意图,其行为完全符合故意毁坏财物罪的主观构成要件。同时,客观上孙某实施了将牛奶倒掉、喂猪等毁坏行为,符合故意毁坏财物罪的客观构成要件,此类行为也充分证明了孙某主观上不是非法占有的目的,因此,主观上不符合职务侵占罪必须具备的非法占有目的的主观要件。

关于本案毁坏财物的价值,海浪乳品公司证明及价格鉴定结论书均证实,涉案的钙铁锌牛奶每份价值人民币0.95元。鉴于被告人孙某未能提供相应证据,故对其所主张的每份价值人民币0.65元的辩护意见不予支持。据此,被告人孙某自2002年10月8日至2003年1月4日共收到该公司送至其家中的钙铁锌牛奶321500份,按每份0.95元计算价值305425元。此外,被告人孙某于2002年12月24日曾以三江学院的名义付给公司7380元奶款,对此公诉人当庭表示认可,但认为被告人是以其他片区的奶款冲抵所得,不应从总价值中扣除。对此被告人当庭辩解称,这 7380 元中有一部分是其他片区的奶款,另一部分是自己的工资。南京市雨花台区人民法院认为,不论这 7380 元是被告人用其他片区的奶款冲抵的还是自己的工资,就本案而言,被告人已经实际给付了 7380 元,故应从总价值 305425 元中扣除。综上,南京市雨花台区人民法院依据《刑法》第 275 条之规定,判决被告人孙某故意毁坏财物罪,判处有期徒刑 4 年。一审宣判后,被告人孙某未提出上诉,检察机关未提出抗诉,判决发生法律效力。

四、案件评析

如前所述,故意毁坏财物罪的毁坏行为主要包括两种,一种是使公私财物完全丧失价值和效用;另一种是使公私财物部分丧失价值和效用。毁坏不限于从物理上变更或者消灭财物的形体,还包括使财物的效用丧失或者减少的一切行为,如:(1) 通过对财物行使有形力,导致财物的完整性受到明显毁损的行为;(2) 通过对财物行使有形力,导致财物的效用减少或者丧失的行为;(3) 虽然没有直接对财物行使有形力,但使财物的效用减少或者丧失的行为。所谓财物效用的减少或者丧失,不仅包括因为物理上、客观上的损害而导致财物的效用减少或者丧失,而且包括因为心理上、情感上的缘故而导致财物的效用减少或者丧失;不仅包括财物本身的丧失,而且包括被害人对财物占有的丧失等情形。[①]

在本案中,孙某并未占有牛奶和遵从作为食品或商品的牛奶的本来用途加以利用或处分,既未供自己或他人饮用,也未变卖牛奶占有货款,而是让其母亲将牛奶倒掉和让邻居拉去喂猪。这明显与通常意义上的以实物财物的价值和使用价值为目的非法占有具有本质区别。公诉机关认定孙某的行为是非法占有性质的职务侵占行为于法不妥,孙某的行为不符合职务侵占罪非法占有的主、客观要件。孙某虽然将牛奶从公司骗出,但其动机是为了讨好领导,为领导创造经营业绩;让他人将牛奶销毁是一种毁弃行为,符合毁坏公私财物罪的特征。南京市雨花台区人民法院依法以毁坏财物罪将其定罪处罚是合理且适当的。

[①] 行为是否属于毁坏,与该财物能否修复不具有关系,即不因财物的可修复性而否认财物被毁坏。参见张明楷:《刑法学(下)》(第五版),法律出版社 2016 年版,第 1026 页。

五、相关法律规范

1.《刑法》第 275 条。

2.《最高人民检察院、公安部关于公安机关管辖的刑事案件立案追诉标准的规定(一)》第 33 条。

第十四章

妨害社会管理秩序罪

第一节 执行职务行为合法性的判定

一、案情介绍

2018年2月27日凌晨1时许,被告人李某醉酒后在惠州市某酒店停车场,与驾车进来的曾某发生争执,后曾某报警。惠州公安民警罗某带领协警何某、赵某、魏某等人,分别身着警服、驾驶警车(携带执法记录仪)赶赴现场处置。在了解情况后,民警罗某等人准备将醉酒状态的李某带回派出所进一步调查,要求李某自行上警车,但遭其拒绝。在劝说上车无效后,民警罗某等人拉住李某的手,欲强行将其带上警车,遭到李某反抗。随即,民警罗某等人合力将李某控制在地上。在此过程中,李某用脚乱踹反抗,民警罗某及协警赵某、魏某均分别被踹伤(损伤程度均属轻微伤)。其间,李某挣扎站起来用拳头打协警何某的头部一拳。民警罗某等人再次上前,将李某按倒在地控制住,并用手铐将其铐好,带上警车传唤至派出所。事后,受伤协警对李某的行为表示谅解。

二、争议焦点

本案的争议焦点在于李某反抗执法的行为是否构成妨害公务罪。

一审法院认为,李某的行为不符合妨害公务罪的构成要件。《中华人民共和国治安管理处罚法》(以下简称《治安管理处罚法》)第 15 条第 2 款规定:"醉酒的人在醉酒状态中,对本人有危险或者对他人的人身、财产或者公共安全有威胁的,应当对其采取保护性措施约束至酒醒。"案发时适用的 2017 年《公安机关办理行政案件程序规定》第 46 条第 1 款(现已被公安部修改为第 58 条第 1 款)规定:"违法嫌疑人在醉酒状态中,对本人有危险或者对他人的人身、财产或者公共安全有威胁的,可以对其采取保护性措施约束至酒醒,也可以通知其家属、亲友或者所属单位将其领回看管,必要时,应当送医院醒酒。对行为举止失控的醉酒人,可以使用约束带或者警绳等进行约束,但是不得使用手铐、脚镣等警械。"据此,一审法院认定民警未按上述规定对李某采取保护性约束措施,而是在劝说无效后,强行将其按倒在地;在李某脚踹反抗导致民警罗某等人受伤后,民警罗某等人再次将其按倒在地,铐上手铐将其抬上警车带回派出所。民警罗某等人的上述强制性措施超过了必要限度,对李某铐上手铐属于执法不当;另外,李某无阻碍民警依法执行公务的主观故意。

一审宣判后,公诉机关提出抗诉。公诉方认为,李某醉酒后无端生事,经民警劝告,欲将其带回派出所约束至酒醒,李某拒不配合,反而殴打民警,其行为已构成妨害公务罪。民警对李某采取手铐约束,将其带回派出所,这一措施合法适当。《中华人民共和国警察法》(以下简称《人民警察法》)第 8 条规定:"公安机关的人民警察对严重危害社会治安秩序或者威胁公共安全的人员,可以强行带离现场、依法予以拘留或者采取法律规定的其他措施。"李某酒后无故殴打路人,现场民警依法到场处置,劝阻无效后强行带其回派出所处理,属于依法执行公务。李某辩称其不知对方是警察,但经查看警用录像仪拍摄的视频,民警是开着警车、穿着制服到达现场的,警车大灯是亮着的,现场环境光线明亮,李某足以辨明来的是警车和警察。李某暴力抵抗、阻碍警察依法执行公务,导致两名警察受轻微伤,其主观故意明显。

被告人李某及其辩护人认为,李某不构成妨害公务罪。李某辩称:其一,其当时看到一群人直接过来,未看到警车开进停车场,也不可能看到警察从车上下来。其二,出警处置行为存在重大瑕疵。出警人员未严格遵照执法程序,在未出示任何执法证件、未亮明身份和表明来意的情况下,就直接对其采取了围堵等限制人身自由的行为,明显属于越权及不当执法。其三,其未主动冲上去殴打他人,而是在被众人包围,对方身份不明且强行围堵的情况下,采取自我保护行为,其挥拳警告是一种消极防守行为,仅是告诫对方不要靠近,并未有妨害公务的故意。辩护意见认为:其一,李某没有阻碍警察执行公务的故意。李某当时处于酒后状态,当时为凌晨一点左右,现场灯光极其昏暗且空间狭小、人员众多,加上到场的民警站位并非正面面向李某,未出示证件,且案外非警务人员的报警人加入执法,对李某实施了强制制服行为,导致李某无法分辨现场人员的身份,也无法判断在场人员是不是警察。其二,李某客观上未采取暴力方法阻碍国家机关工作人员执行职务,其采取的只是自我保护和防守行为,与一般意义上的"进攻性暴力"有本质区别。根据《治安管理处罚法》第15条,民警应对醉酒状态的人实施保护性措施;法律规定的保护性措施包括不使用暴力,既包括不对醉酒的人使用暴力,也包括避免激发醉酒的人使用暴力。而本案民警直接强制传唤李某到派出所乃至踢打、强制制服且使用手铐的执法行为,不符合法律规定。

三、裁判结果与理由

二审法院综合评析如下:第一,民警罗某带领协警到现场处置符合法律规定,属于依法执行公务的行为,具有正当性。第二,民警要带李某回派出所调查的行为符合法定程序,执法得当。李某涉嫌殴打他人,已违反《治安管理处罚法》,且当时处于醉酒、不稳定状态,甚至存在严重危害他人人身安全或扰乱社会秩序的现实危害性。根据《人民警察法》第8条,公安民警对严重危害社会治安秩序或威胁公共安全的人员,可强行带离现场、依法予以拘留或采取法律规定的其他措施。第三,李某的暴力行为已妨害民警依法执行公务,民警此时使用警械制止,并未违反法律规定。民警先以劝说为主,要求李某自行上车,同时要求李某的朋友在其身边陪同劝说,但李某一直拒绝配合。此时,民警进一步采取措施,李某挣脱反抗且推开民警,被警务人员制服后仍使用暴力,殴打警务人员及其朋友黄某,表明李某具有妨害公务的主观故意。李某连续殴打几名警务人员,已严重危及警务人员的人身安全,属于袭警行为,民警制服李某后使用手铐并无不当。综上,李某的行为构成妨害公务罪。本案民警未向李某出示证件,在表明身份及执法过程中存在一定瑕疵,事后四名警务人员亦谅解李某行为,故可视为李某犯罪情节轻微,对其免予刑事处罚。

四、案件评析

根据刑法规定,以暴力、威胁方法阻碍国家机关工作人员依法执行职务的行为,属于妨害公务罪的基本类型;而阻碍人大代表依法执行代表职务,阻碍红十字会工作人员依法履行职责以及阻碍国家安全机关、公安机关依法执行国家安全工作任务,则属于妨害公务罪的特殊类型。对于前者而言,行为人必须明知国家机关工作人员正在依法执行职务,而故意以暴力、威胁方法予以阻碍;若行为人对执行公务的合法性产生事实认识错误,则不宜认定为妨害公务罪。需要强调的是,妨害公务罪应以执行合法公务为前提,"法律法规是公务合法性判断的唯一标准和最终标准"[①]。国家机关工作人员不仅应有执行职务的法定权限,且其职务行为须符合法定的重要条件、方式与程序,也即执法内容与程序均须合法。"对职务行为合法性的判断,需要综合考虑职务行为对被执行人的利益损害程度、职务行为的目的的正当性、执行职务手段的相当性、执行职务的必要性等因素。"[②]对于职务行为合法性的判断,还应以法院裁判为基准,即应由法院依法对公务合法性作出判断。从实践来看,缺乏权力来源、超越法定职权、缺少执法依据、违反公务程序等情形均会影响公务合法性,阻却妨害公务犯罪的成立。

本案中,民警起先并未使用手铐,而是在李某反抗执法且实施暴力之后才施加强制措施,这一处置并未超出合理限度,符合《人民警察法》第8条的规定。尽管民警执法时未亮明证件、表明身份,但据案发当时的情形,李某不足以对民警

[①] 李林:《妨害公务罪中的公务合法性及相对人配合义务》,载《政治与法律》2016年第11期。

[②] 张明楷:《刑法学(下)》(第五版),法律出版社2016年版,第1032页。

身份产生认识错误,这一执法程序的瑕疵并不能对公务行为的合法性构成实质影响。基于此,对公诉机关的抗诉意见应予支持。为严惩袭警行为,《刑法修正案(十一)》对此单设一罪,即袭警罪。在《刑法修正案(十一)》颁行后,暴力袭击依法执行职务的警察即成立袭警罪。本案案发时,《刑法修正案(十一)》尚未颁行,故二审认定成立妨害公务罪是合理的。

五、相关法律规范

《刑法》第 277 条。

第二节 利用木马程序非法获取网站服务器控制权限的行为定性

一、案情介绍

自 2017 年 7 月开始,被告人张某、彭某、祝某、姜某经事先共谋,为谋取赌博网站广告费用,在马来西亚吉隆坡市相互配合,对互联网中存在防护漏洞的目标服务器进行检索、筛查,向目标服务器植入木马程序进行控制,再使用"菜刀"等软件链接目标服务器中的木马程序,获取目标服务器后台浏览、增加、删除、修改等操作权限,将添加了赌博关键字并设置自动跳转功能的静态网页,上传至目标服务器,以此提高赌博网站广告被搜索引擎命中的概率。截至 2017 年 9 月底,四名被告人链接被植入木马程序的目标服务器共计 113 台,其中包括江苏人大等部分政府网站服务器亦被植入含有赌博关键词的广告。

二、争议焦点

本案的争议焦点在于四名被告人共谋植入木马并擅改权限的罪名定性。

公诉机关指控称,四名被告人共谋利用漏洞扫描软件,在网络上寻找江苏省人大、江苏省人民政府等政府机构网站的程序漏洞,并通过漏洞上传木马程序。截至 2017 年 9 月底,四名被告人采用上述手段破坏目标服务器共计 113 台;他们还利用"菜刀"等软件链接木马程序,在部分目标服务器的程序中上传添加了赌博关键字并设置自动跳转功能的静态网页,以此收取赌博网站的广告费用50余万元。公诉机关认为,四名被告人违反国家规定,对计算机信息系统中存储、处理的数据和应用程序进行修改、增加操作,后果特别严重,应以破坏计算机信息系统罪追究刑事责任。

被告人张某及其辩护人辩称,四名被告人虽擅自突破网站服务器的控制权限,并向相关计算机信息系统上传木马程序,但未造成该信息系统功能的实质性破坏,或不能正常运行,其行为只是侵入,不属于修改、增加,应定性为非法侵入计算机信息系统罪或非法控制计算机信息系统罪;且从电脑中提取的链接资料,不能排除原木马程序软件有他人链接记录留存及无效链接,因此指控破坏113台计算机信息系统的证据不足。被告人彭某及其辩护人辩称,彭某对目标服务器实施渗透、入侵、将后台控制权交给被告张某的行为,不属于在计算机系统内进行修改、增加的破坏性行为,而应定性为非法侵入计算机信息系统罪。被告人祝某及其辩护人辩称,祝某上传木马程序的目的为获取控制权,公诉机关将此归类为增加行为,未提供其在破坏计算机时的操作日志,且指控的113台目标服务器中有80%至90%曾被他人入侵,并有80%无法链接,不应统计在内。被告人姜某对公诉机关的指控无异议,其辩护人请求依法认定罪名。

一审法院认为,四名被告人违反国家规定,对我国境内计算机信息系统实施非法控制,情节特别严重,其行为均已构成非法控制计算机信息系统罪,且系共同犯罪,依法均应予以惩处。但是,公诉机关指控破坏计算机信息系统罪的罪名不当。四名被告人虽对目标计算机信息系统数据实施了修改、增加的侵犯行为,但未造成该信息系统功能的实质性破坏,或不能正常运行,也未对计算机信息系统内的有价值数据进行增加、删改,其行为不属于破坏计算机信息系统犯罪中的对计算机信息系统中存储、处理或者传输的数据进行删除、修改、增加的行为,应认定为非法控制计算机信息系统罪。从对侵犯目标服务器的操作流程一致、稳定的供述来看,四名被告人在实施侵犯目标服务器之前,首先对存有漏洞的网站服务器进行检索、筛选,之后再将木马程序植入目标服务器,从未提及先行对木马程序进行搜索、筛查的操作,或事先已掌握他人在某个服务器中植入了木马程序的事实;指控的113台网站服务器被链接的记录,从涉案电脑中提取,且记录的时间均发生在四名被告人实际控制并使用涉案电脑期间,排除了他人参与操作及未能链接的可能。一审宣判后,被告人姜某以"量刑过重"为由提出上诉。

三、裁判结果与理由

二审法院认为,四名被告人违反国家法律规定,对计算机信息系统实施非法控制,情节特别严重,其行为均已构成非法控制计算机信息系统罪,且系共同犯罪。据相关司法解释规定,非法控制计算机信息系统 100 台以上的,应认定为"情节特别严重"。一审判决对上诉人姜某的量刑适当,且与其他原审被告人的刑期均衡。二审法院遂驳回上诉,维持原判。

四、案件评析

对于非法控制计算机信息系统罪而言,"通过非法侵入方式或者其他技术手段,违反他人意志,完全控制或者部分控制他人计算机信息系统的(能够接收行为发出的指令,完成相应的操作),均属于'非法控制'。"[1]本案系最高人民法院公布的第 145 号指导案例,其裁判要点指出:第一,通过植入木马程序的方式,非法获取网站服务器的控制权限,进而通过修改、增加计算机信息系统数据,向相关计算机信息系统上传网页链接代码的,应认定为《刑法》第 285 条第 2 款"采用其他技术手段"非法控制计算机信息系统的行为。第二,通过修改、增加计算机信息系统数据,对该计算机信息系统实施非法控制,但未造成系统功能实质性破坏或者不能正常运行的,不应认定为破坏计算机信息系统罪,符合《刑法》第 285 条第 2 款规定的,应认定为非法控制计算机信息系统罪。针对破坏计算机信息系统罪的行为认定,最高人民法院公布的第 102 号指导案例的裁判要点指出:其一,通过修改路由器、浏览器设置、锁定主页或者弹出新窗口等技术手段,强制网络用户访问指定网站的"DNS 劫持"行为,属于破坏计算机信息系统,后果严重的,构成破坏计算机信息系统罪;其二,对于"DNS 劫持",应根据造成不能正常运行的计算机信息系统数量、相关计算机信息系统不能正常运行的时间以及所

---

[1] 张明楷:《刑法学(下)》(第五版),法律出版社 2016 年版,第 1047 页。

造成的损失或者影响等,认定其是"后果严重"还是"后果特别严重"。本案中四名被告人的行为实属于擅自挂设"黑链",并非属于流量劫持或域名劫持;因其修改、增加计算机信息系统数据的行为,并未造成系统功能实质性破坏或不能正常运行,应认定为非法控制计算机信息系统罪。

五、相关法律规范

《刑法》第 285 条第 2 款、第 286 条。

第三节 高空抛物行为的罪名辨析

一、案情介绍

2020 年 1 月 29 日 21 时许,被告人句某带其饲养的法国斗牛犬,乘电梯返回天津市红桥区某小区 29 楼家中。在返家至次日凌晨期间,句某居家饮酒,后被其斗牛犬咬伤。为发泄情绪,句某将该斗牛犬从其客厅窗户扔出,将被害人申某停放在楼下车位的一辆白色比亚迪汽车砸损。1 月 30 日,车主申某发现车辆被砸后报警,1 月 31 日句某被查获。经当地价格认定部门核定,被砸的比亚迪小型轿车的车损为人民币 2.6 万元。另查明,句某所居住的小区系高层住宅区,被损车辆停放处有固定车位 10 余个,停车位紧邻小区开放的公共道路,道路一侧停有多辆机动车。一审法院认为,被告人句某以高空抛物的方式危害公共安全,其行为已构成以危险方法危害公共安全罪。鉴于其案发后已赔偿被害人全部经济损失且取得被害人谅解,量刑时可酌情从轻。宣判后,句某和公诉方均以一审判决认定罪名不当、量刑过重为由,分别提起上诉和抗诉。

二、争议焦点

本案的争议焦点在于高空抛物行为的罪名认定。

辩护人认为:(1)句某高空抛物的时间是 2020 年 1 月 30 日凌晨,是新冠疫情高发期,小区处于严控管理期间,人员流动密度很小;(2)句某抛物的位置在楼背面,该侧没有设置人员出入口,楼外面是宽 11 米的绿化带,绿化带上没有人行道;(3)句某抛出的是自己养的狗,与本身带有危险性甚至爆炸性的危险物品不同,不可能导致不特定多数人的具体危险;(4)句某抛物是为了发泄情绪,不是针对具体的人或物,扰乱的是公共秩序。综上,句某的行为没有危及公共安全。

公诉方认为:(1)句某系初犯,案发前曾饮酒,扔狗是因为被狗咬了,为发泄情绪所致,无危害公共安全的故意;(2)句某抛狗的时间为 2020 年 1 月 30 日凌晨,当时小区处于新冠疫情的严防期,来往人流密度较小;(3)句某抛狗的客厅窗户位于楼后侧,无人员进出口,该侧楼外是一条宽 11 米的绿化带,绿化带上无人行道;(4)句某抛犬的行为不同于高空抛下本身带有危险性的物品,且其无多次高空抛物的情节;(5)从一般认知看,抛一条狗不能同时对多数人或多辆车的安全造成威胁。综上,句某在案发小区居住,对周边环境较为熟悉,对其抛犬可能造成公共财物受损具备主观故意,为发泄不满而抛犬且造成他人财物损毁,应以寻衅滋事罪处罚。

三、裁判结果与理由

二审法院认为:(1)句某在案发小区居住,熟悉小区建筑物周边环境,应当知晓从 29 层高楼向外抛出物体的下落轨迹及可能覆盖的范围,其行为很可能导致不特定多数人受伤或物品损毁,从而对公共安全造成危害。句某对此持放任态度,其具有危害公共安全的主观故意;(2)句某将狗从几十米的高空抛向小区的公共区域,狗的重量加上重力加速度,足以造成人员伤亡或财产损失。从现场被砸车辆的受损程度看,句某高空抛物的行为具有很大的破坏性和高度危险性;(3)句某所居住小区系高层住宅区,居住人口密度较大,案发地点紧邻小区公共道路,路边停放多辆机动车。句某从高空抛出物品的落点具有不确定性,在公共场所造成的伤害具有随机性;该行为对不特定多数人构成了威胁,给公共安全造成危害。综上,句某故意从高空抛弃物品,足以危害公共安全,应认定为以危险方法危害公共安全罪。根据 2019 年 11 月《最高人民法院关于依法妥善审理高空抛物、坠物案件的意见》(以下简称《高空抛物意见》),依法应判处句某 3 年以上 10 年以下有期徒刑;考虑到句某的行为尚未造成严重后果,依法从轻判处其有期徒刑 3 年并适用缓刑,量刑并无不当。最终,二审法院驳回抗诉、上诉,维持原判。

四、案件评析

一直以来,高空抛物行为对"头顶安全"构成严重威胁。所谓高空抛物,即从高空抛出或掷出足以对人身或财产造成损害之物品的行为。至于何谓高空,尚无统一解释,但至少要求存在足够的物体坠落高度差。高空抛物与高空坠物不同。所谓高空坠物,"通常是指从处于高空的建筑物或者人的身上掉落或者坠下物体。"[①]两者的区别在于,前者是人故意为之,后者是物的被动坠落,由过失行为所致。鉴于高空抛物的危害,《中华人民共和国民法典》(以下简称《民法典》)已明确此类行为的侵权责任;《刑法修正案(十一)》亦增设高空抛物罪强化规制。在《刑法修正案(十一)》颁行前,《高空抛物意见》就已规定,故意从高空抛弃物品,尚未造成严重后果,但足以危害公共安全的,依照《刑法》第 114 条规定的以危险方法危害公共安全罪定罪处罚;致人重伤、死亡或者使公私财产遭受重大损失的,依照《刑法》第 115 条第 1 款的规定处罚;为伤害、杀害特定人员实施上述行为的,依照故意伤害罪、故意杀人罪定罪处罚。

在刑法学者张明楷看来,所谓"危害公共安全"是指足以给公众的生命、身体等造成实害的具体的公共危险,而不是指有可能造成公共危险,"可能造成实害"不同于"可能造成危险"。所谓"危害"是指对公共安全造成具体的危险,放火罪、爆炸罪、以危险方法危害公共安全罪均是具体的公共危险犯罪。而《高空抛物意见》将《刑法》第 114 条要求的"危害公共安全"改为"足以危害公共安全",致使具体危险犯降低为抽象危险犯,进而导致以危险方法危害公共安全罪的不当扩大。[②]另外,《刑法》第 114 条所保护的法益只能是不特定且多数人的生命、身体安全。所谓"不特定",是指犯罪行为可能侵犯的对象和可能造成的结果事先无

---

① 彭文华:《〈刑法修正案(十一)〉关于高空抛物规定的理解与适用》,载《苏州大学学报(哲学社会科学版)》2021 年第 1 期。

② 参见张明楷:《高空抛物案的刑法学分析》,载《法学评论》2020 年第 3 期。

法确定,行为人对此既无法具体预料也难以实际控制,且行为造成的危险或侵害结果可能随时扩大或增加;而通常的高空抛物行为,不具有导致不特定或多数人伤亡的具体危险,不能认定为以危险方法危害公共安全罪;在人员密集的场所实施高空抛物,虽然可能侵害多数人的生命、身体,但由于其不具有危险的不特定扩大的性质,亦不应认定为以危险方法危害公共安全罪。此外,《刑法》第114条中的"其他危险方法"应当在行为的危险性质上与放火、决水、爆炸等属于同类行为或具有相当性。放火、决水、爆炸的特点是一旦发生就无法立即控制,行为终了后结果范围还会扩大。但是,通常的高空抛物行为不可能具有与放火、决水、爆炸同等的特性,不可能一旦发生就无法立即控制,在抛物行为终了后危险范围也不会扩大;即使是在人员密集场所抛出诸多物品,也不可能导致不特定多数人伤亡的具体危险,进而不应认定为以危险方法危害公共安全罪。①

《刑法修正案(十一)》增设较轻的高空抛物罪,意味着对以危险方法危害公共安全罪的扩张适用予以纠偏。《刑法修正案(十一)》对高空抛物罪的增设"基本上否认了高空抛物行为对公共安全的危害",②继而否认了《高空抛物意见》以危险方法危害公共安全罪的相关规定。当然,特殊情形下的高空抛物行为仍可能成立以危险方法危害公共安全罪。比如,往人群密集处抛掷具有生化杀伤性质的器物,可能导致他人重伤、死亡等严重后果的,两个罪名发生想象竞合,应按较重的罪名即以危险方法危害公共安全罪论处。

至于高空抛物是否可能构成寻衅滋事罪,则需评价该行为是否符合后者的构成要件。根据《最高人民法院、最高人民检察院关于办理寻衅滋事刑事案件适用法律若干问题的解释》,随意殴打他人或追逐、拦截、辱骂、恐吓他人且情节恶劣的,或者任意损毁公私财物且情节严重的,均可能构成寻衅滋事罪。事实上,高空抛物具有击中不特定人身的可能,此类"击中"属于"殴打"。另外,恐吓亦非限于语言,完全可能通过动作实施。当高空抛物导致居民不敢在小区行走,或行走时提心吊胆,即应评价为恐吓。同时,亦存在通过高空抛物来实施拦截行为的

---

① 参见张明楷:《高空抛物案的刑法学分析》,载《法学评论》2020年第3期。
② 参见张明楷:《〈刑法修正案(十一)〉对司法解释的否认及其问题解决》,载《法学》2021年第2期。

可能。可见，高空抛物行为能够成立寻衅滋事罪。在《刑法修正案（十一）》颁行后，高空抛物罪和寻衅滋事罪仍可能发生想象竞合。当高空抛物毁坏公私财物3次以上或纠集3人以上公然高空抛物毁坏公私财物，可能同时成立故意毁坏财物罪、寻衅滋事罪与高空抛物罪，应以处罚较重的罪名论处；当高空抛物不符合故意毁坏财物罪，如纠集2人公然高空抛物毁坏公私财物2次，则仅能成立高空抛物罪与寻衅滋事罪的竞合犯，此时应以处罚相对较重的寻衅滋事罪论处。①

本案中，尽管句某从29楼往窗外抛犬，具有较大的破坏力与危险性，但由于时值新冠疫情期间，抛犬的落点并非处于人流密集区域，因而不能认定该行为足以对公共安全造成实害。此案发生于《刑法修正案（十一）》颁行前，两级法院遵照《高空抛物意见》作出判决，无可厚非；但问题的源头似乎在于上述意见将具体危险犯改为抽象危险犯的不合理解释。相比之下，公诉方将本案定性为寻衅滋事罪的意见更为妥当。

五、相关法律规范

《刑法》第291条之二。

第四节 认定寻衅滋事的主观目的

一、案情介绍

2017年10月，被告人李某通过手机交友软件认识了被害人陶某，后二人发生性关系。在交往过程中，李某被陶某辱骂"卖淫"，遂于2018年3月从浙江省温州市来到金华市陶某的公司，要求陶某向其道歉。之后，陶某为取悦和安抚李某，支付给李某4.8万元作为补偿。此后，李某要求陶某与其保持联系，并每日问好、报备位置等。2018年4月，因二人又产生矛盾，李某于5月初来到金华，

---

① 参见彭文华：《〈刑法修正案（十一）〉关于高空抛物规定的理解与适用》，载《苏州大学学报（哲学社会科学版）》2021年第1期。

多次在陶某的公司及居住小区,通过公开散布二人情人关系、发布微信聊天记录、公布陶某的裸露照片等方式,损毁陶某及其家属名誉。后陶某因害怕事态扩大,主动提出付钱平息事态。在律师见证下,陶某和李某签订分手协议,并付给李某 60 万元。2018 年 9 月 5 日,李某觉得陶某派人对其进行骚扰,遂以精神受到损害为由,再次来到陶某小区吵闹。陶某下楼与其对骂,后双方发生肢体冲突,二人各有轻微伤。经公安机关协调,陶某支付给李某 5 万元。2018 年 10 月 19 日,李某以其仍被骚扰为由,又一次来到金华找陶某及其家人,陶某报警。在派出所的主持调解下,双方协商一致,由陶某付给李某 20 万元,李某答应回温州后换掉手机号码。后陶某担心仍不能解决此事而未支付,并向公安机关报案。

2018 年 12 月 17 日,李某被公安机关传唤归案,如实供述了涉案事实。检察机关指控李某犯敲诈勒索罪,但一审法院以寻衅滋事罪判处李某有期徒刑 2 年。宣判后,公诉方认为判决适用罪名错误,提出抗诉。

二、争议焦点

本案的争议焦点在于李某行为的罪名认定。

公诉方认为,李某行为构成敲诈勒索罪,原判改为寻衅滋事罪,系适用法律错误。理由如下:李某在与陶某出现感情纠纷后,采用威胁、要挟手段,多次到被害人陶某工作单位、居住小区及陶某妻子所在单位,通过发放传单、举牌展示聊天记录及敏感图片、播放二人聊天录音等方式,散布二人情人关系,已超出"讨要说法"的范围,并非为满足"精神需求"而实施犯罪。二人交往中发生口角属正常,陶某已通过发红包、金钱补偿等方式进行安抚,但李某仍以受到伤害为借口,三次闹事且均以金钱补偿了结。李某虽未主动开价,但通过闹事使陶某处于极端不利境地,迫使陶某提出赔偿,且层层加码。双方签订协议的地位不平等,也非被害人的真实意思表示,不能以形式合法认定内容合法。在调解时,李某多次表露"拿钱解决,已赔偿金额不够"的意思。据 2018 年 10 月 19 日的调解录音,李某要求陶某找亲友帮忙筹钱,索要财物的意愿明显。李某多次到金华,并非为解决纠纷满足精神需求,而是以此为要挟索取财物,应认定其具有非法占有财物的目的。陶某害怕名誉受损、家庭破碎,因李某的持续威胁而陷入恐惧,被迫交出数额巨大的财物。

被告人李某辩称:其系单身,本着找对象的目的与陶某相识,发展情人关系并非为了钱;其经济条件比陶某要好,当发现陶某并非单身才提出分手;虽在陶某要求下接受金钱补偿,但这并非其本意,愿意退回陶某支付的款项;其仅想让陶某道歉,承认感情欺骗。辩护人认为,原判适用法律正确。理由如下:其一,双方交往后互送钱物,陶某因某次要求与李某发生性关系被拒而辱骂李某,双方遂发生感情纠纷。陶某主动到温州给李某发红包,请求李某谅解,双方发生性关系。故陶某付给李某的4.8万元红包系自愿赠送,并非李某敲诈所得。其二,因陶某欺骗李某感情,且强行与李某发生性关系并辱骂李某,导致李某患忧郁症,在此情况下,李某才要求陶某道歉,而陶某主动提出补偿60万元,并在律师见证下签订协议。陶某次日履行了该协议,并给李某发红包1888元,该笔款项亦非敲诈勒索。其三,李某与陶某夫妻二人打架后,双方在派出所达成协议,由陶某夫妻赔偿李某1.8万元。陶某妻子怕被派出所拘留,陶某再次自愿赔偿李某5万元。其四,在发生纠纷后,陶某向李某发送淫秽照片,并雇用社会人员跟踪、骚扰李某,为此双方到派出所协商解决,双方达成协议的20万元亦非敲诈勒索。

三、裁判结果与理由

二审法院认为,敲诈勒索必须具有非法强索他人财物的主观目的。本案中,李某与陶某的矛盾起因是后者辱骂前者"卖淫"等。之后,李某从温州到金华,或因陶某将其他女性的微信名片误发给李某,或因其怀疑陶某雇用社会人员跟踪、骚扰自己,均属于事出有因,其目的是为了向陶某讨要说法。另外,经济赔偿均由陶某主动提出,并在相关人员见证下达成协议,具有协商感情纠纷的特点。现有证据不能证明李某具有非法强索财物的目的,故不构成敲诈勒索罪。但李某多次起哄闹事等过激行为给陶某及其妻子的声誉造成负面影响,也造成公共场所秩序的严重混乱,其行为构成寻衅滋事罪。

四、案件评析

寻衅滋事罪,是指在公共场所无事生非,挑衅闹事,情节恶劣或后果严重的行为。寻衅滋事的行为方式包括：随意殴打他人，情节恶劣；追逐、拦截、辱骂、恐吓他人，情节恶劣；强拿硬要或任意损毁、占用公私财物，情节严重；在公共场所起哄闹事，造成公共场所秩序严重混乱。

在实践中，以强拿硬要或任意占用公私财物为特征的寻衅滋事罪，往往与敲诈勒索罪存在交集。通说认为，寻衅滋事罪要求具有寻求精神刺激、填补精神空虚、发泄不良情绪等行为动机。2013年7月《最高人民法院、最高人民检察院关于办理寻衅滋事刑事案件适用法律若干问题的解释》（以下简称《寻衅滋事解释》）第1条规定，行为人为寻求刺激、发泄情绪、逞强耍横等，无事生非，实施《刑法》第293条规定的行为的，应认定为寻衅滋事。而敲诈勒索罪属于财产犯罪，敲诈手段指向的对象是他人财物或财产性利益。2005年6月《最高人民法院关于审理抢劫、抢夺刑事案件适用法律若干问题的意见》指出，寻衅滋事行为在客观上也可能表现为强拿硬要公私财物，但这种强拿硬要与抢劫罪的区别在于，前者要求在主观上具有逞强好胜和通过强拿硬要来填补其精神空虚等目的，后者一般仅具有非法占有他人财物的目的。强拿硬要型寻衅滋事罪与敲诈勒索罪的区别亦在于此。

在行为构成方面，"强拿硬要"包含一定的强制或暴力因素，使受害人因恐惧而不敢声张、默默忍受，将财物交给侵害人；敲诈勒索亦表现为使用暴力、胁迫手段，使受害人因心理恐惧而交付财物。不过，敲诈勒索的暴力威胁可表现为非当场实施暴力，如以日后某个时间实施暴力相威胁；而寻衅滋事通常以当面实施暴力相威胁。敲诈勒索还可表现为以揭露隐私等非暴力方式相要挟，而寻衅滋事通常不包含此种方式。正确界分两罪还可结合以下行为要素：其一，从犯罪场所进行区分。为逞强好胜、挑衅滋扰，寻衅滋事更可能选择在公共场合进行；为威胁受害人使之陷入心理恐惧，敲诈勒索更可能在隐蔽场所进行。其二，从犯罪计划进行区分。寻衅滋事通常无周密的犯罪计划，其行为通常具有随机性、临时性；敲诈勒索通常具有一定的犯罪谋划，有意识地寻找足以使受害人产生恐惧的方法。[①]

[①] 参见王爱鲜：《论敲诈勒索罪与寻衅滋事罪的界分》，载《江西社会科学》2015年第10期。

需要指出，寻衅滋事罪与敲诈勒索罪并非对立关系，而可能发生想象竞合。实施敲诈勒索的行为人既有非法占有目的，同时可能又有逞强好胜或填补精神空虚的意图。倘若依据案件事实，可证明行为人仅有非法占有的目的，则应认定敲诈勒索罪；若仅具有通过强索或任意占用财物来发泄不良情绪的意图，则应认定寻衅滋事罪。如若两种意图兼而有之，则成立想象竞合，应择一重罪处罚。《寻衅滋事解释》第 7 条明确规定："实施寻衅滋事行为，同时符合寻衅滋事罪和故意杀人罪、故意伤害罪、故意毁坏财物罪、敲诈勒索罪、抢夺罪、抢劫罪等罪的构成要件的，依照处罚较重的犯罪定罪处罚。"

本案中，李某与陶某因感情纠葛产生矛盾，尽管在调解中李某多次表达"拿钱解决，已赔偿金额不够"的意思，但其索要的钱款多系受害者主动给付，且在警方调解下公开协商数额，应视为寻求经济赔偿。从李某不惜公开婚外关系、到单位发传单、举牌展示聊天记录及敏感图片、播放聊天录音等连续实施的一系列行为来看，其并非以强索他人财物为目的，或者说索要财物之意图并不明显，因而应评价为李某在被欺骗感情后，出于报复或发泄怨恨情绪的动机而采取的过激行为。然而，此过激行为对居民小区、受害人单位等公共场所秩序造成了严重混乱，应认定为寻衅滋事罪。二审法院认定罪名正确，驳回抗诉意见是妥当的。

五、相关法律规范

《刑法》第 293 条。

第五节　黑社会性质组织与恶势力犯罪集团的界定

一、案情介绍

2016 年 6 月，被告人浩某在呼和浩特市（以下简称呼市）回民区经营管理一家名为欢乐时光的 KTV（以下简称"欢乐时光"），雇用被告人肇某、霍某、富某为欢乐时光保安。作为保安部经理的肇某为"看场子"，在征得浩某同意后，由欢乐时光出资购买镐把，存放于欢乐时光吧台等处。其后，在浩某的指使或默许下，肇某、霍某、富某多次实施违法犯罪行为。

第一,浩某等人涉嫌寻衅滋事罪。

2016年10月22日凌晨,被告人杨某酒后去欢乐时光消费,在电梯口与被害人李某一行碰撞并发生冲突。李某一行离开欢乐时光后,霍某通过被告人宋某获得李某一行的联系方式,打电话约李某返回欢乐时光解决纠纷。霍某遂纠集肇某、富某、冯某、刘某、薛某、丁某、呼某、张某以及非欢乐时光工作人员杨某、宋某等人,携带镐把、铁棍等作案工具,在欢乐时光楼下的明泽广场等待。在李某一行到达后,他们用事先准备好的镐把、钢管追逐、殴打李某,致李某受伤,并砸坏李某驾驶的奔驰轿车以及停在同地点的一辆现代轿车。经鉴定,李某的伤情为轻伤二级,轿车损毁价值约2.3万元。

2017年9月19日凌晨,浩某、肇某、呼某、张某,以被害人贾某和赵某、贺某未结清在欢乐时光消费的费用为由,阻止三人离开。在贺某驾驶丰田车(贾某系车主)载着贾某和赵某离开后,浩某驾驶自己的奔驰车,载着携带砍刀、镐把的肇某、呼某、张某,追逐、拦截丰田车。在呼市中山西路民族商场天桥附近,浩某驾车故意追尾丰田车,后继续追逐至海亮广场北门。浩某用奔驰车别停丰田车,肇某、呼某、张某下车后手持砍刀、镐把,砸坏丰田车的玻璃。贺某见状驾驶丰田车撞开奔驰车逃走。后浩某驾驶奔驰车独自继续追逐到呼市内蒙古饭店门口,看清贾某的车牌号后,以自己车辆被撞、肇事方驾车逃逸为由报警。经认定,丰田车损毁价值为6488元。

第二,浩某等人涉嫌敲诈勒索罪和侵犯公民个人信息罪。

2017年9月19日,浩某联系被告人杜某查找贾某的车辆及个人信息。身为呼市公安局某治安大队辅警的杜某利用公安信息网,查找到贾某的个人信息及行踪轨迹后,将贾某住宿的宾馆信息提供给浩某。浩某遂纠集霍某、王某、哈某,在宾馆找到贾某,要求其赔偿"汽车修理费"。在贾某讲述整个事发过程且拒绝赔偿之后,霍某、哈某、王某明知事发经过,仍伙同浩某将贾某带至海世界饭店继续索赔。因贾某仍拒绝,浩某遂借交通事故之名报警,交警随后将贾某的丰田车拖走。后浩某未到交警大队处理事故,继续向贾某索赔,贾某迫于无奈给付浩某7万元。

第三,浩某等人涉嫌故意伤害罪。

2017年4月8日凌晨,被害人韩某在欢乐时光消费时,酒后辱骂KTV工作人员刘某等人40多分钟。刘某告诉浩某有醉酒客人不断辱骂工作人员,浩某遂指示将客人"赶出去"。富某、肇某、霍某、刘某、薛某及胡某使用事先准备好的镐把、钢管将韩某打伤。经鉴定,韩某系轻伤二级。

2017年9月16日23时许,肇某、霍某、富某在欢乐时光因琐事与被害人蒋某发生口角,三被告人即用事先准备好的钢管及灭火器,将蒋某打伤。经鉴定,蒋某伤情评定为轻伤一级。

第四,被告人陆某涉嫌窝藏罪。

在公安机关追查肇某时,被告人陆某明知肇某系逃犯,正在网上通缉,仍向公安人员提供肇某的假住址,后又将肇某带到甘肃老家窝藏。

第五,另查,浩某等人亦涉嫌治安违法。

2017年8月1日,被告人浩某的女朋友朱某与被害人钱某发生纠纷。在呼市某小区门口,浩某指使肇某、霍某用镐把将被害人钱某的头部打伤,经鉴定系轻微伤。

二、争议焦点

本案的争议焦点在于,以浩某为首的犯罪组织是否应定性为黑社会性质组织。

根据上述案由,公诉机关指控浩某犯组织、领导黑社会性质组织罪、寻衅滋事罪、敲诈勒索罪、故意伤害罪;指控肇某、富某、霍某犯参加黑社会性质组织罪、寻衅滋事罪、故意伤害罪;指控冯某、刘某、薛某、丁某、呼某、张某、杨某、宋某犯参加黑社会性质组织罪、寻衅滋事罪;指控霍某、哈某、王某犯参加黑社会性质组织罪、敲诈勒索罪;指控陆某犯窝藏罪;指控杜某犯侵犯公民个人信息罪。

一审法院认为,浩某、肇某、霍某、富某经常纠集在一起,通过欢乐时光获取经济利益,在呼市回民区多次进行犯罪活动,在呼市赛罕区实施治安违法行为。其中,在呼市回民区实施寻衅滋事犯罪2起、敲诈勒索犯罪1起、故意伤害犯罪2起,在呼市赛罕区实施治安违法案件1起,共造成3人轻伤、1人轻微伤,造成财产损失近3万元。在浩某指使或默许下,肇某、霍某、富某多次实施违法犯罪行为,据此应认定其形成了以浩某为首要分子,肇某、霍某、富某为骨干成员的恶势力犯罪集团,但并非形成了黑社会性质组织。一审宣判后,公诉机关以未认定浩某等15人犯组织、领导、参加黑社会性质组织罪、确有错误为由提出抗诉。部分被告人亦以量刑过重为由提出上诉。

三、裁判结果与理由

二审法院认为,在案证据无法证明欢乐时光系主要从事违法犯罪活动的组织群体。被告人浩某等人也未在一定区域或行业内,形成非法控制或重大影响,从而严重破坏经济、社会生活秩序。因此,应认定其属于尚未形成黑社会性质组织的违法犯罪组织,故不支持抗诉意见。鉴于一审判决定罪准确、量刑适当,遂驳回上诉、抗诉,维持原判。

四、案件评析

根据《刑法》第294条第5款,黑社会性质组织应同时具备以下条件:一是组织特征,即形成较稳定的犯罪组织,人数较多,有明确的组织者、领导者,骨干成员基本固定;二是经济特征,即有组织地通过违法犯罪活动或其他手段获取经济利益,具有一定的经济实力,以支持该组织的活动;三是行为特征,即以暴力、威胁或其他手段,有组织地多次进行违法犯罪活动,为非作恶,欺压、残害群众;四是危害性特征,即通过实施违法犯罪活动,或利用国家工作人员的包庇或纵容,称霸一方,在一定区域或行业内,形成非法控制或重大影响,严重破坏经济、社会生活秩序。

最高人民法院、最高人民检察院、公安部、司法部(以下简称"两院两部")发布的《关于办理黑恶势力犯罪案件若干问题的指导意见》(以下简称《黑恶案件意见》)指出,鉴于黑社会性质组织非法控制和影响的"一定区域"的大小具有相对性,不能简单地要求"一定区域"必须达到某一特定的空间范围,而应根据具体案情,并结合黑社会性质组织对经济、社会生产秩序的危害程度加以综合分析判断。通过实施违法犯罪活动,或利用国家工作人员的包庇或不依法履行职责,放纵黑社会性质组织进行违法犯罪活动的行为,称霸一方,并具有以下情形之一的,可认定为"在一定区域或者行业内,形成非法控制或者重大影响,严重破坏经济、社会生活秩序":(1) 致使在一定区域内生活或在一定行业内从事生产、经营的多名群众,合法利益遭受犯罪或严重违法活动侵害后,不敢通过正当途径举报、控告的;(2) 对一定行业的生产、经营形成垄断,或对涉及一定行业的准入、经营、竞争等经济活动形成重要影响的;(3) 插手民间纠纷、经济纠纷,在相关区域或行业内造成严重影响的;(4) 干扰、破坏他人正常生产、经营、生活,并在相关区域或者行业内造成严重影响的;(5) 干扰、破坏公司、企业、事业单位及社会团体的正常生产、经营、工作秩序,在相关区域、行业内造成严重影响,或者致使其不能正常生产、经营、工作的;(6) 多次干扰、破坏党和国家机关、行业管理部门以及村委会、居委会等基层群众自治组织的工作秩序,或者致使上述单位、组织的职能不能正常行使的;(7) 利用组织的势力、影响,帮助组织成员或他人获取政治地位,或在党政机关、基层群众自治组织中担任一定职务的;(8) 其他形成非法控制或者重大影响,严重破坏经济、社会生活秩序的情形。显然,本案中的欢乐时光虽实施多起违法犯罪,但并未达到称霸一方、在所在区域内形成非法控制或重大影响的程度,亦未导致严重破坏经济、社会生活秩序的后果,因而不宜认定为黑社会性质组织。

根据"两院两部"《关于办理恶势力刑事案件若干问题的意见》(以下简称《恶势力案件意见》),恶势力是指经常纠集在一起,以暴力、威胁或其他手段,在一定区域或行业内多次实施违法犯罪活动,为非作恶,欺压百姓,扰乱经济、社会生活秩序,造成较为恶劣的社会影响,但尚未形成黑社会性质组织的违法犯罪组织。其中,"经常纠集在一起,以暴力、威胁或者其他手段,在一定区域或者行业内多次实施违法犯罪活动",是指犯罪嫌疑人、被告人于2年之内,以暴力、威胁或者其他手段,在一定区域或者行业内多次实施违法犯罪活动,且包括纠集者在内,至少应有2名相同的成员多次参与实施违法犯罪活动。对于"纠集在一起"的时间明显较短,实施违法犯罪活动刚刚达到"多次"标准,且尚不足以造成较为恶劣影响的,一般不应认定为恶势力。根据《黑恶案件意见》以及《恶势力案件意见》,恶势力犯罪集团是指符合恶势力全部认定条件,同时又符合犯罪集团法定条件的犯罪组织,其特征表现为:有3名以上的组织成员,有明显的首要分子,重要成员较为固定,组织成员经常纠集在一起,共同故意实施3次以上恶势力惯常实施的犯罪活动或者其他犯罪活动。依据上述规定,本案被告人浩某、肇某、霍某、富某等组织成员经常纠集在一起,以暴力、威胁等手段实施多起违法犯罪活动,符合恶势力的构成特征,应认定为恶势力犯罪集团。

五、相关法律规范

《刑法》第294条。

第六节 拒绝执行卫生防疫措施的认定

一、案情介绍

2020年1月22日,被告人郭某(2019年2月至2020年1月期间在武汉市黄陂区务工)与其子郭甲、同村人邱某驾车从武汉返回德阳黄许镇。1月23日上午10时起,武汉封城,全国各地陆续出台疫情防控措施。同日,旌阳区新冠疫情联防联控机制领导小组召开会议,要求各乡镇做好武汉返乡人员的摸排管控工作,严禁武汉返乡人员外出串门,并发布紧急通知,要求各乡镇对武汉返乡人员全面排查,逐一建立台账,组织人员进行跟踪、随访,要求其不外出、不串门、不走亲访友,居家观察14天(从离开武汉之日起算)。随后,旌阳区黄许镇党委组织、镇卫生院院长、各村党支部书记召开紧急会议,传达德阳市、旌阳区两级党委政府上述会议精神,并要求各村党支部书记立即采取防控措施。随后,村书记赖某安排各村组组长摸排上报武汉返乡人员,并布置了相应的防控措施。1月24日,郭某到卫生站朱某处检测体温,村书记赖某来到现场,对郭某、郭甲、邱某传达了"武汉返乡人员不要外出"的防控要求。1月25日,郭某到本村一茶馆打麻将;1月26日,郭某出现发热、咳嗽等症状;1月28日,郭某经检测确诊为新冠感染病例。1月31日,与郭某一起打牌的赖乙被确诊为新冠患者;2月2日,与郭某有过接触的医生朱某确诊为新冠患者;其后,120余名密切接触村民被强制进行医学隔离,两个村被迫实行封闭管理。2020年1月28日,流行病学调查报告认为,结合疾病潜伏期,考虑郭某为首发输入病例,赖乙、朱某为二代病例。事后,公诉机关指控郭某犯妨害传染病防治罪。

二、争议焦点

本案的争议焦点在于,郭某的行为是否属于"拒绝执行卫生防疫机构依照传染病防治法提出的预防、防控措施"。

公诉方认为,被告人郭某在村书记要求其居家隔离、不要外出的情况下,仍外出打麻将,拒绝执行卫生防疫机构的防控措施,导致传播二代病例两人,且造成120名密切接触者被隔离进行医学观察等严重后果,其行为已触犯妨害传染病防治罪。

被告人郭某辩称,其并非故意想要传播新冠病毒,当时根本不知道自己已是新冠患者,亦不知道武汉已经封城的消息;1月21日至25日一直没有人通知自己不要出门,也没有听到任何镇政府的新闻,要求武汉返乡人员不要外出。辩护人认为,郭某在1月28日之前未经任何医疗机构诊断为确诊病例、疑似病例或病原携带者。郭某不是明知自己感染新冠病毒而不听从卫生防疫指令,并非具有刑法上规定的犯罪主观故意。《刑法》第330条第1款第4项所规定的是"拒绝执行卫生防疫机构依照传染病防治法提出的预防、防控措施",而1月24日和25日卫生防疫机构根本未出台居家隔离14天的强制性规定;至于村书记传达的不要外出的要求,属于村规民约。综上,郭某不构成妨害传染病防治罪。

三、裁判结果与理由

法院审理指出,妨害传染病防治罪的犯罪主体为一般主体,包括单位和个人,并非要求是已确诊的新冠感染人员、病原携带者及疑似病人。1月23日,旌阳区新冠疫情防控领导小组办公室下发文件,要求相关部门对武汉返乡人员进行全面排查、建立台账,并要求武汉返乡人员遵守执行不外出、不串门、不走亲访友、居家隔离14天等管控措施。当日,相关部门召开紧急会议,传达上述会议精神,并要求各村书记立即布置防控措施;村书记赖某安排各村组组长摸排上报武汉返乡人员,并传达了相应防控要求。特别是郭某于1月24日到村卫生站检测体温时,村书记赖某来到现场,对郭某等人明确传达了不准外出等防控要求。据此,郭某不知晓不准外出的相关防疫规定之辩称不能成立,其行为已构成妨害传染病防治罪。

四、案件评析

妨害传染病防治罪,是指违反传染病防治法的规定,引起甲类传染病以及依法确定采取甲类传染病预防、控制措施的传染病传播或有传播的严重危险的行为。本罪在客观方面表现为行为人实施了《刑法》第330条第1款规定的特定行为,引起甲类传染病以及依法确定采取甲类传染病预防、控制措施的传染病传播或有传播的严重危险。本罪属于危险犯,实施特定行为引起了法定传染病传播或有传播的严重危险,便足以成立本罪。

《中华人民共和国传染病防治法》(以下简称《传染病防治法》)第3条规定:"本法规定的传染病分为甲类、乙类和丙类。甲类传染病是指:鼠疫、霍乱。"长期以来,妨害传染病防治罪的认定仅限于上述两种甲类传染病,导致该罪名在实践中适用面较窄。2008年6月,最高人民检察院、公安部印发《最高人民检察院、公安部关于公安机关管辖的刑事案件立案追诉标准的规定(一)》,率先扩展了本罪的适用空间。依据该规定第49条,违反传染病防治法的规定,引起甲类或者按照甲类管理的传染病传播或有传播严重危险,应予立案追诉。其中,甲类传染病是指鼠疫、霍乱;按甲类管理的传染病是指乙类传染病中的传染性非典型肺炎、炭疽中的肺炭疽、人感染高致病性禽流感,以及国务院卫生行政部门根据需要报经国务院批准公布实施的其他需要按甲类管理的乙类传染病和突发原因不明的传染病。由此,本罪的立案追诉对象被扩大到"按照甲类管理的传染病"。

为应对突如其来的新冠疫情,2020年1月《中华人民共和国国家卫生健康委员会公告(2020年第1号)》将新冠肺炎纳入《传染病防治法》规定的乙类传染病,并采取甲类传染病的预防、控制措施。2020年2月,《最高人民法院、最高人民检察院、公安部、司法部关于依法惩治妨害新型冠状病毒感染肺炎疫情防控违法犯罪的意见》指出,故意传播新型冠状病毒感染肺炎病原体,具有危害公共安全的下列情形之一,按照以危险方法危害公共安全罪论处:已经确诊的新型冠状病毒感染肺炎病人、病原携带者,拒绝隔离治疗或者隔离期未满擅自脱离隔离治疗,并进入公共场所或者公共交通工具的;新型冠状病毒感染肺炎疑似病人拒绝隔离治疗或者隔离期未满擅自脱离隔离治疗,并进入公共场所或者公共交通工具,造成新型冠状病毒传播的。同时规定,其他拒绝执行卫生防疫机构依照传染病防治法提出的防控措施,引起新型冠状病毒传播或有传播严重危险的,依照妨害传染病防治罪论处。此意见颁行后,即引发学界争议。因为在"没有把新型冠状病毒感染的肺炎列入'甲类传染病'的情形下,采用司法解释的方式把妨害新冠肺炎防治的行为按照妨害传染病防治罪加以论处,是明显超越现行法而径行的刑事司法权扩张。"[①]作为对上述争议的回应,《刑法修正案(十一)》对妨害传染病防治罪的构成要件及时修改,扩充了本罪的入罪范围,即引起甲类传染病以及依法确定采取甲类传染病预防、控制措施的传染病传播或有传播严重危险的,均可成立本罪。

  本案中,被告人郭某作为武汉返乡人员,属于当地防疫部门的管控对象。尽管郭某不知晓自己已是新冠感染人员,但不影响其成为妨害传染病防治罪的犯罪主体。倘若郭某知晓自己已是新冠感染人员,则须执行隔离治疗等防治措施,而非简单地执行禁止外出等初步防疫措施。据已查事实,不仅当地政府部门出台了防疫文件,亦由村书记对郭某口头告知了防疫要求,故郭某辩称其对紧急出台的防疫规定不知情的意见不能成立,应认定其属于"拒绝执行卫生防疫机构依照传染病防治法提出的预防、防控措施"。本案发生于国家卫健委2020年第1号公告发布后,也即新冠肺炎已纳入乙类传染病,并采取甲类传染病的预防、控制措施,因而可援引《最高人民检察院、公安部关于公安机关管辖的刑事案件立案追诉标准的规定(一)》,以妨害传染病防治罪予以追责。

五、相关法律规范

1.《刑法》第330条。
2.《传染病防治法》第3条。

[①] 陈伟:《新冠疫情背景下妨害传染病防治罪的解释扩张及其回归》,载《政治与法律》2020年第5期。

第十四章 妨害社会管理秩序罪

第七节 认定污染环境罪的规范标准

一、案情介绍

2011年1月12日,被告人朱某、杨某成立绵阳市珠扬化工有限公司(以下简称"珠扬公司")。朱某系法定代表人,主要负责财务管理;杨某系总经理,负责生产技术;员工何某协助杨某管理生产。2017年2月,朱某、杨某在涪城某村庄租用邓某房屋作为电泳加工厂房。

2017年2月至4月,在无环保测评、无污水处理设备的情况下,珠扬公司在电泳厂房加工产品,多次排污。厂房内建有一条小件处理流水线和一条大件处理流水线。小件处理流水线的每个处理桶后侧面和底部设有排水管道,污水统一流入污水池,再通过电泵和铺设的管道抽排至厂房后山干枯的堰塘内,另有部分污水溢出从墙脚流入厂房外的排水沟。大件处理流水线的每个处理桶后侧面和底部设有排水管道,污水管线穿墙将污水排入污水排放沟,再经废水排放口,进入厂外一沉积桶,水满后通过电泵和铺设的管道抽排至厂房后山干枯的堰塘内或自溢到旁边的田地。

2017年4月11日,涪城区环保局查处珠扬公司违法排污,先由绵阳市环境监察执法大队确定采样点,再由绵阳市环境监测中心站的工作人员张某、谢某使用采样瓶,分别在公司废水排放口和厂外排水沟提取到7瓶废水。之后,绵阳市环境监测中心站工作人员黄某等人,采用电感耦合等离子发射光谱法,对废水中的PH值、化学需氧量、总磷、锌和镍进行监测,并于2017年4月19日出具了113号报告。该报告显示,2017年4月14日对水样进行分析并形成原始记录,而监测室主任宋某的审核签字时间却为2017年4月13日。2017年5月4日,涪城区环保局将相关材料移送公安机关。另查明,2017年12月20日,珠扬公司在环境监察执法大队的现场监督下,将厂房后坑塘含锌土壤转运至江油红狮水泥厂进行了处理。据此,公诉机关指控被告人朱某、杨某、何某犯污染环境罪。

二、争议焦点

本案的争议焦点在于 113 号监测报告能否作为定案依据。

三、裁判结果与理由

公诉方认为,被告人朱某、杨某、何某违反国家规定,排放其他有害物质,严重污染环境,应以污染环境罪追究其刑事责任。其一,涪城区环保局按照绵府函(2016)11 号文件的附表(即绵阳市二级水功能区划登记表)出具说明,指出珠扬公司位于涪江石马至三江汇口段,水质管理目标为Ⅲ类。而根据国家《污水综合排放标准》(GB 8978-1996),排入 GB 3838Ⅲ类水域的污水,应执行一级排放标准。根据 113 号报告,涉案公司的厂外排水沟所排废水中锌含量为 24.6 mg/L,超过《污水综合排放标准》(GB 8978-1996)规定的一级排放标准的 11.3 倍。另据《最高人民法院、最高人民检察院关于办理环境污染刑事案件适用法律若干问题的解释》第 1 条第 4 款,排放、倾倒、处置含镍、铜、锌、银、钒、锰、钴的污染物,超过国家或地方污染物排放标准十倍以上的,应认定为"严重污染环境"。其二,由于珠扬公司未设置专门的排污口,将生产污水直接排放至厂房外的排水沟内。经现场核实及走访,该排水沟系从山上到山下,主要作用是排雨水,有几户居民排生活废水,但并无含锌的污水排入,因而在排水沟采样具有合理性。针对 113 号报告原始记录表的审签时间,绵阳市环境监测中心站已出具说明是笔误,已对证据问题进行合理解释。

辩护方认为:其一,《污水综合排放标准》(GB 8978-1996)采用的是"水域"标准,而涪城区环保局出具说明采用的是"水质"标准。根据《土地利用现状分类》(GB/T 21010-2007),水域仅指常水位岸线的水面,并不包括耕地、园地、林地、居民点、道路等用地。由此可知,珠扬公司电泳加工厂房所在区域根本不属于水域,其排污最终点一是在后山堰塘,二是在农田,亦非在水域范围。也即,Ⅲ类水域与Ⅲ类水质系不同概念,本案不应适用水域标准;监测人员黄某亦当庭陈述水域和水质分类不同。由此,113 号报告有关超出一级排放标准 11.3 倍的认定不能成立。况且,原始记录审核人的签字早于监测人员,监测结果缺少审核一环,仅以绵阳市环境监测中心站的笔误说明,不能澄清问题,故 113 号报告不足以采信。其二,污水取样时间是在最后一次排污的 20 小时以后,必然发生水分的蒸发和沉降,从而导致锌含量浓度增加。采样点系环保局工作人员指定的两个位置,并非由有监测资质的专业人员确定,以致取样点并非选在污水排放口,而是选在距厂房 50 米远的污水分流井。然而,该污水分流井不仅有附近家具厂的污水排入,亦有生活用水、农业污水(清洗剂、农药均含锌)等排入,不能保证样本未被污染。公司有两条生产线(一条大生产线、一条小生产线),由于小生产线未使用磷化液,其产生的废水理应不含锌成分,但相应的监测结果却有锌成分,足见对小生产线磷化废水的取样已被污染。此外,珠扬公司已按要求积极治理污染,并将受污染土壤全部转移至相关治理单位,受污染土壤仅有 1.82 立方米,社会危害性极小。

一审法院认定:其一,根据《污水综合排放标准》(GB 8978-1996),排入 GB 3838 Ⅲ 类水域(划定的保护区和游泳区除外)和排入 GB 3097 中二类海域的污水,执行一级排放标准。本案所涉污水显然不属于排入海域的污水;而《地表水环境质量标准》(GB 3838-2002)将水域功能分为五类,明确规定Ⅲ类水域"主要适用于集中式生活饮用水地表水源地二级保护区、鱼虾类越冬场、洄游通道、水产养殖区等渔业水域及游泳区"。显然,本案的污水排放地点亦不属于上述水域。监测人员黄某亦当庭陈述水域和水质分类不同,且《地表水环境质量标准》(GB 3838-2002)也单独对水质评价进行了规定,故水域功能区与水质评价应属于不同概念。依据绵府函〔2016〕11 号文件,珠扬公司所在地的水质管理目标为Ⅲ类。但公诉机关据此主张本案所涉污水排放地点系Ⅲ类水域,从而认定珠扬公司排污应适用一级排放标准,实际上是混同了水域标准和水质标准。因此,本案适用一级排放标准不当。其二,涉案公司未设置专门的排污口,严格按《污水综合排放标准》(GB 8978-1996)所要求的在排污口采样不具可操作性,但采样需保证具有合理性及唯一性。公诉机关未就在排水沟采样的合理性以及能够排除有其他污水汇入的可能性予以证明,故本案采样存在重大瑕疵。其三,原始记录报告作出后须经审批,但本案原始记录的审签日期早于分析日期;绵阳市环境监测中心站出具的解释不具证明力,113 号报告存在程序错误,故不予采信。鉴于

113号报告适用标准错误以及污水采样存在重大瑕疵等,一审判决三被告人均无罪。宣判后,公诉机关提出抗诉。

二审法院认为,涉案公司的污水排放点不属于水域,113号报告依据一级排放标准作出锌超标11.3倍的认定不能采信;且公诉机关未能提供充分证据证明其送检材料的合法性,故不能作为定案根据。据此,二审法院裁定驳回抗诉,维持原判。

四、案件评析

污染环境罪,是指违反国家规定,排放、倾倒或者处置有放射性的废物、含传染病病原体的废物、有毒物质或者其他有害物质,严重污染环境的行为。为加大生态保护力度,《刑法修正案(十一)》将污染环境罪的法定最高刑提高至15年有期徒刑,并以犯罪情节作为从重追究刑事责任的标准,解决了本罪以往量刑偏低的问题。由本案可知,环境保护立法所界定的污染物排放标准等往往对入罪与否产生直接影响。然而,我国环境保护的法律体系尚不完善,导致刑法对生态保护的作用受限。本案中,公诉方的问题主要出在证据环节,有关水域标准以及以水质等级为依据的排污标准划定不明,亦影响了本案定性。可见,相关标准的明确界定对污染环境罪的认定具有重要作用。

五、相关法律规范

《刑法》第338条。

第八节 赌 博 罪

一、案情介绍[①]

2019年6月19日至6月20日期间,被告人张某宝、费某琴与同案犯郑某、

---

① 浙江省湖州市吴兴区人民法院刑事判决书(2020)浙0502刑初542号。

杨某、吴某发、靳某喜（均已判决）经事先预谋，在浙江省湖州市长兴县和平镇东山村红山林场内，组织赵某、詹某、何某等 60 余人，以"二八杠"的形式，聚众赌博 2 场，共计抽头获利人民币 12000 余元。其中，被告人张某宝、费某琴、郑某负责赌场日常经营，杨某负责抽头、洗牌，吴某发负责开车接送赌客，靳某喜负责望风。2020 年 4 月 21 日至 4 月 25 日期间，被告人邱某军、张某宝、费某琴、陈某兵、丁某等人经事先预谋，先后在本市多处场所内，组织丁某、施某、林某 1、费某 1、孟某、闻某等多人，以"二八杠"的形式，聚众赌博 10 场，共计抽头获利人民币 38000 余元。其中，被告人邱某军、张某宝、费某琴负责赌场日常运营，被告人陈某兵、丁某负责抽头、洗牌。2020 年 5 月 5 日至 5 月 7 日期间，被告人邱某军、丁某与同案人刘某勇、黄某发、周某才（均另案处理）经事先预谋，先后在本市多处场所内，组织丁某、冉某清、施某、林某 1 等多人，以"二八杠"的形式，聚众赌博 6 场，共计抽头获利人民币 25000 余元。其中，被告人邱某军、刘某勇负责赌场经营，被告人丁某、黄某发负责抽头、洗牌，周某才负责望风。综上，被告人邱某军、丁某参与聚众赌博 16 场，抽头获利共计人民币 63000 余元；被告人张某宝、费某琴参与聚众赌博 12 场，抽头获利共计人民币 50000 余元；被告人陈某兵参与聚众赌博 10 场，抽头获利共计人民币 38000 余元。

二、争议焦点

本案争议焦点为：邱某军、张某宝、费某琴等是否构成赌博罪？

三、裁判理由与结果

被告人邱某军、张某宝、费某琴、陈某兵、丁某以营利为目的，聚众赌博，从中抽头渔利，其行为均已构成赌博罪。公诉机关指控的罪名成立，依法应予分别惩处。被告人张某宝、费某琴、陈某兵、丁某到案后如，能如实供述自己的罪行，且自愿认罪认罚，依法可以从轻处罚。庭审中，被告人邱某军自愿认罪认罚，依法可以从宽处理。被告人邱某军、陈某兵有犯罪前科，酌情从重处罚。被告人张某宝、丁某有违法劣迹，酌情从重处罚。被告人丁某已退缴全部违法所得，酌情从轻处罚。公诉机关指控被告人邱某军、张某宝、费某琴、陈某兵、丁某犯赌博罪的事实清楚,证据确实、充分,量刑建议适当,应予采纳。

判决结果如下:一、被告人邱某军犯赌博罪,判处有期徒刑 1 年 1 个月,并处罚金人民币 40000 元。二、被告人张某宝犯赌博罪,判处有期徒刑 11 个月,并处罚金人民币 30000 元。三、被告人费某琴犯赌博罪,判处有期徒刑 10 个月,并处罚金人民币 30000 元。四、被告人陈某兵犯赌博罪,判处有期徒刑 7 个月,并处罚金人民币 5000 元。五、被告人丁某犯赌博罪,判处有期徒刑 9 个月,缓刑 1 年,并处罚金人民币 8000 元。六、追缴被告人邱某军违法所得人民币 24200 元,被告人张某宝、费某琴违法所得人民币 11100 元,被告人邱某军、张某宝、费某琴违法所得人民币 38000 元,被告人陈某兵违法所得人民币 1100 元,被告人丁某退缴违法所得人民币 1900 元,予以没收,上缴国库。

四、案件评析

(一)何为赌博罪

由于犯罪学上对于犯罪现象的界定与刑法上对于犯罪的界定存在差异,所以在此先区分犯罪学上对于犯罪现象的定义以及刑法上对于犯罪的定义。从犯罪学角度出发,犯罪现象是一定历史阶段上的一定时间和地点的犯罪表现出来的一种具有反社会性质的社会现象,一般指一个国家和地区一定时间内的个体犯罪的总和。[1] 结合刑法规定,刑法对于犯罪的界定主要从法律层面出发,把犯罪当成一种法律现象,认为对法律的破坏是构成犯罪的决定性因素。[2] 通过以上定义可以看出,犯罪学上的犯罪现象的外延明显大于刑法学上的犯罪的外延,因此,只要行为符合具有明显的反社会性质,就是犯罪。

根据张明楷教授的观点,赌博,指的是就偶然的输赢以财物进行赌事或者博戏的行为。[3] 我国《刑法》第 303 条规定的赌博罪为,以营利为目的,聚众赌博或者以赌博为业的行为。

"小赌怡情,大赌伤身"的说法在民间广为流传。平时亲朋好友一起打打牌,

---

[1] 宋浩波、靳高风主编:《犯罪学》,复旦大学出版社 2009 年版,第 123 页。
[2] 李春雷、辛科主编:《犯罪学》,中国民主法治出版社 2009 年版,第 87 页。
[3] 张明楷:《刑法学(下)》(第五版),法律出版社 2016 年版,第 1078 页。

打打麻将,都会涉及"小赌",这到底算不算犯罪?根据刑法以及相关司法解释的规定,亲朋好友间的"怡情小赌"是不构成犯罪的。原因是:首先,赌博犯罪被规定在《刑法》"妨害社会管理秩序"一章中,这必然说明赌博犯罪首先侵犯了社会管理秩序,但是"怡情小赌"并没有侵犯刑法所保护的社会秩序,因为亲朋好友间的"怡情小赌"是小范围内的娱乐行为,不影响社会秩序。其次,《最高人民法院、最高人民检察院关于办理赌博刑事案件具体应用法律若干问题的解释》(以下简称《赌博罪司法解释》)第9条规定,不以营利为目的,进行带有少量财物输赢的娱乐活动,以及提供棋牌室等娱乐场所只收取正常的场所和服务费用的经营行为等,不以赌博论处。亲朋好友间的"小赌"不会为了营利,而且数额不会超过《赌博罪司法解释》第1条规定的5000元。最后,由于亲朋好友间的"小赌"一般发生在特定时间,例如逢年过节,并不存在以赌博为业的情形。所以,日常生活中亲朋好友间的"怡情小赌"并不构成犯罪。根据2005年《最高人民法院、最高人民检察院、公安部关于开展集中打击赌博违法犯罪活动专项行动有关工作的通知》的相关规定可知,对于参赌赌资数额较大,但不构成犯罪所规定的数额,可以由行政机关对相关人员进行行政处罚或者劳动教养(劳动教养在我国已经废止)。

(二) 被告人行为分析

根据法院审理查明,张某宝、费某琴与同案犯郑某、杨某、吴某发、靳某喜经事先预谋,以营利为目的,在长兴县和平镇东山村红山林场内,组织赵某、詹某、何某等60余人,以"二八杠"的形式,聚众赌博2场,共计抽头获利人民币12000余元;邱某军、张某宝、费某琴、陈某兵、丁某等人经事先预谋,以营利为目的,先后在南太湖新区康山街道福山村福山红顶厂房、吴兴区道场乡长西村小黄市18号院内、吴兴区东林镇南山村青兆坞20号一楼大厅、吴兴区妙西镇基山村龙虾塘、吴兴区妙西镇妙山村半山采茶厂内,组织丁某、施某、林某1、费某1、孟某、闻某等多人,以"二八杠"的形式,聚众赌博10场,共计抽头获利人民币38000余元;邱某军、丁某与同案人刘某勇、黄某发、周某才(均另案处理)经事先预谋,以营利为目的,先后在吴兴区妙西镇杨湾村简易板房内、南太湖新区康山街道财富公馆2幢601室、吴兴区爱山街道威廉酒庄内、南太湖新区王村拆迁房内,组织丁某、冉某清、施某、林某1等多人,以"二八杠"的形式,聚众赌博6场,共计抽头获利人民币25000余元。以上行为均已构成《赌博罪司法解释》所规定的"组织三人以上赌博,抽头渔利累计数额达五千元以上的"。

根据法院审理查明,几名被告人在共同犯罪之前,进行事先预谋,说明被告人有着共同的意思表示,被告人都认识到自己和他人要共同实施犯罪,有着共同的故意,可以得知几名被告人进行聚众赌博是一种故意行为。几名被告人在长兴县和平镇东山村红山林场内,组织赵某、詹某、何某等60余人,以"二八杠"的形式,聚众赌博,其目的已经超出了一时娱乐和正常的对经营娱乐场地进行收费,而是通过经营赌博进行抽头渔利,已经达到《赌博罪司法解释》规定的赌博犯罪行为。

五、相关法律规范

1.《刑法》第25条、第303条。

2.《最高人民法院、最高人民检察院关于办理赌博刑事案件具体应用法律若干问题的解释》第1条。

第九节 伪 证 罪

一、案情介绍[①]

2019年6月,陕西万通电线电缆有限责任公司(以下简称"万通公司")业务员郑某(另案处理)向西安泰峰电器设备厂销售假冒"上上"品牌电缆被公安机关查获。万通公司驾驶员任某(另案处理)主动向该公司法定代表人周某提出由其"顶包"。后周某、郑某与本案被告人淡某利商议,由任某帮郑某顶包,明确该批假冒"上上"品牌电缆由任某销售提供,并由任某写下该批电缆报价单。2019年6月3日,溧阳市公安局在向被告人淡某利依法询问时,被告人淡某利称该批电

---

① 江苏省溧阳市人民法院刑事判决书(2020)苏0481刑初566号。

缆系万通公司的任某销售,并将任某伪造的报价单交由公安机关。任某于 2019 年 6 月 10 日被溧阳市公安局刑事拘留。郑某于 2019 年 6 月 11 日被溧阳市公安局网上追逃,于 2019 年 7 月 27 日向公安机关投案自首并被公安机关执行刑事拘留。公诉机关为指证上述事实,提供了相关的证据。

二、争议焦点

本案争议焦点为:被告人淡某利是否构成伪证罪?

三、裁判结果与理由

辩护人对公诉机关指控的犯罪事实及罪名无异议,但认为:(一)被告人淡某利具有如下从轻、从宽情节:1.淡某利归案后如实供述自己的犯罪事实,系坦白,依法可从轻处罚。2.淡某利积极认罪认罚,签署认罪认罚具结书,认罪态度好,依法可从宽处罚。3.淡某利积极赔偿,已取得谅解,悔罪表现明显,可酌定从轻处罚。4.淡某利此次犯罪系初犯、偶犯,无前科劣迹,平常一贯表现良好,可酌定从轻处罚。(二)对淡某利适用缓刑不致发生社会危险性,理由如下:1.淡某利系女性,所犯伪证罪系轻罪,非暴力型犯罪,犯罪情节较轻,社会危险性较小。2.淡某利犯罪后主动向办案机关提交悔过书,有明显的悔罪表现。3.淡某利此次犯罪是一时糊涂,法律意识淡薄,其主观恶性较小,没有再犯的危险性,适用缓刑对所居住社区没有重大不良影响。综上,辩护人认为淡某利认罪认罚,悔罪态度明显,希望法庭对淡某利予以从轻、从宽处罚,给予淡某利缓刑的机会。

法院认为,被告人淡某利作为刑事诉讼中的证人,对与案件有重要关系的情节,故意作虚假证明,意图帮他人逃避处罚,其行为已构成伪证罪。公诉机关指控被告人淡某利犯伪证罪,事实清楚,证据确实、充分,罪名成立,应予支持。被告人淡某利归案后如实供述了自己的罪行,可以从轻处罚。对于辩护人提出的被告人坦白、认罪认罚、赔偿被害人损失并取得谅解、初犯等辩护意见,经查属实,法院予以采纳。公诉机关提出的量刑建议适当,法院予以采纳。根据本案案情及被告人淡某利的认罪悔罪态度,决定对被告人淡某利从轻处罚并适用缓刑。

最后，法院认定被告人淡某利犯伪证罪，判处有期徒刑 6 个月，缓刑 1 年。

四、案件评析

伪证罪是指在刑事诉讼中，证人、鉴定人、记录人、翻译人对与案件有重要关系的情节，故意作虚假证明、鉴定、记录、翻译，意图陷害他人或者隐匿罪证的行为。

（一）伪证罪构成要件

1. 行为主体必须是证人、鉴定人、记录人、翻译人。万通公司业务员郑某向西安泰峰电器设备厂销售假冒"上上"品牌电缆被公安机关查获，已经构成销售假冒伪劣产品的犯罪。万通公司驾驶员任某主动向该公司法定代表人周某提出由其顶包。后周某、郑某与本案被告人淡某利商议，由任某帮郑某顶包，明确该批电缆由任某销售，并由任某写下该批电缆报价单。2019 年 6 月 3 日，溧阳市公安局在向被告人淡某利依法询问时，被告人淡某利明知案件详情，但是却作假证，称涉案电缆系由万通公司的任某销售，并将任某伪造的报价单交由公安机关。

2. 行为人必须有故意作虚假证明、鉴定、记录、翻译，意图陷害他人或者隐匿罪证的行为。被告人淡某利明知案件详情，但是却作假证，故意向公安机关隐匿、掩盖隐匿万通公司业务员郑某销售假冒伪劣产品的犯罪事实，为郑某开脱罪责。

3. 必须在刑事诉讼中作虚假的证明、鉴定、记录、翻译。一般是在立案侦查后、审判终结前的过程中作伪证，但对"刑事诉讼"应略作扩大解释。①

4. 除了责任要素为故意外，同时还要求有陷害他人或者隐匿罪证的意图。不过，只要行为人明知自己作了虚假陈述，就可以认定其具有上述意图。证人因记忆不清晰作了与事实不相符合的证明、鉴定人因技术不高作了错误鉴定、记录人因粗心大意错记漏记、翻译人因水平较低而错译漏译的，均不成立本罪。溧阳市公安局在向被告人淡某利依法询问时，被告人淡某利明知案件详情，却作假

---

① 参见张明楷：《刑法学（下）》（第五版），法律出版社 2016 年版，第 1082 页。

证,已经构成了明知。同时,根据法院查明的情况,淡某利并不存在被教唆或者被胁迫的情况,可以视为淡某利自己决定实施该犯罪行为。

(二)如何正确判断伪证罪

伪证罪的既遂标准,取决于如何认识伪证罪的保护法益,倘若认为,本罪的保护法益是刑事诉讼过程的纯洁性,那么本罪就是实害犯;倘若认为本罪的保护法益是刑事诉讼的客观公正,那么本罪就是抽象的危险犯。张明楷教授倾向于后一种观点。①

在证人、鉴定人、记录人或翻译人的一次询问程序中,或者在某个特定的诉讼程序中,对其所作出的证人证言应当作为一个整体去判断。因此,在一次终了的询问程序中已经完成了所有陈述,作了伪证,就可以认为证人是伪证罪的既遂。在询问程序中,即便证人起先作了虚假证明,但如果在整体的陈述终了之前对前面的虚假证明进行订正的,不应以伪证罪论处。假如一个证人、鉴定人、记录人或翻译人在两次询问中作出不同的陈述,那么肯定有一次陈述构成了伪证罪。

五、相关法律规范

《刑法》第 305 条。

第十节 包 庇 罪

一、案情介绍②

2020 年 7 月 28 日 6 时许,马某(另案处理)在未取得机动车驾驶证的情况下驾驶一辆小型普通客车行驶至丽水市经济开发区某小区门口路段时,碰撞行人叶某,造成叶某受伤经医院抢救无效死亡的交通事故。事故发生后,马某弃车

---

① 参见张明楷:《刑法学(下)》(第五版),法律出版社 2016 年版,第 1082 页。
② 浙江省丽水市莲都区人民法院刑事判决书(2020)浙 1102 刑初 578 号。

逃逸并让被告人赵某冒充肇事驾驶员。2020年7月28日上午,被告人赵某到达事故现场后,向交警谎称肇事车辆是自己驾驶的,马某系坐在后排乘客位置上。被告人赵某又于2020年7月28日、30日在公安机关对其制作的2次询问笔录中继续谎称自己是肇事车辆的驾驶员。2020年8月3日,在公安机关向被告人赵某告知相关证据后,赵某才如实交代了顶替肇事驾驶员马某的事实。

二、争议焦点

本案争议焦点为:赵某是否构成包庇罪?

三、裁判结果与理由

浙江省丽水市莲都区人民法院认为,被告人赵某明知马某是犯罪的人而为其作假证明包庇,其行为已构成包庇罪。公诉机关指控的罪名成立,法院予以支持。被告人赵某犯罪以后自动投案,并如实供述自己的罪行,系自首,依法可以从轻处罚;其自愿认罪认罚,依法可以从宽处理。综上,根据被告人赵某的犯罪事实、情节及悔罪表现,法院决定对其从轻处罚并宣告缓刑。判决结果为:被告人赵某犯包庇罪,判处有期徒刑6个月,缓刑1年(缓刑考验期限,从判决确定之日起计算)。

四、案件评析

根据我国《刑法》第310条,明知是犯罪的人而为其提供隐藏处所、财物,帮助其逃匿或者作假证明包庇的,是包庇罪。根据张明楷教授的观点[①],包庇罪是指明知是犯罪人而为其作假证包庇的行为。

(一)行为对象和行为内容分析

1. 赵某的行为对象是"犯罪人"。在学界,关于"犯罪人"的含义,存在两种见解:(1)包含基于犯罪的嫌疑而处于搜查或追诉中的人。(2)仅限于真正的犯

---

① 参见张明楷:《刑法学(下)》(第五版),法律出版社2016年版,第1095页。

人。①

首先,直观地理解"犯罪人"的含义,就应是已经实施犯罪的人;其次,在未确认犯罪嫌疑人为犯罪人时,假使对该犯罪嫌疑人作出相应的包庇行为,暂时不能将包庇人定罪,否则会扩大刑法的打击范围,违背刑法的谦抑性。

2. 赵某的行为内容为包庇犯罪嫌疑人。在本案中,马某肇事逃逸并造成被害人死亡,构成交通肇事罪,公安机关已经立案侦查的情况下,马某俨然已经是具体的犯罪人。赵某明知马某是犯罪人而通过顶包的方式,冒充犯罪人向公安机关投案,作假证,意图使犯罪人马某逃过司法机关的追责,已经构成了包庇罪的行为条件。

(二) 责任形式为故意

首先,赵某自己本身既不是犯罪人,也不是犯罪人的近亲属,所以赵某的行为不缺乏期待可能性;其次,在事故发生后,马某弃车逃逸并让被告人赵某冒充肇事驾驶员,赵某并未拒绝,而是主动帮助马某作假证欺瞒司法机关,帮助马某脱罪。在没有威逼利诱和胁迫的情况下,可以判断赵某在明知的情况下,依然主动去给马某顶包,属于故意。

(三) 窝藏、包庇罪与非罪的界限

明知发生犯罪事实或者明知犯罪人的去向,而不主动向公安、司法机关举报的行为,以及单纯的知情不举行为,不成立窝藏、包庇罪。知道犯罪事实,在公安、司法机关调查取证时,单纯不提供证言的,也不构成窝藏、包庇罪;但如果提供虚假证明包庇犯罪人,则成立包庇罪或伪证罪;如果拒不提供间谍犯罪、恐怖主义犯罪、极端主义犯罪证据,则成立相应犯罪。根据案件事实,已经构成犯罪的被告人在取保候审期间逃匿的,如果保证人与该被告人串通,协助其逃匿的,对保证人应当以窝藏罪论处。

(四) 包庇罪与伪证罪的区别

伪证罪是指在刑事诉讼中,证人、鉴定人、记录人、翻译人对与案件有重要关系的情节,故意作虚假证明、鉴定、记录、翻译,意图陷害他人或者隐匿罪证的行

---

① 参见吴占英:《论窝藏、包庇罪的几个问题》,载《法学杂志》2007年第5期。

为。从概念上可知,伪证罪与包庇罪有以下不同之处:

一是主体不同,包庇罪的主体是一般主体,而伪证罪的主体是特殊主体,只限于证人、鉴定人、记录人与翻译人员;二是包庇行为发生的时间没有限制,而伪证罪则只能发生在判决以前的侦查、起诉、审判等刑事诉讼过程中;三是包庇罪的对象既可以是未决犯,也可以是已决犯,而伪证罪的对象只能是未决犯。

(五)窝藏罪与包庇罪的区别

窝藏罪是明知是罪犯而为其提供隐蔽处所,使其逃避法律制裁的行为。窝藏罪与包庇罪最大的区别在于客观表现上的差异。从两罪的客观表现上说,窝藏罪客观上表现为为罪犯提供隐蔽处所或用金钱、物质资助罪犯逃往他处隐蔽的行为。窝藏的对象必须是已经实施犯罪或越狱脱逃的罪犯。事先有通谋而事后予以窝藏的,以共犯论处。而包庇罪的客观方面表现为向司法机关或有关组织作虚假证明,或者帮助罪犯隐匿、毁灭罪证、湮灭罪迹,借以帮助罪犯掩盖犯罪事实,逃避法律制裁。伪证罪所包庇的对象只能是未决犯。

五、相关法律规范

《刑法》第 310 条。

第十一节 贩卖毒品罪

一、案情介绍[①]

2012 年 11 月 29 日,涉案人冯某鸿、王某兵、方某等人从被告人吕某荣处购入毒品"奶茶""咖啡"共 500 包,毒品"开心水"共 500 瓶。次日 23 时 40 分许,公安人员在沪杭高速公路检查站将冯某鸿、黄某铃、王某兵、方某抓获,并当场缴获吕某荣贩卖给方某等人的毒品共计 22921.45 克。经鉴定,从中检出 MDMA(二

---

① 上海市高级人民法院(2014)沪高刑终字第 84 号。

亚甲基双氧安非他明)和氯胺酮成分,其含量分别为 0.10% 至 0.73%、0.71% 至 1.41% 不等。同年 12 月 19 日晚,公安人员将被告人吕某荣、温某金、周某海、吕某辉抓获,并当场缴获毒品共计 44095.90 克。经鉴定,从中检出 MDMA 和氯胺酮成分,其含量分别为 0.63% 至 2.34%、0.83% 至 2.06% 不等。同时还缴获其他毒品共计 16039.47 克。经鉴定,从中检出 MDMA、氯胺酮、甲基苯丙胺、尼美西泮成分。其中,MDMA 含量为 0.17% 至 8.90% 不等、氯胺酮含量为 0.25% 至 85.30% 不等、甲基苯丙胺含量为 0.03% 至 0.21% 不等。

二、公诉意见

上海市人民检察院第二分院以贩卖毒品为由对被告人吕某荣等提起公诉。上海市第二中级人民法院于 2014 年 5 月 29 日作出刑事判决,对被告人吕某荣以贩卖毒品罪,判处死刑,剥夺政治权利终身,并处没收个人全部财产;对被告人温某金以贩卖毒品罪,判处有期徒刑 15 年,剥夺政治权利 4 年,并处没收个人财产人民币 10 万元;对被告人吕某辉以贩卖毒品罪,判处有期徒刑 8 年,并处罚金人民币 1 万元;对被告人周某海以贩卖毒品罪,判处有期徒刑 15 年,剥夺政治权利 4 年,并处没收个人财产人民币 10 万元。一审判决后,原审被告人吕某荣、温某金、周某海、吕某辉不服,提出上诉。上海市高级人民法院经过审理,于 2015 年 3 月 13 日作出判决。

三、裁判理由与结果

法院生效判决认为,上诉人吕某荣贩卖毒品氯胺酮、MDMA 等共计 83056.82 克;上诉人温某金、周某海、吕某辉贩卖毒品氯胺酮、MDMA 等共计 44095.90 克,其行为均已构成贩卖毒品罪,依法均应予以处罚。经鉴定,含有 MDMA 和氯胺酮两种成分的毒品混合物共计 67830.92 克,含有甲基苯丙胺和氯胺酮两种成分的毒品混合物共计 71.17 克,含有甲基苯丙胺、MDMA 和氯胺酮三种成分的毒品混合物共计 2218.5 克。对于毒品中含有海洛因、甲基苯丙胺的,应以海洛因、甲基苯丙胺分别确定其毒品种类;不含海洛因、甲基苯丙胺的,应以其中毒性较大的毒品成分确定其毒品种类。据此,本案含有 MDMA 和氯胺酮两种成分的毒品混合物 67830.92 克,因其中的 MDMA 的毒性大于氯胺酮,故应将该批毒品定性为 MDMA。原判认定被告人吕某荣、温某金、周某海、吕某辉贩卖毒品的犯罪事实清楚、证据确实、充分,定罪准确,审判程序合法。吕某荣、温某金、周某海、吕某辉的上诉理由均不能成立。鉴于上诉人吕某荣涉案的毒品总量虽然达到 8 万余克,但大部分混合型毒品含量极低,MDMA 的含量从 0.10% 到 2.34% 不等,氯胺酮的含量从 0.71% 到 2.06% 不等,甲基苯丙胺从 0.03% 到 0.21% 等具体情况,上海市高级人民法院以贩卖毒品罪改判上诉人吕某荣死刑,缓期 2 年执行,剥夺政治权利终身,并处没收个人全部财产;驳回其他被告人的上诉。

四、案件评析

贩卖毒品罪,指的是自然人或者单位故意贩卖毒品的行为。该罪是走私、贩卖、运输、制造毒品罪这个选择性罪名当中的一个罪名。我国刑法理论的通说认为,毒品犯罪的保护法益是国家对毒品的管理制度。但是,毒品影响最严重的是人体的身心健康,所以张明楷教授的观点更好理解,即:毒品犯罪的保护法益是公众健康。[①]

1. 贩卖的对象必须是毒品。众所周知,即使是微毒品,也具有显著的药理作用,连续使用会造成依赖性,损害使用者的健康。故刑法规定,走私、贩卖、运输、制造毒品的,无论数量多少,都应当以犯罪论处。因此,只要认定案件中的物品是作为刑法规制对象的毒品,不管其质量如何、药理作用的程度如何、含有量多少等,都应当认定为毒品。

2. 客观行为必须是贩卖毒品。贩卖毒品,是指有偿转让毒品的行为。有偿转让毒品,即行为人将毒品交付给对方,并从对方获取物质利益。贩卖方式既可能是公开的,也可能是秘密的;既可能是行为人请求对方购买,也可能是对方请求行为人转让;既可能是直接交付给对方,也可能是间接交付给对方。行为人利用信息网络贩卖毒品的,构成贩卖毒品罪。

---

① 参见张明楷:《刑法学(下)》(第五版),法律出版社 2016 年版,第 1141 页。

3. 责任形式为故意。行为人明知走私、贩卖、运输、制造毒品的行为会发生危害公众健康的结果,并且希望或者放任这种结果发生:(1) 行为人必须认识到自己走私、贩卖、运输、制造的是毒品。(2) 对毒品种类产生错误认识的,不影响本罪的成立。(3) 刑法没有要求本罪以营利为目的,故不以营利为目的实施本罪行为的,也构成本罪。

4. 贩卖以毒品实际上转移给买方为既遂,转移毒品后行为人是否已经获取了利益,并不影响既遂的成立。毒品实际上没有转移时,即使已经达成转移的协议,或者行为人已经获得了利益,也不宜认定为既遂。行为人以贩卖为目的购买了毒品但未能出售给他人的,宜认定为贩卖毒品的预备行为。本案中,根据调查情况,毒品已经交割完毕,已经由卖方转给买方。

根据我国相关规定,毒品数量在具体的量刑中占有很大比重。根据 2015 年《全国法院毒品犯罪审判工作座谈会纪要》的规定,对数量的认定应注意以下几点:(1) 走私、贩卖、运输、制造两种以上毒品的,可以将不同种类的毒品分别折算为海洛因的数量,以折算后累加的毒品总量作为量刑的根据。(2) 对于未查获实物的甲基苯丙胺片剂(俗称"麻古"等)、MDMA 片剂(俗称"摇头丸")等混合型毒品,可以根据在案证据证明的毒品粒数,参考本案或者本地区查获的同类毒品的平均重量计算出毒品数量。在裁判文书中,应当客观表述根据在案证据认定的毒品粒数。(3) 对于有吸毒情节的贩毒人员,一般应当按照其购买的毒品数量认定其贩卖的数量,量刑时酌情考虑其吸食毒品的情节;购买的毒品数量无法查明的,按照能够证明的贩卖数量及查获的毒品数量认定其贩毒数量;确有证据证明其购买的部分毒品并非用于贩卖的,不应计入其贩毒数量。(4) 制造毒品案件中,毒品成品、半成品的数量应当全部认定为制造毒品的数量,对于无法再加工出成品、半成品的废液、废料则不应计入制造毒品的数量。对于废液、废料的认定,可以根据其毒品成分的含量、外观形态,结合被告人对制毒过程的供述等证据进行分析判断,必要时可以听取鉴定机构的意见。

五、相关法律规范

《刑法》第 347 条。

第十五章
Chapter 15

贪污贿赂犯罪

第一节 贪污行为的定性

一、案情介绍[①]

南京市中级人民法院经审理查明:2009年11月至2014年6月间,被告人王某然在担任南京广播电视集团(以下简称"南京广电集团")信息频道财经资讯部主任、生活频道制片人、节目营销中心娱乐节目部副主任、电视传媒中心生活(娱乐)频道编辑部副主任期间,利用其从事、负责相应频道广告经营的职务便利,在代表南京广电集团与交通银行股份有限公司江苏省分行、宁波银行股份有限公司南京分行、光大银行股份有限公司南京分行、兴业银行股份有限公司南京分行、中国工商银行股份有限公司江苏省分行、上海浦东发展银行股份有限公司南京分行、江苏银行股份有限公司等7家金融机构洽谈广告业务的过程中,虚增交易环节,谎称南京中汇广告有限公司(以下简称"中汇公司")、南京博川广告有限公司(以下简称"博川公司")系南京广电集团的代理公司,先以中汇公司、博川

---

① (2016)苏刑终304号刑事审判书。

公司等公司名义与上述7家金融机构签订广告发布合同,后向南京广电集团隐瞒合同的真实价款,再以中汇公司、博川公司等公司的名义与南京广电集团签订广告发布合同,截留广告款共计1024.63万元。

二、争议焦点

本案系一起新类型的职务犯罪案件,从犯罪的手段来看,是通过增设交易环节的方式来达到占有单位财产的目的;从侵害的对象来看,是被害单位应得的确定利益而非既有财产;从犯罪的过程来看,存在着民事合同关系和刑事犯罪的交叉。本案审理过程中,就行为人构成贪污罪还是非法经营同类营业罪或者不构成犯罪存在分歧。

三、裁判结果与理由

南京市中院经审理认为,被告人王某然作为国家工作人员,利用职务上的便利,通过虚增交易环节的手段非法占有公共财物,数额特别巨大,其行为已构成贪污罪。案发后,被告人王某然及其亲属退缴部分赃款,依法从轻处罚。依照《刑法》第382条第1款、第383条第1款第3项和第2款、第64条,《最高人民法院、最高人民检察院关于办理贪污贿赂刑事案件适用法律若干问题的解释》第3条第1款、第19条第1款之规定,以贪污罪判处被告人王某然有期徒刑10年9个月,并处罚金200万元;对贪污犯罪所得1024.63万元予以追缴,发还南京广电集团。

一审宣判后,被告人提出上诉。江苏省高级人民法院经审理认为,原审判决认定事实清楚,证据确实、充分,定罪准确,量刑适当,审判程序合法,裁定驳回上诉,维持原判。

四、案件评析

我国刑法学通说认为,贪污罪的犯罪主体是特殊主体,即必须是国家机关工作人员和其他受国家机关、国有公司、企事业单位、人民团体委托管理,经营国有财产的人员。犯罪主观方面必须出于故意,并且具有非法占有公共财物的犯目的。犯罪客观方面必须实施了利用职务上的便利，侵吞、窃取、骗取或者以其他手段非法占有公共财物的行为。侵犯的客体是双重客体，即同时侵犯了公共财物所有权和国家工作人员公务行为的廉洁性。①

本案中，中汇公司、博川公司与涉案银行均签订了民事合同，从表面上看南京广电集团对各银行广告差价款不享有权利，但是这些广告差价款的产生与王某然作为南京广电集团广告从业人员的职权和职务行为有着密切关系，截留的广告款属于南京广电集团应得的收入。

第一，王某然利用南京广电集团广告从业人员的身份与涉案银行签订广告代理合同，形成广告差价款。虽然涉案银行与哪个相对方签订合同确为其自由意志的选择，但从相关银行的角度来看，其本意是与南京广电集团直接签订广告合同，以实现在南京广电集团发布广告的目的。王某然以南京广电集团工作人员身份与相关银行洽谈广告合同时，称中汇公司、博川公司系南京广电集团的广告代理公司，需要以广告公司名义与银行签订合同，并根据相关银行要求提供了盖有南京广电集团相关印章的独家、指定代理证明。在此情况下，涉案银行认为王某然能代表广电集团，与中汇公司、博川公司签订合同等同于和南京广电集团签订合同，才按王某然的要求选择与这两家广告公司签订合同。

第二，王某然利用南京广电集团广告从业人员的职权掌控合同优惠价格，导致部分银行自愿与广告代理公司签订合同。王某然在与部分银行商谈合同时，提出可以和南京广电集团直接签合同，但如和中汇公司、博川公司签订合同，价格上有优惠。从表面上看，银行因价格优惠而自主选择与广告代理公司签合同，但实际上，王某然在广告发布价格方面有相当大的自主权，南京广电集团和中汇公司、博川公司的报价均由王某然给出。中汇公司、博川公司之所以能给出报价上的优惠，并不是依靠自身的经营，而是王某然利用其在南京广电集团的职权造成的差异。在不影响合同目的实现的前提下，银行为了降低成本，才选择与两家广告公司签订合同。

第三，王某然利用职务便利截留的广告差价款，属于南京广电集团的财产利

---

① 参见储槐植、梁根林：《贪污罪论要——兼论〈刑法〉第394条之适用》，载《中国法学》1998年第4期。

益。本案中,南京广电集团不仅授权给王某然承揽广告业务的权利,且为王某然洽谈业务提供了具有公信力的背景支撑,还为王某然所承揽的广告业务提供了传播平台。基于单位对员工处理一定范围内事务的授权,南京广电集团与王某然之间本应形成一种信任关系。但王某然明知作为广告从业人员不能截留单位的广告利润,仍将中汇公司、博川公司引入交易流程,通过增加交易环节,将本应属于南京广电集团所有且可确定的利益输送至中汇公司、博川公司,后予以个人占有。王某然利用南京广电集团广告从业人员的职务便利,使用单位的广告传播平台,凭借单位的信用,通过承揽广告业务获得的广告收益应当属于南京广电集团。王某然的行为并非单纯违反员工的忠诚义务,其背信行为严重损害了南京广电集团的财产利益,其行为符合贪污罪的主客观要件,应当按照该罪定罪处罚。

贪污罪与非法经营同类营业罪的共同之处有:两罪的主体有重合之处,国有公司、企业的董事、经理都可以成为两罪的主体,客观方面都要求利用职务上的便利并获取一定数额的非法利益,主观方面均为直接故意。两罪的区别有:第一,客体不同,非法经营同类营业罪侵犯的客体为国有公司、企业的正常管理秩序和利益,而贪污罪侵犯的客体为国家工作人员的职务廉洁性和公共财产的所有权。第二,客观方面不同,主要是两罪获取非法利益的手段及非法利益的性质明显不同。非法经营同类营业罪获取非法利益的手段表现为自己经营或者为他人经营与其所任职公司、企业的同类营业,即所获取的非法利益是通过经营产生的,而非现存的已经属于公有的财物;而贪污罪获取非法利益的手段表现为侵吞、窃取、骗取或者其他手段,获取的是已经属于公有的财物。第三,主体范围不同,非法经营同类营业罪的主体为国有公司、企业的董事、经理,而贪污罪的主体为国家工作人员以及受国家机关、国有公司、企业、事业单位、人民团体委托管理、经营国有财产的人员,贪污罪的主体范围更加广泛。第四,主观目的不同,非法经营同类营业罪的主观目的是通过非法经营同类营业获取非法利益,而贪污罪的主观目的是通过各种手段非法占有公共财物。[①]

[①] 参见罗开卷:《论非法经营同类营业罪的认定及其与近似犯罪的界限》,载《政治与法律》2009年第5期。

第一,本案中,中汇公司、博川公司并无实质性的经营活动。对于博川公司,王某然的供述与证人陶某的证言相互印证证实,博川公司仅是为王某然走账,未参与实际经营。对于中汇公司,王某然的母亲作为法定代表人,只是挂名,不参与公司管理。中汇公司成立后,仅有两名业务员负责跑跑腿、打打杂、送送文件,并无从事经营活动的能力。从广告合同的实际履行情况来看,中汇公司亦不存在制作广告节目的资质。

第二,本案中,中汇公司、博川公司这个环节并无客观存在的必要性。上述两个公司是王某然在银行客户和南京广电集团之间的广告合同关系中增设的中间环节,并无实质性的经营行为。相关银行一直与代表南京广电集团身份的王某然商谈广告业务,本意是在南京广电集团相关频道发布广告,直至真正签订合同时,才被告知必须与中汇公司、博川公司等广告公司签订合同,而非直接与南京广电集团签订合同,这个中间环节本不存在。

第三,本案中,被截留的利润并非经营行为的对价。王某然通过中汇公司、博川公司截留的广告差价款大多相当于南京广电集团收到实际广告款的150%—250%。在合同义务完全由南京广电集团承担,中汇公司、博川公司并未进行实质性经营的情况下,被王某然截留的广告差价款并非广告公司经营行为的对价,不属于中汇公司、博川公司所有,而应属于南京广电集团的应得利益。

综上,区分获取购销差价的非法经营同类营业的行为与增设中间环节截留国有财产的贪污行为的关键,在于行为人采取何种方式获取了非法利益。王某然的行为实际上将南京广电集团本可直接获得的应得利益截留至其掌控且未实际经营的中汇公司、博川公司中,属于截留国有财产的贪污行为,构成贪污罪。

五、相关法律规范

1.《刑法》第 64 条、第 382 条、第 383 条。

2.《最高人民法院、最高人民检察院关于办理贪污贿赂刑事案件适用法律若干问题的解释》第 3 条、第 19 条。

第二节　挪用公款行为的定性

一、案情介绍[①]

2005年9月至2016年10月,被告人向某兰担任巫溪县胜利乡财政所所长兼出纳,负责胜利乡财政所的全面工作,具有对胜利乡财政资金进行依法管理的职责。2013年12月至2016年12月,被告人谭某星在重庆农村商业银行股份有限公司巫溪支行胜利分理处(以下简称"农商行胜利分理处")担任主任。

2014年12月初,被告人谭某星分别找到时任胜利乡分管财务的乡党委委员毕某峰和被告人向某兰,请求借用胜利乡财政所公款用于完成农商行胜利分理处对私存款任务,并承诺2015年年初归还。毕某峰和向某兰均表示同意。同月10日,向某兰以津补贴和危旧房改造资金的虚假资金用途出具现金支票,从胜利乡财政所账户上提取现金300万元,直接交给谭某星。随后,谭某星将该300万元存入其个人邮政储蓄银行账户。同月23日至29日,谭某星将其中的290万元购买了邮政储蓄银行的"日日升"理财产品,获利1501.04元。2015年1月30日,谭某星通过其个人农商行银行卡转账,向胜利乡财政所归还公款50万元,其余250万元公款一直由其保管、使用,主要用于偿还个人债务、家庭开支、转借给他人等用途。谭某星不能按承诺的时间归还尚欠胜利乡的250万元公款,遂同向某兰共谋,制作虚假银行余额对账单掩盖挪用公款的事实以逃避财务监管。2015年8月19日和10月15日,谭某星分别转账给胜利乡财政所50万元和200万,归还了所借资金。

2015年12月,被告人谭某星找到被告人向某兰,请求挪用胜利乡财政所公款四五百万元以完成对私存款任务,承诺2016年年初归还。向某兰征得分管领导毕某峰同意后,按照谭某星的要求,将胜利乡财政所资金490万元转账到谭某星提供的个人账户。谭某星将借款用于偿还其个人债务、工程项目的资金周转

[①] (2019)渝02刑终1号刑事审判书。

等用途。谭某星由于未能按承诺期限归还财政所公款,遂再次同向某兰共谋,制作虚假银行余额对账单掩盖挪用公款的事实以逃避财务监管。2016年8月12日、8月17日、8月19日,谭某星分别转账给胜利乡财政所200万元、240万元和50万元,归还了所借资金。

2017年上半年,巫溪县审计局对胜利乡进行财政财务收支审计时,向某兰主动向胜利乡负责人报告了上述情况。后巫溪县审计局将本案移送检察机关处理。2017年7月27日,侦查人员将向某兰、谭某星通知到巫溪县人民检察院,二人均如实供述了上述事实。

二、争议焦点

本案争议焦点为:被告人向某兰的行为是否属于挪用公款归个人使用的情形?

三、裁判结果与理由

巫溪县人民法院经审理认为,被告人向某兰身为国家工作人员,利用其担任巫溪县胜利乡财政所所长兼出纳的职务之便,违反胜利乡人民政府关于财务管理制度的规定,超出职权范围挪用公款790万元给被告人谭某星使用,情节严重;被告人谭某星同向某兰共谋,参与策划挪用公款790万元归个人使用,进行营利活动,情节严重,二被告人的行为均已构成挪用公款罪,且系共同犯罪,向某兰系主犯,谭某星系从犯。向某兰犯罪后主动向其所在单位负责人报告挪用公款的情况,到案后如实供述犯罪事实,系自首。谭某星到案后能如实供述自己犯罪事实,系坦白。综合考虑本案具体事实、情节、没有对公款造成实际损失等因素,以及二被告人具有的自首、坦白等态度,对其可依法予以减轻处罚并宣告缓刑。法院判决:被告人向某兰犯挪用公款罪,判处有期徒刑3年,缓刑4年;被告人谭某星犯挪用公款罪,判处有期徒刑3年,缓刑4年;对被告人谭某星的违法所得1501.04元予以追缴,上缴国库。一审宣判后,被告人向某兰、谭某星分别提出上诉。重庆市第二中级人民法院于2019年6月13日作出裁定,驳回上诉,维持原判。

四、案件评析

根据《刑法》第384条的规定,挪用公款罪是指国家工作人员利用职务上的便利,挪用公款归个人使用,且符合以下三种情形之一的行为:(1)进行非法活动;(2)数额较大,进行营利活动;(3)数额较大,超过3个月未还。根据《全国人民代表大会常务委员会关于〈中华人民共和国刑法〉第三百八十四条第一款的解释》(以下简称《解释》)的规定,有下列情形之一的,属于挪用公款归个人使用:(1)将公款供本人、亲友或者其他自然人使用的;(2)以个人名义将公款供其他单位使用的;(3)个人决定以单位名义将公款供其他单位使用,谋取个人利益的。

在本案中,向某兰挪用公款数额巨大,超过3个月未还,且有公款被挪用于购买理财产品、用于项目资金周转等情形,其是否构成挪用公款罪,关键在于是否属于挪用公款归个人使用。对此,在审理过程中存在两种不同意见。

第一种意见认为,向某兰的行为不符合《解释》规定的三种情形,不能认定为挪用公款归个人使用,进而认为向某兰不构成挪用公款罪。理由在于:首先,被告人向某兰挪用公款的对象是农商行胜利分理处,系为分理处完成业绩而提供帮助,不符合《解释》规定的第一种情形,即将公款供本人亲友或者其他自然人使用。其次,谭某星写的借条上的内容为"借到财政所资金xx万元,用于完成胜利分理处对私存款",体现出一种单位对单位的形态,出借主体是单位而不是个人。因此,向某兰不是以个人名义将公款供其他单位使用,不符合《解释》规定的第二种情形,即以个人名义将公款供其他单位使用。最后,被告人向某兰作为财政所所长,将公款借给农商行胜利分理处,均经过乡政府分管领导的同意,不属于以个人名义将公款供其他单位使用,不符合《解释》规定的第三种情形,即个人决定以单位名义将公款供其他单位使用,谋取个人利益。

第二种意见认为,被告人向某兰作为巫溪县胜利乡财政所所长,利用职务便利,挪用公款给谭某星个人使用,情节严重,其行为应依法认定为挪用公款罪。本案中,向某兰并没有将公款挪用给谭某星所在的农商行胜利分理处使用,而是挪用给谭某星个人使用。尽管向某兰两次挪用公款的由头都是谭某星请求借款完成农商行胜利分理处对私存款任务,借条上记载为"借到财政所资金××万元,用于完成胜利分理处对私存款",表面看来是挪用给了农商行胜利分理处使用。但事实上,向某兰两次挪用公款都没有将公款打到农商行胜利分理处账户上,而是直接交给了谭某星个人,而谭某星将这些公款用于家庭开支、偿还个人债务、转借给他人、购买理财产品、工程项目的资金周转等个人用途和营利活动。向某兰对公款去向和用途听之任之、漠不关心,对谭某星支配和使用这些公款持放任态度。因此,本案的基本事实不是向某兰将公款挪用给了农商行胜利分理处,而是将公款挪用给谭某星个人使用,而谭某星确实将挪用款用于个人用途。

被告人向某兰系个人决定并以个人名义将公款挪用给谭某星使用。2014年12月、2015年12月,谭某星两次提出挪用胜利乡财政所公款以完成农商行胜利分理处年底对私存款任务,并承诺过了次年1月就归还,得到了胜利乡分管财政工作的领导毕某峰和被告人向某兰同意。如果挪用的公款按照双方约定由财政所交由农商行胜利分理处短暂使用后即归还,尽管毕某峰、向某兰超越了大额财务支出必须经乡党委集体研究决定的规定,但由于具有对公挪用、3个月以内归还的特点,尚不足以认定向某兰构成挪用公款罪。但是,向某兰两次挪用公款均没有打到农商行胜利分理处账户,一次是虚构资金用途开具现金支票,从银行支取300万元现金交给谭某星本人,一次是虚构资金用途直接打到谭某星个人账户。向某兰弄虚作假、虚构资金用途支取财政资金,导致财政所账目上根本显示不出对农商行胜利分理处有应收项目,就足以判断出其挪用行为的个人性。此外,向某兰对挪用资金的去向不闻不问,放弃核实和监督,造成了公款客观上被谭某星长时间个人使用,这种做法超出了分管领导同意的范围,也从另一个角度反映出挪用行为是向某兰个人所决定,具有犯罪性。因此,从根本上看,向某兰超越职权、逃避财务监管,将公款挪给谭某星使用,并非胜利乡财政所的单位行为,而应当认定为其个人决定将公款挪给谭某星个人使用的行为。

五、相关法律规范

1.《刑法》第384条第1款、第25条第1款、第26条第1款和第3款、第27条、第64条、第67条第1款和第3款、第72条第1款和第2款、第73条第1款和第 3 款。

2.《最高人民法院、最高人民检察院关于办理贪污贿赂刑事案件适用法律若干问题的解释》。

第三节 行贿行为的定性

一、案情介绍①

2014 年 11 月,甲小区和乙小区被北京市东城区某街道办事处确定为环卫项目示范推广单位。按照规定,两小区应选聘 19 名指导员从事宣传、指导、监督、服务等工作,政府部门按每名指导员每月 600 元标准予以补贴。上述两小区由北京某物业公司负责物业管理,两小区 19 名指导员补贴款由该物业公司负责领取发放。2014 年 11 月至 2017 年 3 月,郭某在担任该物业公司客服部经理期间,将代表物业公司领取的指导员补贴款共计人民币 33.06 万元据为己有。郭某从物业公司离职后,仍以物业公司客服部经理名义,于 2017 年 6 月、9 月,冒领指导员补贴款共计人民币 6.84 万元据为己有。2014 年 11 月至 2017 年 9 月期间,张某接受郭某请托,利用担任某街道办事处环卫所职员、副所长的职务便利,不严格监督检查上述补贴款发放,非法收受郭某给予的人民币 8.85 万元。2018 年 1 月,张某担心事情败露,与郭某共同筹集人民币 35 万元退还给物业公司。2018 年 2 月 28 日,张某、郭某自行到北京市东城区监察委员会接受调查,并如实供述全部犯罪事实。

二、争议焦点

调查阶段,东城区监察委员会对张某、郭某构成贪污罪共犯还是行受贿犯罪存在意见分歧,书面商请东城区人民检察院提前介入。

---

① (2019)检例第 76 号刑事审判书。

三、裁判结果与理由

2018 年 12 月 28 日,北京市东城区人民检察院对张某以受贿罪提起公诉;对郭某以行贿罪、职务侵占罪、诈骗罪提起公诉。2019 年 1 月 17 日,北京市东城区人民法院作出一审判决,以受贿罪判处张某有期徒刑 8 个月,缓刑 1 年,并处罚金人民币 100000 元;以行贿罪、职务侵占罪、诈骗罪判处郭某有期徒刑 2 年,缓刑 3 年,并处罚金人民币 101000 元。

四、案件评析

对于国家工作人员收受贿赂后故意不履行监管职责,使非国家工作人员非法占有财物的,如该财物又涉及公款,应根据主客观相统一原则,准确认定案件性质。一要看主观上是否对侵吞公款进行过共谋,二要看客观上是否共同实施侵吞公款行为。如果具有共同侵占公款故意,且共同实施了侵占公款行为,应认定为贪污罪共犯;如果国家工作人员主观上没有侵占公款故意,只是收受贿赂后放弃职守,客观上使非国家工作人员任意处理其经手的钱款成为可能,应认定为为他人谋取利益,国家工作人员构成受贿罪,非国家工作人员构成行贿罪。如果国家工作人员行为同时构成玩忽职守罪的,以受贿罪和玩忽职守罪数罪并罚。

从以下三个方面来进行本罪与非罪的区分:

1. 本罪与馈赠的主要区别。两者的区别表现在:(1) 目的不同。行贿的目的在于让对方利用职务之便为自己谋取不正当的利益;馈赠则是为了增加亲朋好友的情谊。(2) 内容和方式不同。行贿往往是秘密的、附条件的;馈赠则是公开的、无条件的。

2. 本罪与不当送礼的主要区别。区分两者的关键在于:行为人主观上是否具有利用他人职务上的便利为自己谋取不正当利益的目的。实务中,以下三种情况是不当送礼,不按行贿罪论处:(1) 行为人为谋取正当利益而向有关人员送财物。(2) 行为人为答谢他人的帮助而送少量财物。(3) 行为人为谋取不正当利益,因被对方勒索而给予对方财物,最终没有获得不正当利益的。

3. 本罪与一般行贿违法行为的主要区别。一般从数额和情节两方面对二者进行综合判断。根据 2016 年《最高人民法院、最高人民检察院关于办理贪污贿赂刑事案件适用法律若干问题的解释》第 7 条的规定，为谋取不正当利益，向国家工作人员行贿，数额在 3 万元以上的，应当以行贿罪追究刑事责任。行贿数额在 1 万元以上不满 3 万元，具有下列情形之一的，应当以行贿罪追究刑事责任：一是向 3 人以上行贿的；二是将违法所得用于行贿的；三是通过行贿谋取职务提拔、调整的；四是向负有食品、药品、安全生产、环境保护等监督管理职责的国家工作人员行贿，实施非法活动的；五是向司法工作人员行贿，影响司法公正的；六是造成经济损失数额在 50 万元以上不满 100 万元的。[①]

主张认定二人构成贪污罪共犯的主要理由为：一是犯罪对象上，郭某侵占并送给张某的资金性质为国家财政拨款，系公款；二是主观认识上，二人对截留的补贴款系公款的性质明知，并对截留补贴款达成一定共识；三是客观行为上，二人系共同截留补贴款进行分配。因此，认定二人构成贪污罪的共犯。

本案中，郭某领取和侵吞补贴款的行为分为两个阶段：第一阶段，郭某作为上述物业公司客服部经理，利用领取补贴款的职务便利，领取并将补贴款非法占为己有，其行为构成职务侵占罪；第二阶段，郭某从物业公司客服部经理岗位离职后，仍冒用客服部经理的身份领取补贴款并非法占为己有，其行为构成诈骗罪。在认定二人是否构成贪污罪的共犯时，应当根据主客观相一致的原则。首先，二人主观上没有共同贪污故意，二人从未就补贴款的处理使用有过明确沟通，郭某给张某送钱，就是为了让张某放松监管，张某怠于履行监管职责，就是因为收受了郭某所送贿赂，而非自己要占有补贴款。其次，在客观上没有共同贪污行为。张某收受郭某给予的钱款后怠于履行监管职责，正是利用职务之便为郭某谋取利益的行为，但对于郭某侵占补贴款，在案证据不能证实张某主观上有明确认识，郭某也从未想过与张某共同瓜分补贴款。由于二人缺乏共同贪占补贴款的故意和行为，不应构成贪污罪共犯，而应分别构成行贿罪和受贿罪。

五、相关法律规范

1.《刑法》第 67 条第 1 款、第 266 条、第 271 条第 1 款、第 383 条第 1 款第 1

---

① 参见《刑法学》编写组：《刑法学》（下册·各论），高等教育出版社 2019 版，第 276 页。

项、第 385 条第 1 款、第 386 条、第 389 条第 1 款、第 390 条。

2.《最高人民法院、最高人民检察院关于办理贪污贿赂刑事案件适用法律若干问题的解释》第 1 条第 1 款、第 7 条第 1 款、第 11 条第 1 款、第 19 条。

3.《最高人民法院、最高人民检察院关于办理诈骗刑事案件具体应用法律若干问题的解释》第 1 条、第 3 条。

第四节　单位行贿罪和行贿罪的区分

一、案情介绍[①]

上杭县人民法院经公开审理查明:福建省永定县华厦建筑工程有限公司(以下简称"华厦建筑公司")成立于 2001 年 12 月,被告人卢某华出资 608 万元,胡某昌出资 10 万元,卢某华为法定代表人、董事长。2011 年 11 月,公司名称变更为福建省土圆楼建设集团有限公司(以下简称"土圆楼建设公司"),股东出资变更为卢某华 3008 万元,胡某昌 10 万元。永定县华泰房地产开发有限公司(以下简称"华泰房地产公司")成立于 2003 年 6 月,卢某华出资 80 万元,其妻吴某贞出资 120 万元,法定代表人为吴某贞,卢某华为实际控制人。2002 年至 2014 年间,在经营开发永定县泰华大厦、永定县古镇安置房等工程项目中,为在工程承揽、容积率调整、工程验收等方面谋取不正当利益,卢某华未经单位集体研究决定,以个人款项先后向永定县城乡规划建设局原规划股股长肖某强、原副局长吴某宏、原局长林某河、郑某森,永定县人民政府原副县长郑某文、范某荣,永定县人大常委会原主任吴某林等人行贿,共计 342.99 万元。被告人卢某华在纪检监察机关调查期间,主动交代了办案机关尚未掌握的大部分犯罪事实,其家属在审查起诉期间代为退赃 200 万元。

一审期间,上杭县法院建议公诉机关对土圆楼建设公司、华泰房地产公司补充起诉。公诉机关仍以自然人犯罪起诉,并请法院依据查明的事实依法

---

① (2017)闽 08 刑终 258 号二审刑事判决书。

裁判。

二、争议焦点

关于本案如何定性，审理中形成了两种观点。一种观点认为，华厦建筑公司、土圆楼建设公司以及华泰房地产公司均系依法注册成立或变更的有限责任公司，符合单位犯罪的主体要件；卢某华系上述公司的法定代表人或实际决策人，其行贿行为能代表单位意志；本案行贿所得不正当利益归属于上述公司，应认定为不正当利益归属于单位，故卢某华的行为构成单位行贿罪。另一种观点认为，涉案公司虽形式上注册为有限责任公司，但华泰房地产公司为卢某华和吴某贞的"夫妻公司"，华厦建筑公司、土圆楼建设公司中卢某华占据绝大部分的股份，且均为卢某华一人所实际控制、从事经营管理的公司，不符合单位犯罪的主体要件；卢某华的行贿行为未经公司集体决策，且没有证据证实贿款来源于单位，其行贿不能代表单位意志；行贿所得不正当利益虽形式上归属于公司，但最终主要归属于卢某华，应认定为利益归属于个人，故被告人卢某华的行为构成行贿罪。

三、裁判结果与理由

上杭县法院认为，被告人卢某华为谋取不正当利益，多次给予多名国家工作人员财物，共计342.99万元，构成行贿罪，且属情节特别严重。对于辩护人提出的本案属单位行贿的意见，被告人卢某华为谋取不正当利益，以其个人意志向国家工作人员行贿，而非经公司决策机构授权或同意，不符合单位行贿罪的构成要件，该辩护意见不予支持。被告人卢某华在被追诉之前如实供述，并主动交代办案机关尚未掌握的大部分同种犯罪事实，对其减轻处罚，在法定量刑幅度的下一个量刑幅度，即在5年以上10年以下有期徒刑的幅度内量刑。对于辩护人提出的对被告人卢某华适用缓刑或免予刑事处罚的意见，卢某华向多名国家工作人员行贿且属情节特别严重，不符合适用缓刑或免予刑事处罚的法定条件。本案犯罪行为发生在《刑法修正案（九）》实施之前，根据从旧兼从轻原则，应适用修正前的《刑法》。据此，依照1997年《刑法》第389条第1款、第390条、第67条第3

款、第 61 条、第 63 条、第 64 条,及《最高人民法院、最高人民检察院关于办理贪污贿赂刑事案件适用法律若干问题的解释》第 7 条第 2 款第 1 项、第 9 条第 1 款第 2 项之规定,判决如下:被告人卢某华犯行贿罪,判处有期徒刑 5 年 3 个月。

一审宣判后,被告人卢某华以原判定性错误、其具有自首情节、原判量刑过重等为由,向龙岩市中级人民法院提出上诉,建议二审改判其构成单位行贿罪,并对其减轻处罚、适用缓刑。

龙岩中院经审理认为,卢某华身为华厦建筑公司、土圆楼建设公司、华泰房地产建设公司的负责人,为公司谋取不正当利益,向国家工作人员行贿,其行为构成单位行贿罪,且属情节严重,原判定性错误,应予纠正。原公诉机关未指控单位行贿,并不影响按照单位行贿罪中直接负责的主管人员对卢某华追究刑事责任。本案犯罪行为发生在《刑法修正案(九)》实施之前,根据从旧兼从轻原则,应适用修正前的《刑法》。卢某华作为单位负责人,主动交代办案机关大部分未掌握的同种犯罪事实,可以从轻处罚,但其多次向多人行贿,不符合缓刑的适用条件。综上,依照 1997 年《刑法》第 393 条、第 12 条、第 45 条、第 47 条、第 61 条、第 64 条、和《刑事诉讼法》第 236 条第 1 款第 2 项之规定,改判卢某华犯单位行贿罪,判处有期徒刑 3 年 7 个月,对扣押在案的赃款 200 万元予以没收,上缴国库。

四、案件评析

行贿罪与单位行贿罪在客体、客观方面和主观方面都相同,两者的明显区别在于犯罪主体不同。行贿罪的主体是自然人,单位行贿罪的主体是单位。如果行为人是为了个人的不正当利益而行贿的是个人行贿;反之,如果行为人是为了单位的不正当利益而行贿的是单位行贿。但在个人利益与单位利益存在重合或者交叉的情况下,两者可能会存在认定上的困难,区别的关键在于两个方面:(1)行贿所体现的意志。如果行贿的决定由单位集体作出或者由单位负责人作出,行贿所体现的就是单位意志;反之,如果体现个人意志,则是个人行贿。(2)不正当利益的归属。行贿罪是为个人谋取不正当利益;单位行贿罪是为单位谋取整体利益。所以,如果行贿行为所谋取的利益归个人所有,则按照个人行贿处理;反之,则是单位行贿。司法实践中出现的单位中自然人为单位谋取不正当利益的同时也顺带为自己谋取不正当利益的情况,自然人要就自己所获得的利益承担行贿罪的责任,同时作为单位行贿罪中的直接负责的主管人员或者直接责任人也要承担责任。①

(一)单位行贿意志

行贿犯罪是否反映单位意志是单位行贿罪和行贿罪的重要区别。具体而言,单位行贿罪体现的是单位的行贿犯罪意志,这种犯罪意志具有整体性,即必须反映单位整体的罪过。在形式上,单位的行贿犯罪意志表现为,行贿行为是经过单位集体研究决定的或者由单位负责人员决定的。② 首先,应当考察是否经过单位集体研究决定,具体来说,根据公司机关的职能和组成,经过公司股东会、董事会和监事会等集体决策形成的意志,应当属于单位意志。③ 其次,《最高人民法院、最高人民检察院、海关总署关于办理走私刑事案件适用法律若干问题的意见》第18条明确规定:以单位的名义,即"由单位集体研究决定,或者由单位的负责人或者被授权的其他人员决定、同意"。由于单位是法律上的拟制人,其意志只能来源于作为单位成员的自然人的意思活动,鉴于法定代表人或决策权人在单位意思形成过程中的重要作用,由其决定或亲自实施的行为,原则上应认定为代表单位的意志。

本案中,卢某华的行贿行为未经公司集体研究决定,其在侦查阶段供称行贿行为是其个人决定,未与公司其他股东商议。但卢某华是华厦建筑公司和土圆楼建设公司的法定代表人,是华泰房地产公司的实际控制人,且从上述公司运行情况看,卢某华为公司的实际决策权人,其行贿是为了公司在工程承揽、验收等方面追求经济利益,其行为不违背公司的根本宗旨,应认定为代表单位意志。

---

① 参见《刑法学》编写组:《刑法学》(下册·各论),高等教育出版社2019年版,第277页。
② 参见肖中华:《论单位受贿罪与单位行贿罪的认定》,载《法治研究》2013年第5期。
③ 参见何建:《公司意思表示研究》,复旦大学2014年博士论文。

(二) 利益的归属

就行贿而言,应当特别注意,利益的归属对于单位行贿罪与行贿罪的区分,作用至关重要。违法所得归属是区分单位犯罪和自然人犯罪的本质点。《刑法》第393条规定,"因行贿取得的违法所得归个人所有的",依照《刑法》关于行贿罪的规定定罪处罚。《最高人民法院关于审理单位犯罪案件具体应用法律有关问题的解释》第3条亦规定:"盗用单位名义实施犯罪,违法所得由实施犯罪的个人私分的,依照刑法有关自然人犯罪的规定定罪处罚。"上述规定均表明,犯罪所得归属应成为区分单位犯罪和自然人犯罪的本质所在,亦即,为个人谋取不正当利益的是行贿,为单位谋取不正当利益的是单位行贿。由此,认为单位中的自然人通过为单位谋取不正当利益,顺带为自己谋取不正当利益的行为仅构成单位行贿罪的观点是不妥当的,既然部分利益已归属于个人,那么个人应该就此部分利益成立行贿罪,同时作为单位行贿罪中的直接负责的主管人员或直接责任人被追究刑责。① 本案中,土圆楼建设公司、华泰房地产公司为谋取不正当利益而向相关国家工作人员行贿,情节严重,构成单位行贿罪。鉴于公诉机关未指控单位犯罪,龙岩中院按照单位犯罪中直接负责的主管人员追究卢某华的刑事责任是正确的。

综上所述,卢某华身为华厦建筑公司、土圆楼建设公司、华泰房地产建设公司的负责人,为公司谋取不正当利益,向国家工作人员行贿,其行为构成单位行贿罪。

五、相关法律规范

1. 《刑法》第12条、第45条、第47条、第61条、第64条、第393条。
2. 《刑事诉讼法》第236条第1款第2项。

---

① 参见董桂文:《行贿罪与单位行贿罪界限之司法认定》,载《人民检察》2013年第12期。

第五节　利用影响力受贿行为的定性

一、案情介绍[①]

福建省长泰县人民法院审理福建省长泰县人民检察院指控原审被告人沈某斌犯利用影响力受贿罪一案,于 2019 年 12 月 16 日作出(2019)闽 0625 刑初 200 号刑事判决。原审被告人沈某斌不服,提出上诉。

原判认定的事实如下:被告人沈某斌自 2012 年 12 月开始给何某发当驾驶员;2014 年 4 月至 2016 年 6 月,何某发担任福建省诏安县人民政府县长期间,沈某斌仍为何某发的驾驶员;2016 年 6 月起,何某发转任诏安县委书记,沈某斌继续担任何某发的驾驶员,与何某发结下密切的私人关系。2017 年下半年至 2019 年 2 月间,沈某斌利用何某发担任诏安县委书记的职权和地位形成的便利条件,通过诏安县白洋乡党委书记郭某等国家工作人员职务上的行为,分别帮助不具有建筑工程资质的沈某 1、沈某 3 承揽建设工程,谋取不正当利益,并收受二人钱款共计人民币 40 万元(以下币种均为人民币),用于日常开支、偿还借款等。具体事实如下:

1. 2017 年下半年,被告人沈某斌接受沈某 1 的请托,答应为沈某 1 介绍工程项目。沈某斌打听到诏安县白洋乡卫生院建设用地需要平整土地,便找郭某要求承揽该土方工程。郭某答应帮忙,向负责该工程的诏安县白洋乡党委副书记田某交代,该土方工程由沈某斌推荐的沈某 1 承建。2017 年 12 月,沈某 1 联系福建泰亨建设工程有限公司(以下简称"泰亨公司"),通过该公司的许某 1 帮助再联系其他 6 家公司参与该土方工程投标,泰亨公司以 1385817 元中标,沈某 1 挂靠泰亨公司承揽该土方工程。在承建期间,沈某斌帮沈某 1 与诏安县白洋乡人民政府乡长吕某联系尽快为该工程拨付工程款。在沈某 1 先后收到工程款 554326.8 元、846143.2 元后,沈某斌于 2018 年 2 月、2019 年 2 月分别收受沈某

[①] (2020)闽 06 刑终 25 号刑事审判书。

1 给予的 5 万元、20 万元,合计 25 万元。

原判认定的事实依据有:诏安县投资小规模工程招投标活动实施意见、扶持建筑业发展实施意见,诏安县白洋乡卫生院建设用地土方工程预算审核价、招标事项情况说明、建设工程招标代理合同、招标公告、文件、投标签到手续、评审意见书、中标通知书、泰亨公司等投标公司情况说明,诏安县白洋乡卫生院建设用地土方工程合同、评估报告、验收报告、记账凭证,诏安县白洋乡卫生院土方工程项目会议纪要,沈某 1 的农信社账户存款明细账,证人沈某 1、郭某、田某、吕某、许某 1、林某 1、林某 2、沈某 2、许某 2、郑某等人的证言,及被告人沈某斌的具体供述等。

2. 2018 年下半年,被告人沈某斌接受沈某 3 的请托,答应为沈某 3 介绍工程项目。沈某斌多次联系郭某、吕某,要求承揽诏安县白洋乡的一些工程项目。2018 年 7 月,沈某斌通过吕某得知诏安县白洋乡要启动村庄污水治理项目,便找郭某要求承揽部分排污工程。郭某答应帮忙,向负责推进诏安县白洋乡白石村排污工程的白洋乡工作人员沈某 4 交代,该村的排污工程由沈某斌推荐的沈某 3 承建。为了推进工程进度,沈某 3 先行对诏安县白洋乡白石村排污工程组织施工。2018 年 9 月,沈某 3 组织福建省鑫昇建筑工程有限公司(以下简称"鑫昇公司")等 4 家公司参与该工程投标,后以中标的鑫昇公司名义承揽该工程。承建期间,沈某斌帮沈某 3 与吕某联系尽快拨付工程进度款。在沈某 3 收到工程进度款 288135.6 元后,沈某斌于 2018 年 11 月收受沈某 3 给予的 15 万元。

被告人沈某斌于 2019 年 4 月 22 日被留置,在接受组织审查调查期间,沈某斌主动交代检察机关尚未掌握的其收受沈某 1、沈某 3 等人送款的犯罪事实;沈某斌上缴涉案所得款项 40 万元,并向原审法院预交相关款项 2 万元。

二、争议焦点

行为人利用与国家工作人员具有密切关系的便利条件,通过对国家工作人员的公务活动产生实质非权力性影响力,为请托人谋取不正当利益,索取或收受请托人贿赂的行为,以利用影响力受贿罪定罪处罚。

三、裁判结果与理由

法院认为,上诉人沈某斌与诏安县委原书记何某发关系密切,利用何某发职权和地位形成的便利条件,通过其他国家工作人员职务上的行为,为请托人谋取不正当利益,非法收受他人 40 万元,其行为已构成利用影响力受贿罪,数额巨大。沈某斌在留置接受组织调查期间,主动交代办案机关尚未掌握的犯罪事实,系自首,依法可以从轻处罚,在庭审中自愿认罪,认罪态度较好,并能主动退缴赃款,自愿缴交相关款项 2 万元,有悔罪表现,可以酌情从轻处罚。原判认定事实清楚,证据确实、充分,定性准确,量刑适当,审判程序合法。鉴于二审审理期间,经查沈某斌具有一般立功表现,沈某斌的家属向法院缴交相关款项 10 万元,对沈某斌可予以减轻处罚。检察机关当庭所提"原判认定的事实清楚,证据确实、充分,定性、适用法律正确及沈某斌具有立功表现,依法可以减轻处罚等"的意见,应予以采纳。沈某斌及其辩护人分别提出要求适用缓刑的上诉理由、辩护意见,不能采纳。根据本案查明犯罪的事实、犯罪的性质、情节和对于社会的危害程度,依照《刑法》第 388 条之一第 1 款、第 67 条第 1 款、第 68 条、第 64 条,《最高人民法院关于处理自首和立功具体应用法律若干问题的解释》第 5 条,《最高人民法院、最高人民检察院关于办理贪污贿赂刑事案件适用法律若干问题的解释》(以下简称《贪贿案件解释》)第 2 条第 1 款、第 10 条第 1 款、第 18 条、第 19 条第 2 款和《刑事诉讼法》第 236 条第 1 款第 1 项、第 2 项的规定,判决如下:

(1) 维持福建省长泰县人民法院(2019)闽 0625 刑初 200 号刑事判决第一项中对被告人沈某斌犯利用影响力受贿罪的定罪部分及第二项的判决。

(2) 撤销福建省长泰县人民法院(2019)闽 0625 刑初 200 号刑事判决第一项中对被告人沈某斌犯利用影响力受贿罪的主刑及并处罚金部分的判决。

(3) 上诉人沈某斌犯利用影响力受贿罪,判处有期徒刑 1 年 6 个月,并处罚金人民币 12 万元(已缴清)。

四、案件评析

利用影响力受贿罪,是指国家工作人员的近亲属或者其他与该国家工作人员关系密切的人,通过该国家工作人员职务上的行为,或者利用该国家工作人员职权或者地位形成的便利条件,或者离职的国家工作人员或者其近亲属以及其他与其关系密切的人,利用该离职的国家工作人员原职权或者地位形成的便利条件,通过其他国家工作人员职务上的行为,为请托人谋取不正当利益,索取请托人财物或者收受请托人财物,数额较大或者有其他较重情节的行为。

本罪的构成特征是:

1. 本罪侵犯的客体为国家工作人员的职务廉洁性。

2. 本罪在客观方面表现为四种法定的利用影响力受贿行为。(1)国家工作人员的关系密切人通过该国家工作人员职务上的行为,为请托人谋取不正当利益,索取请托人财物或者收受请托人财物;(2)国家工作人员的关系密切人利用该国家工作人员职权或者地位形成的便利条件,通过其他国家工作人员职务上的行为,为请托人谋取不正当利益,索取请托人财物或者收受请托人财物;(3)离职的国家工作人员利用本人原职权或者地位形成的便利条件,通过其他国家工作人员职务上的行为,为请托人谋取不正当利益,索取请托人财物或者收受请托人财物;(4)离职的国家工作人员的关系密切人利用该离职国家工作人员原职权或者地位形成的便利条件,通过其他国家工作人员职务上的行为,为请托人谋取不正当利益,索取请托人财物或者收受请托人财物。上述四种情形虽然表现形式各异,但是其本质相通,即都利用了影响力。这里的"影响力"包括权力性影响力和非权力性影响力。前者是基于国家工作人员的职务或者职权所获得的,具有公权力的性质,相对容易判断;后者范围比较广泛,如基于血缘、地缘、感情、一般事务性关系等产生的影响力,具有潜在性和便利性,实践中较难把握,但危害却很大。利用影响力受贿必须以为请托人谋取不正当利益为条件,如果为请托人谋取正当利益则不构成犯罪。此外,必须达到数额较大或者有其他较重情节才成立犯罪。根据《贪贿案件解释》第10条的规定,本罪数额较大或较重情节的标准,参照该解释关于受贿罪的规定执行。

3. 本罪的主体为特殊主体,即对国家工作人员有影响力的特定人员。具体包括三类:一是国家工作人员的"身边人",主要包括国家工作人员的近亲属、情人等;二是离职的国家工作人员;三是离职的国家工作人员的"身边人",如近亲属、情人等。

4. 本罪的主观方面表现为故意。①

本案中,上诉人沈某斌与诏安县委原书记何某发关系密切,利用何某发职权和地位形成的便利条件,通过其他国家工作人员职务上的行为,为请托人谋取不正当利益,客体上侵犯了国家工作人员的职务廉洁性。客观方面符合上述第二种情形,即国家工作人员关系密切人利用该国家工作人员职权或者地位形成的便利条件,通过其他国家工作人员职务上的行为,为请托人谋取不正当利益,索取请托人财物或者收受请托人财物。主观方面为非法收受他人40万元 主体适格,其行为已构成利用影响力受贿罪,数额巨大。

五、相关法律规范

1.《刑法》第64条、第67条第1款、第68条、388条之一第1款。

2.《最高人民法院关于处理自首和立功具体应用法律若干问题的解释》第5条。

3.《最高人民法院、最高人民检察院关于办理贪污贿赂刑事案件适用法律若干问题的解释》第2条第1款、第10条第1款、第18条、第19条第2款。

4.《刑事诉讼法》第236条第1款第1项、第2项的规定。

---

① 参见《刑法学》编写组:《刑法学》(下册·各论),高等教育出版社2019年版,第273—274页。

第十六章
Chapter 16

渎职罪

第一节 徇私枉法罪案例分析[①]

一、案情介绍

2011年6月12日14时许,河南豫光金铅集团有限责任公司(以下简称"豫光公司")的28.82余吨铅粉被盗。济源市公安局克井社区警务队在刘某甲经营的废品收购站内找到被盗铅粉,并将有重大嫌疑的刘某甲带至克井社区警务队调查。刘某甲的妻子刘某乙联系杨某旗的妻子万某霞,让杨某旗帮忙。后被告人杨某旗来到克井社区警务队,见到了时任警务队长的侯某(另案处理),在明知刘某甲涉嫌参与豫光公司铅粉被盗案的情况下,仍向侯某提出让刘某甲家属交钱后放刘某甲走。当晚,刘某乙向克井社区警务队交了5万元,刘某甲被放走。后杨某旗又对侯某交代完善好相关手续、把案件放一放等。2011年6月20日,杨某旗向刘某甲借款30万元,将其中20万元用于归还到期的商业贷款,剩下的10万元借予其兄杨某使用。

[①] 本案例来源于北大法宝。

2015年8月,济源市公安局重新启动铅粉被盗一案的侦查工作。经鉴定,涉案铅粉价值96.4987万元,包括刘某甲在内有8人参与作案,其中3人在案件搁置期间又故意犯其他罪被追究了刑事责任。2016年6月12日,济源市人民检察院以刘某甲等8人犯盗窃罪提起了公诉。

二、争议焦点

杨某旗身为济源市公安局政治部副主任,在其明知刘某甲涉嫌盗窃的情况下,指示其下属将刘某甲释放。本案争议焦点为:杨某旗是否构成徇私枉法罪的主体?杨某旗主观上是否明知自己的行为是徇私枉法行为?

三、裁判结果与理由

徇私枉法罪属于渎职型犯罪的一种,被规定在我国《刑法》分则第九章。根据我国《刑法》第399条第1款的规定,徇私枉法罪是指司法工作人员徇私枉法、徇情枉法,对明知是无罪的人而使他受追诉,对明知有罪的人而故意包庇不使他受追诉,或者在刑事审判活动中故意违背事实和法律作枉法裁判的行为。

本罪侵犯的客体是国家司法机关的正常活动,在客观方面表现为徇私枉法的行为。徇私枉法的具体行为方式包括三种:

(1)明知是无罪的人而使其受追诉。无罪的人,是指完全没有实施犯罪行为的人,或者只有违法行为但尚不构成犯罪的人,以及实施《刑法》第13条"但书"中所规定的"情节显著轻微、危害不大的"行为的人。使其受追诉,是指司法人员采取伪造、隐匿、毁灭证据或者其他隐瞒事实、违背法律的手段,以追究刑事责任为目的,对无罪的人进行立案、侦查、采取强制措施、提起公诉、审判等。

(2)明知是有罪的人而故意包庇不使其受追诉。有罪的人,是指有确凿事实证明其曾经实施犯罪的人。使有罪者不受追诉,包括:① 采取伪造、隐匿、毁灭证据或者其他隐瞒事实、违背法律的手段对有罪的人故意包庇,不立案侦查、不采取强制措施或不起诉、不审判。② 故意违背事实真相,违法变更强制措施,或者虽采取强制措施,但实际上放任不管,致使犯罪嫌疑人、被告人实际脱离司法机关侦控、逃避刑事追究的,也属于对明知是有罪的人而故意包庇不使他受追诉。③ 对于明知是有罪的人,而故意不收集有罪证据,导致有罪证据消失,因"证据不足"不能认定有罪的,应当认定为本罪。

(3) 在刑事审判活动中故意违背事实和法律作枉法裁判的行为。枉法裁判表现为公开地不依据已经查清的客观事实、不按照法律的明文规定进行判决和裁定,或者故意歪曲客观事实和法律进行判决和裁定。枉法裁判的结果既可以是将无罪裁判为有罪,也可以是将有罪裁判为无罪;既可以是将重罪判为轻罪,也可以是将轻罪判为重罪。①

本罪主体是司法工作人员中从事侦查、检察、审判工作的人员,包括公安、国安、监狱、军队保卫部门、人民检察院中的侦查人员。本罪在主观方面表现为故意,过失不构成本罪。

四、案件评析

第一,杨某旗是否构成徇私枉法罪的主体?

《刑法》第399条明确规定,徇私枉法罪的主体为司法工作人员。而对司法工作人员的范围,《刑法》第94条规定,"本法所称司法工作人员,是指有侦查、检察、审判、监管职责的工作人员。"本案被告人杨某旗为济源市公安局政治部副主任,负有该市公安系统人事考核、调动、任免等职责,对下属克井社区警务队队长侯某等有行政上的管理、制约权,能否构成徇私枉法罪的主体要件?

在司法实践中,判断是否构成徇私枉法罪的主体,有身份说和职责说。根据身份说,被告人杨某旗显然不构成徇私枉法罪的主体,身份说显然过于狭隘。根据职责说,对于不具备司法工作人员身份能否构成徇私枉法罪主体,关键看该人员是否具有刑事追诉、审判职责。本案被告人具有国家公务人员的身份,对克井社区警务队队长侯某等具有制约权力,侯某行使的是司法职能,代表的是司法机关,其履行职责的行为最终是本罪客体即国家刑事活动的正当性。徇私枉法罪属于主、客体特定的渎职型犯罪,形式上符合徇私枉法罪的主体,并非其所从事

---

① 参见周光权:《徇私枉法罪研究》,载《人民检察》2007年第12期。

的一切行为均具有司法性质。杨某旗为济源市公安局政治部副主任,负有该市公安系统人事考核、调动、任免等职责,对下属克井社区警务队队长侯某等有行政上的管理、制约权。杨某旗明知刘某甲涉嫌盗窃犯罪,仍利用自己职务上的身份地位,指使负有刑事侦查职责的侯某将刘某甲释放,并授意侯某将该案搁置不再开展实质性侦查,符合《刑法》第 399 条第 1 款规定的"对明知是有罪的人而故意包庇不使他受追诉"的情形。杨某旗虽然不属于司法工作人员,但根据刑法中共同犯罪的相关理论,对于特定的身份犯罪,除实行行为必须具有特定身份外,帮助行为、教唆行为或其他共同犯罪行为无须特定身份也可成立。杨某旗与侯某构成徇私枉法罪的共同犯罪。另外,在共同犯罪中,杨某旗是犯意的发起者和犯罪行为的策划、指挥者,地位、作用较侯某更加突出。检察机关以犯罪情节轻微、有自首情节、认罪态度好等为由对侯某作相对不起诉处理,并不影响对指使、授意侯某实施徇私枉法行为的杨某旗以徇私枉法罪追究刑事责任。[①]

第二,如何理解徇私枉法中的"徇私"?

徇私作为徇私枉法罪的特殊构成要件,具有重要的法律意义,以犯罪动机作为犯罪构成要件,在我国《刑法》中,只规定于第九章"渎职罪"中。实践中,行为人的一些徇私行为是比较容易认定的,比如贪图钱财、袒护亲友、贪恋色相及泄愤报复等等,但因私情是无法用列举的方法来确定范围的,在实务中只能根据具体案情,通过行为人的客观行为综合分析判断。[②]

徇私枉法罪是直接故意犯罪,主观方面只能是故意,即必须是明知有罪而故意包庇,明知无罪而故意陷害,枉法的动机在于徇私、徇情。本案中,刘某甲之妻刘某乙的证言证实,其与杨某旗之妻万某霞熟识,在得知刘某甲因涉案被公安人员带走后,即打电话给万某霞,希望万某霞之夫杨某旗能够出面为刘某甲说情。在杨某旗和万某霞一同来到克井社区警务站后,刘某乙又当面向杨某旗提出能否交钱放人的请求。万某霞、刘某甲和燕某等人的证言印证了上述情节。侯某

[①] 参见甘美英:《公安辅警不必然构成徇私枉法罪主体》,载《人民司法(案例)》2019 年第 26 期。

[②] 参见朱利军:《对徇私枉法罪法律适用中几个问题的理解》,载《华东政法大学学报》2006 年第 2 期。

亦证实,事发当晚,杨某旗与万某霞一同来到克井社区警务站,杨某旗在得知刘某甲涉嫌盗窃且案值不小后,仍以刘某甲系万某霞的亲戚为由,要求交钱放人,其后又打电话让侯某将该案"放一放"。本案证据能够充分证明杨某旗明知其行为对象刘某甲等人是有罪进而故意犯罪,杨某旗主观上明知自己的行为是徇私枉法行为。据此,杨某旗指使侦办案件的公安人员释放刘某甲并搁置案件,系基于刘某乙的请托和刘某乙与杨的配偶万某霞的私人关系,故杨某旗包庇刘某甲使其不受追诉的行为完全是出于私情,符合徇私枉法罪的主观要件。

第三,徇私枉法罪与其他罪名的关系如何?

司法工作人员如果不是出于徇私、徇情动机,造成错押、错捕当事人的,一般不构成本罪。但应根据不同情节,区别对待。对于出于严重官僚主义,极端不负责,草率从事,造成严重后果的,可按滥用职权罪或玩忽职守罪论处。例如,派出所所长不认真履行追究犯罪的职责,使得有罪的人未受到追诉的行为,构成滥用职权罪。司法工作人员受贿后又构成徇私枉法罪,从一重罪处罚。也就是说,其他身份的人员在收受贿赂后又徇私枉法的,应该数罪并罚。①

五、相关法律规范

《刑法》第 13 条、第 94 条、第 399 条。

第二节　滥用职权罪案例分析②

一、案情介绍

2005 年年初,上海市浦东新区机场镇某村村民盛某瑜购买一间 66 平方米的菜场管理用房,因不能办理产权证明,通过金某平找到徐某东请求帮忙。盛某

---

① 参见高铭暄、马克昌主编:《刑法学》,北京大学出版社、高等教育出版社 2000 年版,第 193 页。
② 本案例来源于北大法宝。

瑜提供其已经动迁的某处住宅的地址,徐某东在明知此与菜场管理用房地址不相符合、上述私房已动迁并足额获得补偿款,且盛某瑜未提供相关报批材料的情况下,为徇私情,利用其担任机场镇村镇建管科科长,负责审批农民建房的职务便利,为盛某瑜违规开具造房批复。2006年4月,为骗取国家动迁补偿款,金某平与盛某瑜经过共谋,由金某平利用徐某东开具的造房批复,通过韦某娣再次办理动迁补偿手续,获得动迁补偿款并造成国家经济损失338080元。

二、争议焦点

在审理上述案件时,控辩双方对被告人徐某东的上述犯罪事实、定性等问题产生分歧。辩护人提出,国家经济损失系由金某平的诈骗行为造成,徐某东主观上不具有追求犯罪的直接故意,其行为不构成滥用职权罪。

三、裁判结果与理由

根据2006年《最高人民检察院关于渎职侵权犯罪案件立案标准的规定》的规定,滥用职权罪是指国家机关工作人员故意逾越职权,违反法律决定、处理其无权决定、处理的事项,或者违反规定处理公务,致使公共财产、国家和人民利益遭受重大损失的行为。

在滥用职权罪的罪过问题上,大多数学者认为,判断其罪过的标准是行为人对危害结果的心理态度。依据《刑法》第397条的规定,仅有滥用职权的行为尚不能构成犯罪,成立犯罪还需"致使公共财产、国家和人民利益遭受重大损失",即造成重大损失后果。这里涉及滥用职权罪是否要求将《刑法》第397条规定的"致使公共财产、国家和人民利益遭受重大损失"作为一种危害结果,要求犯罪主体对其有认识,即在司法实践中认定犯罪主体主观方面的故意是否要求对"重大损失"也要采取积极追求或者放任的心理态度。第一种观点认为,滥用职权罪的罪过形式是故意,其故意的内容是:行为人明知自己滥用职权的行为会发生公共财产、国家和人民利益遭受重大损失的结果,而希望或放任这种结果发生。① 如果按照此种观点,本案中徐某东对自己滥用职权的行为会造成重大的损失,并没有明知,即希望或者放任"重大损失"的发生,那么,徐某东的行为就不构成滥用职权罪,只能用行政处罚来予以规制,显然这是不符合设立滥用职权罪的立法目的的。第二种观点认为,国家机关正常管理活动(或者是国家公职人员职务行为的正当性)是滥用职权罪的结果,其故意内容就是明知自己的行为会产生破坏国家机关正常管理活动(或国家公职人员职务行为的正当性)的结果,而希望或放任这种结果发生。在这种情况下,有的学者认为,法条中规定的"公共财产、国家和人民利益遭受重大损失"只能是客观处罚条件,即侵害犯罪客体的行为同时造成了"重大损失"时,才具有可罚性。② 第三种观点则认为,"致使公共财产、国家和人民利益遭受重大损失"的结果虽然是本罪的构成要件,但宜作为客观的超过要素,不要求行为人希望或者放任这种结果发生。③

综合上述观点,本书认为,张明楷教授的观点更符合司法实践。他认为,重大损失后果不是行为人认识和意志内容的要素,只要行为人对该后果存在预见的可能性,就能够认定行为人成立滥用职权罪。除了第一种观点对于滥用职权罪过度提高了入罪门槛,后两种观点都贯彻了滥用职权罪的设立目的,只不过是对"重大损失"的地位有着不一样的认识。在司法实践中,如果一概要求犯罪主体对"重大损失"持希望或者放任的心理态度,那么就会提高此罪的入罪门槛。滥用职权罪的客体是国家机关的正常活动与公众对国家机关工作人员职务活动客观公正的信赖。因此,滥用职权罪的目的更多的是维护国家机关公务人员的职务活动的公正性。因此,将"重大损失"作为客观的超过要素予以看待,对于定罪量刑有着十分重要的作用。在本案中,徐某东的行为构成滥用职权罪。

首先,徐某东主观上具有间接故意。徐某东作为机场镇村镇建管科科长,明知造房批复可以作为获取动迁补偿款的凭证,仍利用负责审批农民建房的职务

---

① 参见赵秉志主编:《刑法修改研究综述》,中国人民公安大学出版社1990年版,第407页。
② 参见李洁:《论滥用职权罪的罪过形式》,载《法学家》1998年第4期。
③ 参见张明楷:《刑法学(下)》(第六版),法律出版社2021年版,第1638页。

便利,对于这一行为有着明确的认识。虽然徐某东并没有对最后造成的国家经济损失 338080 元,即"重大损失"有着积极追求希望或者放任的态度,但是,徐某东在主观上明知自己滥用职权的行为会违反职务行为的公正性,并且知道滥用职权的行为可能会导致对方凭批复骗取动迁补偿款,已经对这一客观超过要素有着预见的可能性。因此,综上分析,徐某东的行为完全符合滥用职权罪的主观要件。法院认为,被告人徐某东作为国家机关从事公务的人员,徇私舞弊,滥用职权,致使国家利益遭受重大损失,情节特别严重,其行为已构成滥用职权罪。本书认为该判决是完全正确的。

其次,客观上实施了职权滥用行为。徐某东明知补办造房批复需要相关证明材料,且应当由工作人员唐某英开具,因为没有证明材料被唐某英拒绝后,即自行填写批复的行为,事实清楚,完全符合滥用职权罪的客观要件。但是,对徐某东开具造房批复与造成国家经济损失之间是否具有因果关系存在争议。由于滥用职权罪是作为结果犯而存在的,故滥用职权的行为与重大损失之间必须具备刑法上的因果关系,才能成立犯罪。认定具备刑法上的因果关系,有不同的理论学说。条件说认为,行为和结果之间如果存在"无 A 则无 B"的条件关系,则二者具有刑法上的因果关系。① 相当因果关系认为,在有一个先前行为,然后又出现一个介入因素,最终产生危害结果的场合,先前行为是不是危害结果的发生原因,应根据社会生活的一般规律,考察危害结果的发生是不是先前行为所制造的危险的相当程度的实现,如果是,则二者具有相当的因果关系。② 渎职罪,尤其是滥用职权罪和玩忽职守罪的因果关系和结果归属都有其自身的特点。就因果关系层面采用条件说,符合司法实践要求。2012 年 11 月 15 日《最高人民检察院关于印发第二批指导性案例的通知》中关于"杨某玩忽职守、徇私枉法、受贿案"(检例第 8 号)部分指出:"如果负有监管职责的国家机关工作人员没有认真履行其监管职责,从而未能有效防止危害结果发生,那么,这些对危害结果具有'原因力'的渎职行为,应认定与危害结果之间具有刑法意义上的因果关系。"显

---

① 参见陈兴良主编:《案例刑法研究(总论·上册)》,中国人民大学出版社 2020 年版,第 217 页。

② 同上书,第 226 页。

然，在这种场合下，只有采用条件说才能认定渎职行为和危害结果具有因果关系。从结果归属的角度来说，由于通常介入了第三者的行为，所以，需要考虑介入行为的通常性，以及国家机关工作人员对介入行为的监管职责的内容与范围。只要国家机关工作人员有义务监管第三者的介入行为，原则上就应当将介入行为造成的结果归属于国家机关工作人员的渎职行为。①

四、案件评析

本案中，采用条件说的观点判断徐某东的滥用职权行为和国家的经济损失是否具有刑法上的因果关系，主要是看二者是否存在"无前者则无后者"的条件关系。如果存在，则二者具有因果关系。根据案件的情况，国家经济损失是由于徐某东违规开具造房批复和金某平的诈骗行为共同造成，属于重叠的因果关系，虽然二者都有导致结果发生的危险，但各自不能单独导致结果的发生。根据司法实践中使用的条件说观点，没有徐某东的滥用职权行为就不会导致损害的发生，没有金某平的诈骗行为也不会造成损害。按照条件说的观点，"无 A 则无 B"，因此徐某东的行为和金某平的诈骗行为都对损害结果的发生起到必要条件作用。不能否认徐某东的滥用职权行为与造成损害之间没有因果关系。在结果的归属上，由于徐某东的职责就是负责审批农民建房，徐某东也有义务对具体的事项进行监督，对于恶意申报的行为应予以查实。而徐某东明知虚报却不查实反而实施帮助行为，显然造成的重大损失与其有着必然的因果关系。因此，法院经审理认为：徐某东开具造房批复与造成国家经济损失之间具有因果关系，本案中，国家经济损失是由于徐某东违规开具造房批复和金某平的诈骗行为共同造成，属于复合性因果关系，徐某东的行为对损害结果的发生起到必要条件作用。本书认为这种判断是完全正确的。

五、相关法律规范

1.《最高人民检察院关于渎职侵权犯罪案件立案标准的规定》第 1 条。
2.《刑法》第 397 条。

---

① 参见张明楷：《刑法学（下）》（第六版），法律出版社 2021 年版，第 1631 页。

第三节 玩忽职守罪案例分析①

一、案情介绍

2006年10月至2015年3月,被告人彭某任洪湖市燕窝镇规划建设管理所所长、村镇建设服务中心主任,负责规划建设管理所的全面工作。2005年2月至2014年4月,被告人汤某绪任洪湖市国土资源所所长,负责该所全面工作;被告人陈某新任副所长,后于2014年6月至2019年12月任该所所长,负责该所土地监察工作、全面工作。2012年,洪湖市鑫融投资咨询有限公司(以下简称"鑫融公司")业务综合楼建设及员工宿舍楼建设项目,在未取得相关规划许可等手续的情况下,未批先建,且非法占用土地。被告人彭某、陈某新、汤某绪对上述行为监管不力,导致国有土地出让金损失人民币49.39万元。洪湖市人民检察院当庭出示、宣读了书证、证人证言、鉴定意见、被告人供述和辩解等相关证据。公诉机关认为,被告人彭某、汤某绪、陈某新身为国家机关工作人员,玩忽职守,致使国家和人民利益遭受重大损失,其行为触犯了《刑法》第397条,犯罪事实清楚,证据确实、充分,应当以玩忽职守罪追究其刑事责任。被告人彭某、汤某绪、陈某新认罪认罚,依据《刑事诉讼法》第15条的规定,可以从宽处理。

二、争议焦点

本案的主要争议焦点为:被告人玩忽职守的行为与危害结果之间是否存在因果关系?

在本案审理过程中,被告人的辩护律师提出几点辩护意见,认为被告人不构成玩忽职守罪,理由如下:根据职责法定原则,规划部门对非法占用土地的行为,不负有管理职责,因而,本案中非法占地导致的土地出让金损失,与规划部门是

---

① 本案例来源于北大法宝。

否履职无直接因果关系。

三、裁判结果与理由

法院认为,本案中对土地的非法占用是通过非法建设鑫融公司业务综合楼及宿舍楼项目的方式而实现,三被告人在各自职责范围内都有监管的责任,其中任何一人正确履行了职责,都不会造成被非法占用土地的国有土地出让金的损失结果,故三被告人成立玩忽职守罪。但由于本案涉及规划、国土等多个部门的多人多层级履职,上述任何一个部门的任意一人认真履职,都不会产生鑫融公司未批先建、非法占用土地的事实,不会给国家造成国有土地出让金损失的损害结果。本案损害结果的发生是多因一果,三被告人的玩忽职守行为不是造成该损害结果直接的、唯一的原因,而是与以上多重介入因素相结合共同对损害结果发生作用造成的,且被告人系自首,自愿认罪认罚,本案所造成的经济损失在案发后已挽回,依照《刑法》第397条第1款、第25条第1款、第67条第1款、第61条、第37条,《刑事诉讼法》第15条、第201条第1款,《最高人民法院、最高人民检察院关于办理渎职刑事案件适用法律若干问题的解释(一)》第1条第1款第2项,《最高人民法院关于适用〈中华人民共和国刑事诉讼法〉的解释》第354条,《最高人民法院关于处理自首和立功具体应用法律若干问题的解释》第1条、第3条之规定,判决被告人彭某、汤某绪、陈某新犯玩忽职守罪,免予刑事处罚。

四、案件评析

(一)因果关系认定

我国于20世纪50年代开始研究因果关系理论,对于因果关系的通说以必然性和偶然性为判断标准。"必然性因果关系说认为刑法因果关系是危害行为同危害结果之间的一种内在必然的联系,因此,刑法因果关系论的研究对象只有必然因果关系,没有偶然因果关系。"①"在偶然因果关系中,'因'与'果'联系的频度有两种:一种是高概率因果关系,即此现象很可能引起彼现象;二是低概率

---

① 黎宏:《刑法因果关系论反思》,载《中国刑事法杂志》2004年第5期。

因果关系,即此现象很难引起彼现象。低概率偶然因果关系,由于难以被人们所预见和估计,因此,一般不属于刑法因果关系。"①但有学者提出,我国的因果关系理论研究一直停留在哲学层面,在"必然性和偶然性""内因和外因"之间纠缠不清,对于司法实践的指导意义不大,容易导致实务与理论相脱节。基于此,近年来有学者提出重构因果关系理论,寻找新的出路。"研究刑法因果关系的任务,在于确认危害结果是由某人的危害行为引起的,从而提供刑事责任的客观根据,至于因果联系的必然性和偶然性问题,不是因果关系存在的决定因素。所以,把因果关系说成是必然的和偶然的,违背了事物发展的必然性和偶然性对立统一的基本原理。考察刑法上的因果关系,应当注意因果关系的内容和性质,并在此前提下进一步考察因果关系在刑法中的表现形式,使其紧紧地围绕着解决刑事责任的任务,不可偏离这一既定的宗旨。"②因此,本书认为,在认定个案中行为与结果之间是否存在因果关系时,应当围绕着刑事责任出发,结合犯罪人的具体行为模式综合进行考量。

在本案中,被告人的辩护律师提出辩护意见:根据《土地管理法》的相关规定,国土资源管理部门对土地的管理职责只限于未出让或划拨的土地,对已出让或划拨的土地应由权利人自行管理,对已出让或划拨的土地的非法占用行为不归国土资源管理部门监管。法院则认为,本案中非法占用土地的表现形式是非法建设鑫融公司业务综合楼及宿舍楼项目,规划部门虽对非法占用土地的行为不负有管理职责,但对鑫融公司非法建设的行为负有管理职责。所以,鑫融公司非法建设而造成的土地出让金损失,与规划部门未正确履职有直接因果关系。

(二)玩忽职守罪的认定

在实务工作中,对玩忽职守罪因果关系的认定常常发生混乱,其原因在于玩忽职守的行为与危害结果之间存在着介入因素。"这些中介因素既可能表现为一定的自然力、被害人的行为,或者更多地表现为第三者的违法乃至犯罪行

---

① 储槐植:《刑事一体化》,法律出版社2004年版,第157页。
② 赵廷光主编:《中国刑法原理(总论卷)》,武汉大学出版社1992年版,第311页。

为。"①玩忽职守罪是刑法分则规定的渎职类犯罪中的一员,是指国家机关工作人员玩忽职守致使公共财产、国家和人民利益遭受重大损失的行为。本罪侵犯的客体为国家机关的正常管理活动,要求造成致使公共财产、国家和人民的利益遭受重大损失等严重后果,未达到重大程度的不以本罪论处。本罪客观方面表现为行为人严重不负责任,工作中草率马虎,不履行或不正确履行职责,致使公共财产、国家和人民利益遭受重大损失。本罪主体为特殊主体,即国家机关工作人员,并限定主观方面为过失。

本书认为,国家机关工作人员身负维护社会、市场、公共秩序安全等责任,在工作过程中应当恪守职责,认真履行职责,况且,设立渎职类犯罪的立法原意在于惩罚国家机关工作人员在从事公务活动中以积极或消极的方式妨害国家管理活动,造成重大损失的行为。因此,国家机关工作人员在从事公务活动中未履行职责或者不正确履行职责,致使产生重大损失的,应当认定其玩忽职守的行为与损害结果之间具有因果关系,对其以玩忽职守入罪并没有任何疑问。但在实务中,导致损害结果发生的原因力通常错综复杂,对于行为人主观恶性较小,因果关系不强的,可以在刑罚上适度减轻或免除处罚。正如本案中,被告彭某等人主体适格,在对鑫融公司的建设过程中监管不力、制止不力且未向相关部门履行报告义务,对于危害结果的产生为过失的心理态度,应当以玩忽职守罪加以论处。但由于本案损害结果的发生是多因一果,三被告人的玩忽职守行为不是造成该损害结果直接的、唯一的原因,而是与以上多重介入因素相结合共同对损害结果发生作用造成的。被告人彭某、汤某绪、陈某新主动到案,具有自首情节,且本案所造成的经济损失在案发后已挽回,依法可对三被告人酌情从轻处罚。法院最终作出免除处罚的决定,本书认为,法院推理过程清晰,适用法律准确,量刑合适。

五、相关法律规范

1.《刑法》第 25 条、第 37 条、第 61 条、第 67 条、第 398 条。

---

① 杨志国:《玩忽职守罪因果关系司法认定模式研究》,载《人民检察》2007 年第 19 期。

2.《刑事诉讼法》第 15 条、第 201 条。

3.《最高人民法院、最高人民检察院关于办理渎职刑事案件适用法律若干问题的解释(一)》第 1 条。

4.《最高人民法院关于适用〈中华人民共和国刑事诉讼法〉的解释》第 354 条。

5.《最高人民法院关于处理自首和立功具体应用法律若干问题的解释》第 1 条、第 3 条。